JN089085

最新版

経理処理から各種別表の
作成、提出まで

法人税申告書の書き方がわかる本

税理士 小谷羊太

日本実業出版社

はじめに

税理士受験校の講師時代、租税公課の授業をするときに「会社が支払った法人税の原則的な取扱いは損金であり社外流出です」と言うと、教室にいる受験生は皆、目を丸くしたものです。誰もが「この先生は、大丈夫なのだろうか？」と思ったことでしょう。

会社が支払った法人税の別表上の取扱いは、留保として損金不算入の申告調整を行ないます。これは法人税を少しでも知っている人にとっては、常識的な取扱いです。

しかし、法人税法で定義している法人税の本質は、「販売費及び一般管理費はすべて損金であり、会社が支払った租税公課は紛れもなくこの販売費及び一般管理費となる」ということです。これは法人税法第22条第３項第二号において定められている大原則となります。そして、法人税法第38条において、損金不算入とする旨の別段の定めが規定されているのです。

この「法人税は損金である」という本質をしっかり理解することで、初めて他の項目との繋がりや別段の定めを設けている理由などが納得できるようになり、疑問なく次の項目を学ぶことができるようになります。

また、「会社から出て行くお金なのになぜ留保なんだろう？」ということも、社外流出が原則で、確かにそのようになっている本当の姿を知ると、点と点が繋がり線になっていくように理解できるはずです。

これを最初から「法人税は損金不算入で留保だ」と覚えてしまうと、いつまでたっても法人税が理解できなくなってしまいます。それはとても悲しいことです。

交際費についても、「原則は損金不算入だ」と思い込んでいる人がとても多いようです。これも販売費及び一般管理費ですから原則は損金です。そして租税特別措置法で損金不算入の旨が定められており、その特例として中小法人に限って一定額が損金算入されるといった一連の流れがあります。

本書でもふれていますが、飲食費は酒が入れば交際費だとか、会議の際の昼食代もいくらまでなら認められて、それを超えればダメ。ここまでならばＯＫという形式張った理屈をよく聞きます。

しかし、その本質を知っていれば、それが法人税法という法律を全く理解していない人のデタラメな理屈であることにも気付きます。

交際費課税の境界線は、あくまでも相手の歓心をかうものかどうかが大きな焦点となりますので、その歓心度合いには、税務署側と会社側とで温度差があっても仕方がないことです。もし調査官に指摘されたら、それが相手の歓心をかうほどではないことを、しっかりと説明して納得してもらえばいいのです。

法律は社会のルールです。ルールには「規制」というイメージがありますが、「慣習」というイメージで考えたほうがピッタリくると思います。法律の本当の姿は、社会の常識を明文化しているにすぎません。国民が住みやすくなるための常識を再確認しているだけなのです。もしも法解釈に迷いがあれば、「常識的にどうなんだろう？」と自問自答してみてください。そこで出てきたあなたの常識が、法律の本質に照らして導き出すべき答えとなるはずです。

私自身も法人税にどこまでも詳しいわけではありません。むしろ、いまだ知らないことは山ほどあります。しかし、こういった法人税の本質をしっかり理解していれば、どのような場面や応用的なことに直面しても、しかるべき道筋を見つけることができるようになるのです。これが、本書で最初に伝えたいことになります。

その点をふまえたうえで、本書では実務で必要最低限な知識を厳選して説明しています。また、学問としてもその本質をしっかり理解してもらえるように意識して説明していますので、実務を通して法人税の勉強を始めてみようと考える人にもピッタリな内容となっています。

細かな部分には目を向けず、まずは大まかな主軸をしっかりと理解していただければ本書の役目は果たせるかと思います。また、地方法人税申告書の書き方についても簡潔にわかりやすく解説していますので、どうぞご参照ください。

初版を発行した2008年からご好評をいただいておりましたが、改訂の機会がありましたので、「仮想通貨」の税務上の取扱い、新型コロナウイルスに関連した税制として、各種補助金や助成金等を取得した場合の税法上の取扱い、テレワークなどその対象設備等を導入した場合に適用を受けることができる税制の注意点などについても解説を加えています。

それでは、さっそく法人税の本質を一緒に学んでいきましょう。

本書が我が国の納税義務の適正な実現を図る指針になればと願います。

令和３年９月　　　　　　　　　　　　税理士　小谷　羊太

最新版　法人税申告書の
書き方がわかる本

◆もくじ◆

第2章 すべての会社に必要な別表の書き方

第3章 申告に必要な経理処理と税務調整

第4章 ケースごとに必要になる別表の書き方

※本書の内容は、令和５年７月１日現在の法令に基づいています。
※本書では、会計上の「当期純利益」を、法人税上の「当期利益」という用語に置きかえて解説しています。
※事例にある会社の事業年度は、毎年４月１日から３月31日を前提とし、青色申告法人である中小企業者を中心に掲載しています。
※本文中で取り上げた別表は、すべて国税庁のホームページで入手することができます（https://www.nta.go.jp/）。
※地方法人税の税率は、令和元年９月30日までに開始する課税事業年度は4.4％、令和元年10月１日以後に開始する課税事業年度から10.3％となります。本書では10.3％として解説をしています。
※法人税の基本税率は、平成28年３月31日までに開始する事業年度は23.9％、平成28年４月１日から平成30年３月31日までの間に開始する事業年度は23.4％、平成30年４月１日以後に開始する事業年度は23.2％となります。本書では10.3％として解説をしています。

カバーデザイン／春日井恵実
本文 DTP ／一企画

第1章

申告書作成のための基

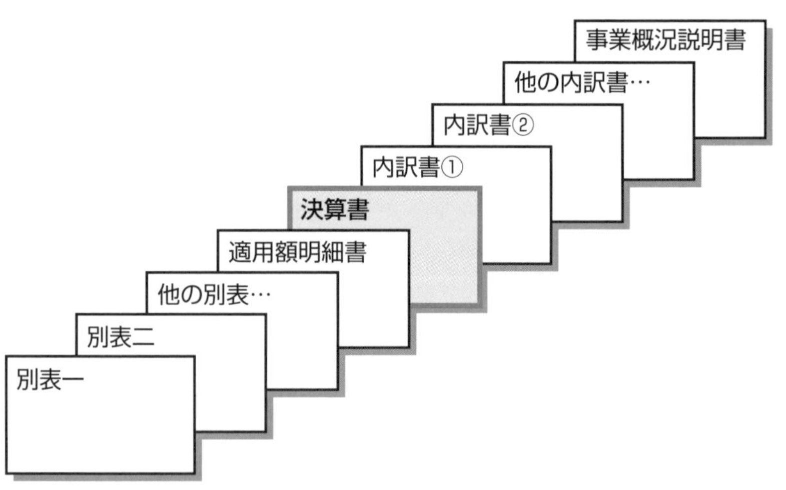

礎知識

1.1

決算から申告までの流れ

申告書の基本は法人税の基本

どのような分野でも、まずは基本を押さえることが大切です。では、法人税申告書を書くときの基本とは何でしょうか？　それは、いうまでもなく法人税の基本そのものです。法人税申告書をスイスイと作成するには、法人税の基本的なしくみを理解することが重要なのです。

経理や会計事務所の現場をみてみると、業務で法人税申告書に記入してはいるものの、ただ事例を真似て書き写す作業をしているだけで、少しでも違った事項があれば、たちまちどうしていいかわからなくなってしまう、という人が少なくありません。

これは、「法人税の本質を理解せずに申告書を作成してしまっている」からです。このような人は、仕事をしていて自分でも不安でしょうし、担当者として実力を伸ばしていくこともできません。

そこでこの章では、「申告書（別表）の書き方」に入る前に、あらためて法人税の大筋を理解してもらいます。

法人税額を計算する大きな流れ

まず、次頁の図をみてください。ここでは、法人税の計算に、

①会計上の計算

②税務上の計算

という大きな流れがあることを示しています。

①「会計上の計算」とは、会社内での当期利益を計算する作業であり、つまるところ決算書の作成作業ということになります。

そして、②「税務上の計算」は、法人税額を計算する作業であり、つまるところ法人税申告書の作成作業になります。

◉税金を計算するまでの2つの工程◉

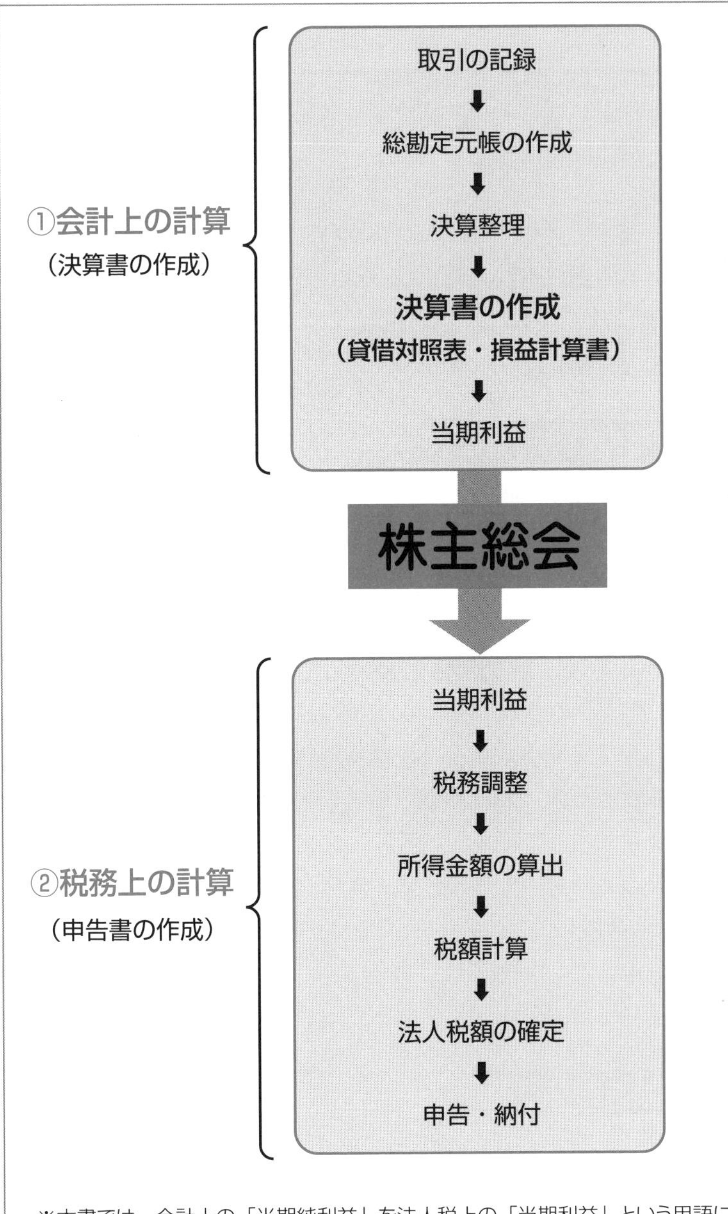

※本書では、会計上の「当期純利益」を法人税上の「当期利益」という用語に置きかえて解説しています。

1.2

決算を組む３つの工程

決算の目的

「決算」とは、通常、会社における会計期間（通常１年間）の損益を計算し、また財産の状態を明らかにするための作業を意味します。

しかし実務的には、決算は会社の税金、つまり法人税を申告するための作業でもあります。

決算を組むための３つの工程

前頁の図では、決算を組む工程として、

①会計上の計算

②税務上の計算

という大きな流れがあることを示していました。

①会計上の計算では、**第１段階【期中処理】**として「総勘定元帳」と「決算整理前試算表」の作成作業があります。そして**第２段階【決算整理】**では「決算整理後試算表」と「決算報告書」の作成作業があります。

②税務上の計算としては、**第３段階【申告調整】**として「法人税申告書」の作成作業があります。

いずれの段階においても、「○○表」や「○○書」といった書類を作成していることに注目してください。法人税申告のための決算を組む作業は、各段階において、適切な法人税のルールを織り込んだ書類の作成作業であるともいえます。

３段階の作業を行なう時期

次頁の図は、法人税申告書の提出までをまとめた前頁の図を、簡単なタイムテーブルにしたものです。第１段階の〈期中処理〉は期首から期末までの作業、第２段階の〈決算整理〉は、期末から株主総会までの作業、そして第３段階の〈申告調整〉は、株主総会から申告書提出までの

◉「決算を組む」３つの工程◉

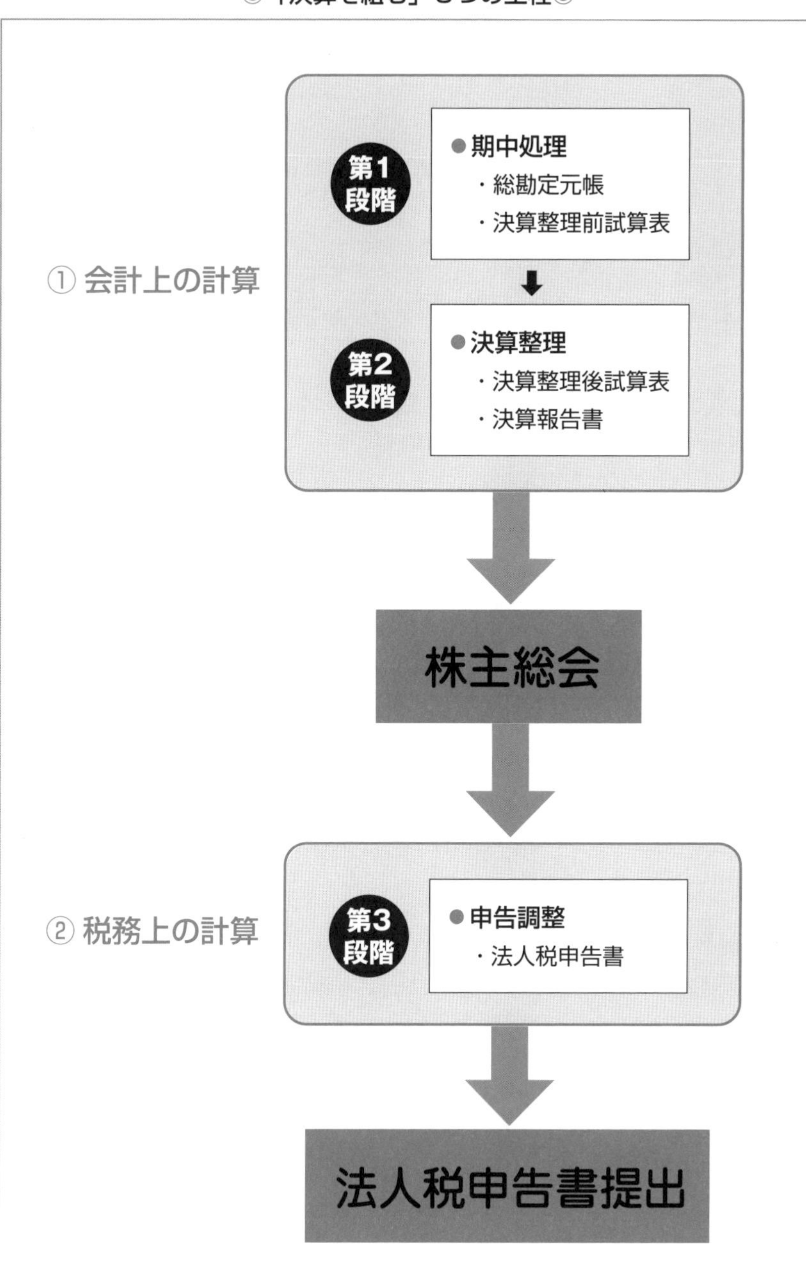
① 会計上の計算
第1段階
●期中処理
・総勘定元帳
・決算整理前試算表
第2段階
●決算整理
・決算整理後試算表
・決算報告書
株主総会
② 税務上の計算
第3段階
●申告調整
・法人税申告書
法人税申告書提出

作業という流れを示しています。

法人税の申告書を提出するまでに、会社はそれぞれの時期に応じた3段階の作業をすることになります。

◉3つの工程のタイムテーブル◉

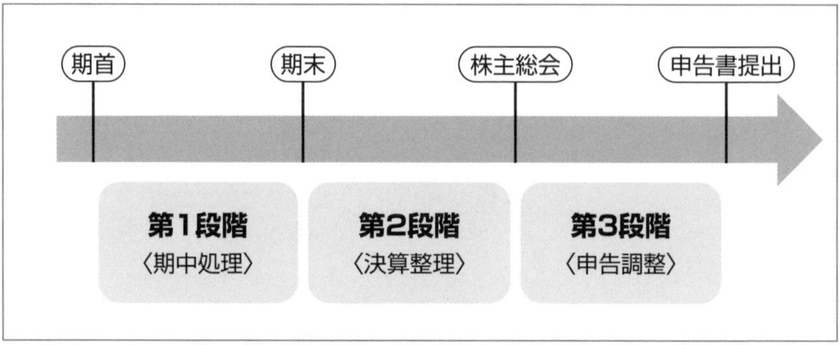

期首	期末	株主総会	申告書提出
第1段階〈期中処理〉	第2段階〈決算整理〉	第3段階〈申告調整〉	

3段階の処理の関係がポイント

ここでの「決算を組む」具体的な作業は、会社の日々の期中処理から始まり、決算整理をへて、法人税申告書の作成までを総括した作業となります。

そして、そのすべての作業で、と言っても過言ではないくらいに、さまざまな場面で法人税の規定を意識した判断と書類作りが必要になります。

●第1段階〈期中処理〉

期首から期末までの取引の記録は、必ず総勘定元帳に記録されます。総勘定元帳の作成においては、いたるところで法人税の規定に関する判断が必要になります。

●第2段階〈決算整理〉

決算整理をする前に試算表を作成し、各種の残高に間違いがないかなどをチェックします。各残高に間違いがなければ、決算整理に入ります。この決算整理事項にも法人税の規定は常に絡みます。

● **第3段階〈申告調整〉**

法人税申告書の作成には、決算報告書の作成が伴います。そしてその決算報告書に記載された金額を基にして法人税申告書等の作成を行ないます。この申告書作成でも、各種の申告調整をしなければなりません。

上記の3段階の、それぞれの段階でしかできない処理もあります。しかし、仮に第1段階の期中処理において会社が法人税のルールを無視した処理をしたり、するべき処理をしなかった場合には、第2段階の決算整理において修正経理を行ないます。さらに、第2段階でも修正経理をしなかった場合には、第3段階の申告書作成時に、法人税申告書別表四により適切な申告調整をしなければならず、最終的には法人税のルールが強制されるシステムがとられています（会社が第1段階や第2段階でするべき処理をしていた場合には、第3段階での申告調整は必要なくなります）。

じつは、このシステム（3つの段階の関係性）が、法人税の理解を難解なものとしてしまっている大きな要因です。法人税申告書の学習をするときに、すべての処理を同時に理解しようとするために、どんどん物事の整理がつかなくなってしまうのです。

各種の処理が、3段階のいずれの処理なのかを意識しながら学習を進めていくようにしてください。

1.3 確定決算という原則がある

会計上の計算の目的は「株主への報告」

会計上の利益を算出する（＝決算書を作成する）目的は、資本を投資した株主さんに対し、「当期はこれだけの利益が出たので、あなたにこれだけの配当金を支払います」と報告することにあります。

その計算は、株主さんにもわかりやすいように企業会計原則などの会計基準に従った統一ルールに基づいて算出する必要があります。

そして、「この利益でいいですか？」と株主さんにお伺いを立て、ＯＫがもらえればその利益は確定します。

そのお伺いが**株主総会**です。株主総会で会社が計算した利益が承認されれば、法人税では「決算が確定した」、あるいは「利益が確定した」と表現されます。

確定決算とは

法人税の勉強をしていて、頻繁に出てくる言葉に**確定決算**という用語がありますが、これは会社の出した利益、つまり決算書の数字が、株主総会を経て、株主に「承認された」（＝確定している）という意味になります。

なぜ「確定」させるのか？

この株主総会の承認を得た利益を基礎にして初めて、法人税の計算にとりかかれます。つまり、法人税の計算は、そのすべてを会社で計算した利益の金額（当期利益）を前提としているため、後になってから変更されてしまうと、法人税の計算もやり直さなくてはならなくなります。

そういったことから、まずは会社の計算結果が「確定」してから法人税の申告書を作成することになるのです。

1.4 当期利益と所得金額

恣意的な当期利益から、公平な所得金額を計算する

11頁の図において「会計上の計算」のゴールとなっている**当期利益**は、かんたんに言うと会社が計算したその期における“もうけ”です。1.3で説明したように、これはあくまでも株主に承認をもらうための利益ですから、株主が納得する方法で算出した利益であればそれで事足ります。もっといえば、「株主＝社長」である会社であれば、仮にメチャメチャな方法で計算した利益であっても、社長が納得すれば株主総会で承認された利益となります。

しかし、そのような性質をもつ当期利益を、株主が納得したというだけで税額の計算に使うと、他の会社との公平性に欠けることになってしまいます。そこでわが国では、法人税法というルールに従って計算した税務上公平な利益（**所得金額**）をもとに法人税額を計算するよう、会社（法人）に強制しています。

所得金額の求め方

所得金額は、税務上の決まり事と、会社の計上額をそれぞれ比べて、その差額を当期利益に加えたり減らしたりして所得金額を導くようにして計算します。

具体的には、決算書や総勘定元帳、各種の補助元帳（受取手形帳や売掛帳など）といった会社の帳簿書類を参照しながら、会計上の計算では費用とされるものでも税務上では費用として認められないものや、その逆のものを、加えたり引いたりしていきます。

たとえば法人税や住民税は会計では費用とされたとしても、税法では費用とする（損金とする）ことはできません。逆に受取配当金は会計では収益として計上されますが、税法では一定の要件のもとに収益としない（益金としない）ことができます。

したがって、法人税の計算にあたっては、所得金額を算出するために会計上の計算と税務上の計算とで異なる部分を把握しておく必要があるのです。

◉当期利益に調整を加えて所得金額を出す◉

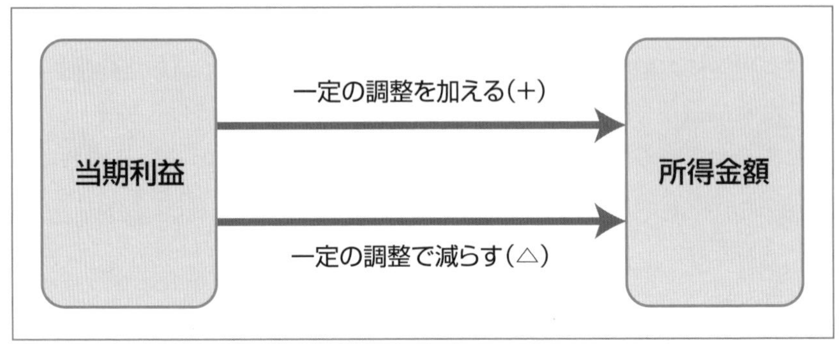

「中小企業の会計に関する指針」について

ここで「**中小企業の会計に関する指針**」についても触れておきましょう。

株主などの利害関係者がたくさんいる大企業ともなると、企業会計原則などのルールに従った決算書の作成が必要になります。しかし中小企業では、その決算書を実際にみるのは、社長や社員、税務署という限られた人数だけです。そこで今までは、企業会計原則どおりのガチガチの計算方法で作成した決算書でなくとも、税金を計算するうえで作りやすい決算書を作成するという習慣がありました。

このように作成した決算書は、税理士や税務署など税金に詳しい人がみる分にはわかる内容であっても、銀行など一般の第三者がみると、少々わかりにくい書類になっている面もあるということから、全国的な統一ルールとして「中小企業の会計に関する指針」が公表されたのです。

この指針の役割は、減価償却費の計上額をみるとわかりやすくなります。

法人税の計算をするうえで、決算調整項目である減価償却費の計上額は、償却限度額の範囲内であれば自由に決めることができるので、会社が計上した金額によって法人税で損金算入される金額も決まってしまいます。当期利益だけでなく所得金額にも影響を与えることになりますので、減価償却費の計上額がいくらであったのかということは重要な意味をもつのです。

ところが、その所得金額が償却費を限度額いっぱいまで計上した結果のものなのか、逆に計上しなかったものなのかを今までの決算書の書面だけで判断することはむずかしい作業だったのです。

そこで、「中小企業の会計に関する指針」では、減価償却費は税務上の償却限度額相当額を計上することが望ましいこととされています。「中小企業の会計に関する指針」に従った決算書であれば、銀行などの第三者機関は、税理士が作成した「中小企業の会計に関する指針チェックシート」を参考にして、償却限度額を計上している決算書なのかそうでないのかが容易に判断できるようになっているのです。

しかし、仮に「中小企業の会計に関する指針」のような会計のルールに従っていない決算書であっても、法人税では公平な所得計算をするために法人税のルールに従った調整をします。大げさに言うと、決算調整項目（55頁参照）以外はどのようになっていても結果的に同じ所得金額となります。

また、会計のルールに厳密に従った会社経理を前提として法人税申告書の本を書くと、その作成方法がかえって理解しづらくなることもあります。

そこで本書では、会社の計上額に関しては、ある程度のルールには従っていますが、「中小企業の会計に関する指針」はそれほど意識せずに事例などを掲載しています。

1.5 益金と損金

前項までで、法人税の計算をする前に会計上の当期利益から税務上の所得金額を算出する理由などが理解できたと思います。ここからは、その所得金額を計算するための要素をさらに詳しくみていきましょう。

収益・費用と益金・損金の違い

法人税の専門書を読むと、「**益金**」や「**損金**」といった言葉が並んでいます。また「益金算入」「損金不算入」などという言葉もあちらこちらに載っています。

これらの言葉は、会計で使われる「**収益**」や「**費用**」とよく似た言葉なのですが、「収益」のことを法人税では「益金」に、「費用」のことを法人税では「損金」と、単純にそれらの用語を読みかえているというわけでもありません。

会計上の損益計算で算出した「当期利益」は、次のように計算されます。

収 益 － 費 用 ＝ 当期利益

一方、法人税の「所得金額」は、次のように計算されます。

つまり、会社で計算した「当期利益」と法人税で計算した「所得金額」に違いがあるのは、そもそも会計上の「収益」と法人税の「益金」に違いがあり、また、会計上の「費用」と法人税の「損金」に違いがあるためなのです。

違いは４パターンある

収益と益金、費用と損金のそれぞれの「違い」として、次の図のようにそれぞれ少しずつ「ズレ」があることをイメージしてください。

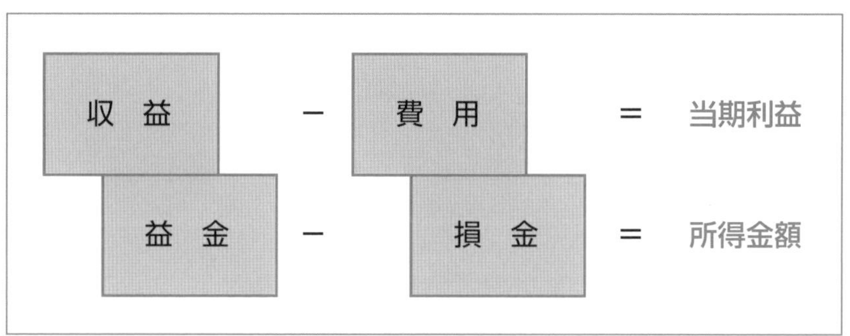

そして、収益と益金、費用と損金のそれぞれの「違い」は、図のズレている箇所に対応して４パターンあります。

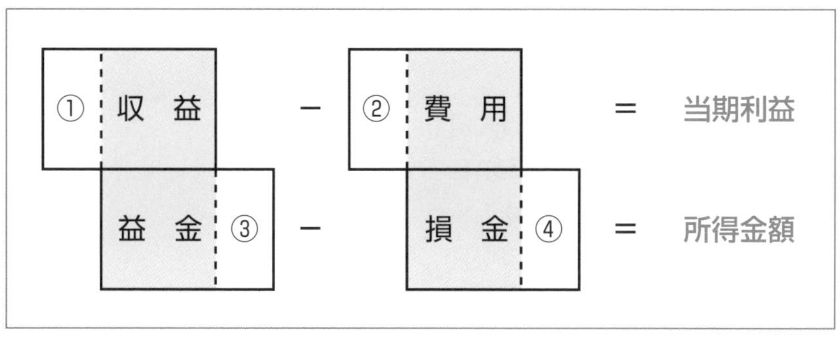

①益金不算入

経理上収益として計上したが、税務上は益金として認識されない。

②損金不算入

経理上費用として計上したが、税務上は損金として認識されない。

③益金算入

経理上収益として計上しなかったが、税務上は益金として認識する。

④損金算入

経理上費用として計上しなかったが、税務上は損金として認識する。

4パターンの調整をして税額を算出する

会計上の計算（会社計算）も税務上の計算（税務計算）も、要は同じように利益を算出するわけですから、会社で作成した決算書の内容でも、前頁の図の青い部分のように税務上の益金・損金と同じ意味をもつ部分がたくさんあります。

そこで法人税の計算にあたっては、会社の「当期利益」に上記の①〜④までの４パターンのズレのみの調整を加えることで「所得金額」を導く手順をとり、計算の簡素化を図っています（詳細は後ほど解説しますが、別表四においてこの計算を行ないます）。

当期利益へ加算項目・減算項目を調整する

さて、４パターンの調整があることは押さえましたが、当期利益にどのような調整を加えれば所得金額になるのかを、数字を入れて考えてみましょう。

当期利益への調整は加算（＋プラス）項目と減算（△マイナス）項目の２種類に分けることができます。

⑴　加算項目　　②損金不算入項目
　　　　　　　　③益金算入項目
⑵　減算項目　　①益金不算入項目
　　　　　　　　④損金算入項目

⑴　加算（＋プラス）項目

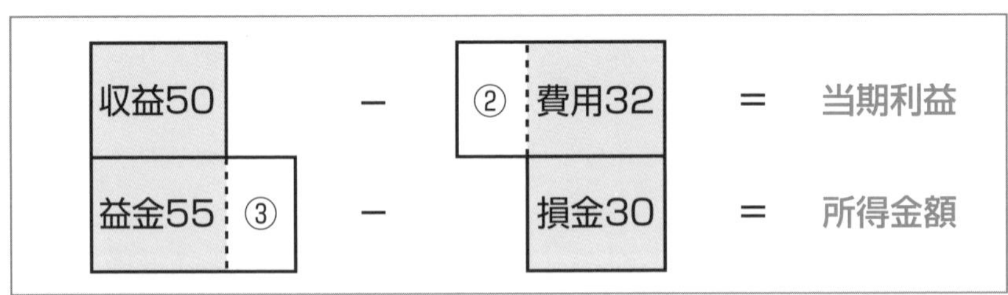

会計上の計算で当期利益を算出すると、次のようになります。

収益50	−	費用32	＝	当期利益18

税務上の計算で所得金額を算出すると、次のようになります。

益金55	−	損金30	＝	所得金額25

当期利益と所得金額のズレは、全部で25－18＝７となりますが、これを別表四で調整するパターンで計算してみましょう。

まず②について、会計上は費用として32を計上しましたが、税務上は30しか認識できません。つまり損金不算入として32－30＝２を当期利益に加算します。→　２を加算調整

そして③について、会計上は収益として50しか計上しませんでしたが、税務上は55を認識しています。つまり益金算入として55－50＝５を当期利益に加算します。→　５を加算調整

当期利益18	＋	2	＋	5	＝	所得金額25

つまり、先ほどの当期利益18と所得金額25のズレた７は、損金不算入としての２と益金算入としての５を合わせたものだったわけです。

⑵　減算（△マイナス）項目

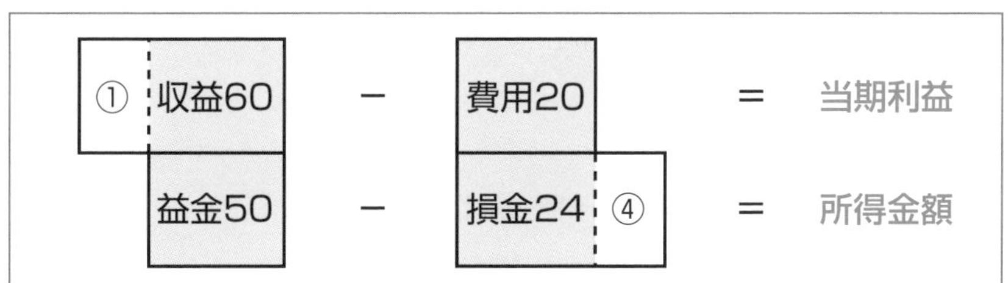

会計上の計算で当期利益を算出すると、次のようになります。

収益60	−	費用20	＝	当期利益40

税務上の計算で所得金額を算出すると、次のようになります。

益金50	−	損金24	＝	所得金額26

当期利益と所得金額のズレは、全部で40－26＝14となりますが、これを別表四で調整するパターンで計算してみましょう。

まず①について、会計上は収益として60を計上しましたが、税務上は50しか認識できません。つまり益金不算入として60－50＝10を当期利益から減算します。→　10を減算調整

そして④について、会計上は費用として20しか計上しませんでしたが、税務上は24を認識しています。つまり損金算入として24－20＝４を当期利益から減算します。→　４を減算調整

当期利益40	−	10	−	4	＝	所得金額26

つまり、先ほどの当期利益40と所得金額26のズレた14は、益金不算入としての10と損金算入としての４を合わせたものとなっていたわけです。

法人税申告書「別表四」での具体的な計算

最後に少し先取りして、「当期利益」から４パターンの調整を経て「所得金額」を算出するまでの計算方法をみておきましょう。

別表四では次のように、「当期利益　＋　加算項目　－　減算項目　＝　所得金額」というように上から下へ計算して所得金額を算出します。第２章において、また詳しく解説しますので、ここではイメージをつかむようにしてください。

◉別表四における所得金額算出のイメージ◉

当期利益		1,000円	
加算	●益金算入	300円	プラス
	●損金不算入	400円	
減算	●益金不算入	50円	マイナス
	●損金算入	30円	
所得金額		1,620円	

1.6 時価と対価

低額譲渡には要注意

法人税において益金として認識される金額は、実際に相手から徴収した金額だけでなく、**時価**によるときがあります。

これは、特に会社関係者などとの取引において、通常の商慣行を無視した価格で取引を行なうことによる租税回避を防止するためです。

特に低額譲渡や高価買入をした場合には、その相手が誰なのかによって、通常の時価と対価との差額部分が寄附金になったり役員給与になったりするので注意が必要です。

たとえば、実際に譲渡した資産の時価は1,500円でしたが、会社が受け取ったお金は1,000円だったとしましょう。この低額譲渡は法人税では、いったん1,500円で売ってから500円を相手にあげたものとして取り扱います。仕訳にすると次のようになります。

借方	金額	貸方	金額
（現金預金）	1,500円	（売　　上）	1,500円
（損　　金）	500円	（現金預金）	500円

上記の場合、（売上）1,500円が益金として課税され、（損金）500円がその相手先によって次のように取り扱われます。

● 相手先が役員の場合

役員に対する経済的利益の供与として役員給与とされます。

法人税では、事前に届け出ていない臨時的な給与は損金不算入となります。

● 相手先が国外関連者の場合

移転価格税制の適用を受け、移転価格否認として損金不算入となります。

● 相手先が上記以外の場合

寄附金として支出したものとして取り扱われます。法人税では支出した寄附金の額のうち一定額は損金不算入となります。

低価買入でも課税が生じる

低額譲渡に限らず低価買入の場合にも当然時価が適用され、課税が生じることになります。その関係をまとめると次の図のようになります。

◎時価と対価の差額の課税関係（原則的な取扱い）◎

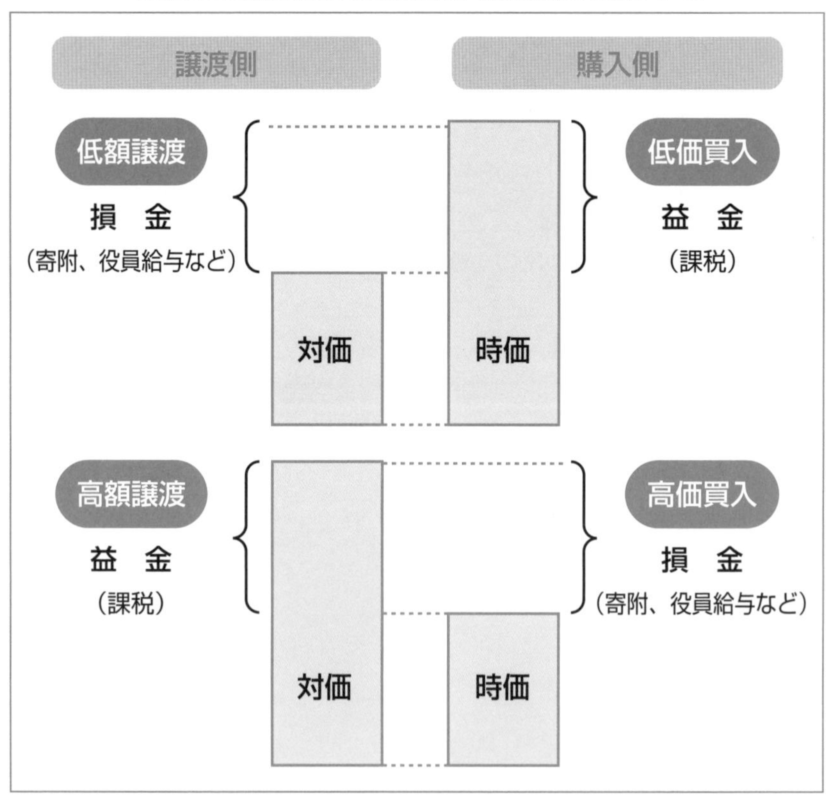

1.7 法人税額の計算

所得金額を導く過程を理解してもらったところで、次は法人税額の計算について、かんたんに触れておきます。

基本的な法人税の計算方法

まずは、次の算式で大まかな法人税額の計算方法を押さえてください。法人税額は所得金額に15%や23.2%といった税率を乗じて算出します。

普通法人の基本税率は**23.2%**ですが、非中小法人等（28頁参照）に該当しない期末資本金が1億円以下の法人は事業規模もそれほど大きくないということで、経済支援として年800万円までの所得金額に対し**15%**（適用除外事業者は19%）という軽減税率が適用されることになっているのです。この計算は、法人税申告書（別表一）で計算します。

◉基本的な法人税の計算◉

所得金額×税率（15%または23.2%）＝法人税額

さらに加算・減算をして納付すべき税額が出る

上記の算式で計算された法人税が、そのまま納付すべき法人税額になるわけではありません。

さらに、上記の法人税額に一定の金額を加算したり減算したりして、納付すべき法人税額が確定します。たとえば、エネルギー環境に配慮した機械装置などの設備を導入して事業供用している会社であれば、経済支援としてその資産の取得価額に対する一定額を法人税額から減算したり、使途が明らかでない相手先不明の支出をした場合には、ペナルティーとしてその支出額に対して40%の追加課税がされたりします。

1.8 会社の規模と法人税の優遇規定

資本力のある大企業と異なり、規模の小さな会社は日々の営業を続けていくだけでも大変です。ちょっとしたことでも、すぐに倒産の危機に直面してしまいます。

しかし実は、大企業とは比べものにならないほど多い中小企業の集まりが、日本経済の土台となっているといっても過言ではありません。そして、そういった中小企業が力をつけて大きくなり、やがて業界のトップリーダーといえる企業に成長していく例もよくあります。

そこで、法人税ではそういった中小企業の芽をつぶさないように、税金の負担を軽減するという形で様々な経済援助をしています。

法人税で規定する会社の「大・中・小」

法人税では、その会社の規模に合わせ、様々な優遇措置が設けられています。規模による会社の種類には、次のものがあります。

- **特定中小企業者等**
  資本金３千万円以下の中小企業者、その他一定の法人
- **中小企業者**
  資本金１億円以下の中小法人のうち発行済株式の総数の２分の１以上を単一の大法人に所有、または３分の２以上を複数の大法人に所有されていない会社
- **中小法人**
  資本金１億円以下の法人
- **適用除外事業者**
  資本金１億円以下の中小法人のうち、平成31年４月１日以後に開始する事業年度において、その事業年度開始の日前３年以内に終了した各事業年度の所得金額の年平均額が15億円を超える法人
- **非中小法人等**
  グループ法人税制の適用を受ける中小法人で親会社の資本金が５億円以上の法人
- **大法人**
  資本金１億円超の法人

◉法人の規模◉

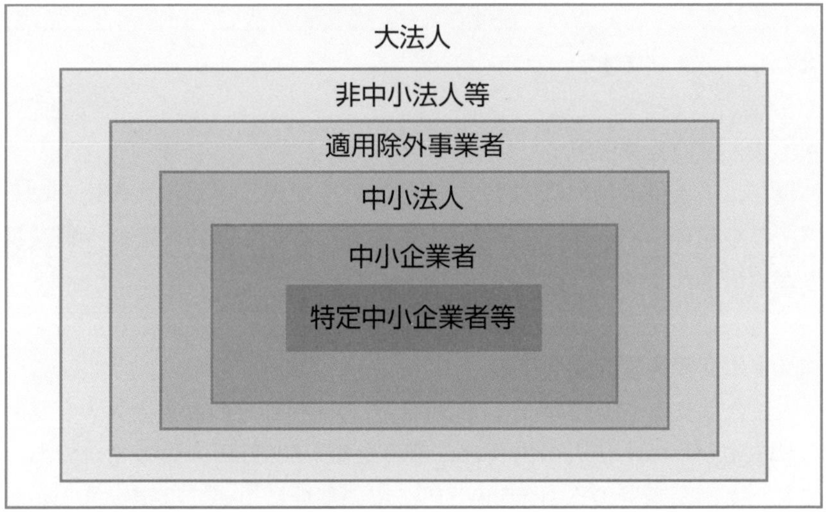

中小法人と中小企業者の違い

中小法人と中小企業者はともに資本金が１億円以下の会社ですが、中小企業者はその背後で大きな会社に支配されていないような、さらに小さな会社が該当します。中小企業者には様々な優遇措置が設けられています。なお、本書ではこの中小企業者を前提に各事例を掲載しています。

青色申告法人とは

法人税の申告には青色申告と白色申告があり、青色申告には様々な特典があることはご存じだと思います。

青色申告の特典としては、青色申告書を提出した事業年度に生じた欠損金の翌期以降10年間の繰越しや、各種特別償却および特別控除制度の特例などが有名です。

また、次に説明する「欠損金の繰戻し還付」や「少額減価償却資産の特例」などは、中小法人（少額減価償却資産の特例は中小企業者等）であり、かつ、青色申告法人であれば適用を受けることができます。

複式簿記を前提とした会計帳簿を作成できる法人は、「青色申告の承認申請書」を所轄税務署長に提出し、青色申告法人となることができます。

小さな会社を優遇する規定

小さな会社を守るために設けられている優遇措置で主なものとしては、次のものがあります。

●①法人税の軽減税率

現在、法人税の税率は23.2％となっていますが、中小法人の場合はその所得金額のうち、年800万円までの部分に対しては15％という軽減税率が適用されます（27頁参照）。

●②支出交際費等の損金算入

大法人は支出交際費のうち接待飲食費の50％部分のみ損金算入が認められますが、中小法人の場合は、その金額が800万円未満の場合であっても、支出交際費のうち年800万円までの部分については損金算入が認められます（224頁参照）。

●③欠損金の繰戻還付

青色申告書を提出する中小法人に欠損金が生じた場合に、その直前事業年度分の法人税を支払った場合には、その支払った法人税について繰戻還付の請求をすることが認められます（270頁参照）。

●④留保金課税

配当せず会社に必要以上のお金を残している特定同族会社は留保金課税の適用を受けますが、中小法人についてはその適用は除外されます。

●⑤貸倒引当金の損金算入

金銭債権の将来の貸し倒れ等による損失の見込み額として、貸倒引当金勘定に繰り入れた金額のうち、税務上の限度額に達するまでの金額は損金算入することができます。貸倒引当金の繰り入れは、個別評価金銭債権と一括評価金銭債権に区分して計算します（176頁参照）。

● ⑥中小企業者等が機械等を取得した場合の特別償却または特別控除

青色申告書を提出する中小企業者（適用除外事業者を除きます）等が取得して事業供用した資産で一定額以上のものは、通常の減価償却限度額に特別償却費を加算した金額がその事業年度の償却限度額とされる特別償却制度と法人税額から直接控除できる特別控除制度のいずれかが選択できます。

● ⑦中小企業者等の少額減価償却資産の取得価額の損金算入の特例

青色申告書を提出する中小企業者（適用除外事業者を除きます）で、常時使用する従業員の数が1,000人以下の法人は、取得価額が30万円未満の減価償却資産について年300万円まで全額の損金算入が認められます（166頁参照）。

● 中小企業特例の廃止

平成22年度税制改正により、非中小法人等に該当する法人は上記の小さな会社を優遇する規定のうち、上記の①～⑤については適用できなくなりました。

平成31年度税制改正により、適用除外事業者に該当する法人は、上記の「小さな会社を優遇する規定」のうち、①は15%が19%となり、⑤の法定繰入率、⑥⑦について適用ができなくなりました。

適用時期に注意する

事業年度の中途で増資や減資があったことにより、中小法人から大法人になったり、その逆となったりすることがあります。たとえば同じ機械装置を取得して特別控除の適用を受けようと思っても、中小企業者の間に取得したのか、増資して大法人になってから取得したのかによって、適用が受けられたり、受けられなかったりします。また、事業年度の末日の現況で適用の有無を判定するものもあります。

1.9 法人税申告書の種類

中間申告書と確定申告書がある

一般の法人の法人税の申告書には、**中間申告書**と**確定申告書**があります。

そして、それらの申告書を提出したあとで税額計算の間違いに気づき、納付すべき法人税額が増加する場合に、納税者が自らの責任で修正して申告するための**修正申告書**があります。

確定申告書と中間申告書の提出時期は、それぞれ次の図のようになっています。

◉申告書の提出時期◉

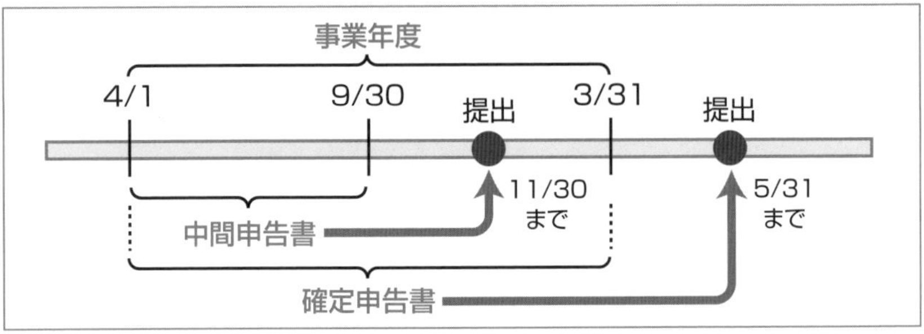

⑴ 中間申告書とは

中間申告書は、事業年度開始日（上図では4/1）から６か月間の所得に応じた法人税を予納額として申告するための申告書です。

中間申告には、①前年度実績による計算方法、②仮決算による計算方法のいずれかが選択できます。

①は、前期分の確定申告で計算した法人税の年税額に12分の６を乗じた金額を当期の中間申告分の法人税額として計算する方法であり、②は実際に６か月間（上図では4/1から9/30まで）の所得計算をして法人税

額を計算する方法です。

②の仮決算による申告は、当期の上半期において大きな損失があった場合のように、中間申告のための納税資金が確保できない事情がある場合に利用されます。

通常は事務の手数などを考慮して、①の前年度実績による予納額を提出期限までに納付することによって中間申告は終了します。

なお、仮決算による中間申告書の提出期限は事業年度開始日以後6か月を経過した日から2か月以内（前頁の図であれば11/30まで）となっていますが、その提出期限までに中間申告書の提出がない場合には、前年度実績により計算した中間申告書の提出があったものとみなされます。

⑵　確定申告書とは

確定申告書は、その事業年度開始の日から終了の日（前頁の図では4/1から3/31）までの所得計算をし、その所得金額に応じた法人税を計算して申告するための申告書です。本書では、ごく基本的な普通法人の確定申告書の記入の仕方を説明することになります。

確定申告書の作成にあたっては、たとえ中間申告により所得計算をした場合であっても、一事業年度（前頁図では4/1から3/31まで）を単位として、再度計算をやり直して申告します。

この場合、中間申告により納付した予納額があれば、それを差し引いた残額がその事業年度の確定申告により納付すべき法人税額となります。

確定申告書の提出期限は、その事業年度終了の日の翌日から2か月以内とされています。当社の事業年度が4/1から3/31（前頁の場合）であれば、3/31の翌日（4/1）から2か月以内である5/31までの期間が、その提出期限となります。また、法人税の納付期限も上記提出期限と同日となります。

1.10 法人税確定申告書の構成

法人税申告書は別表と添付書類で構成される

ここでは法人税（確定）申告書のしくみについて説明しますが、まず次の図をみてください。

◉ひと揃いの法人税申告書◉

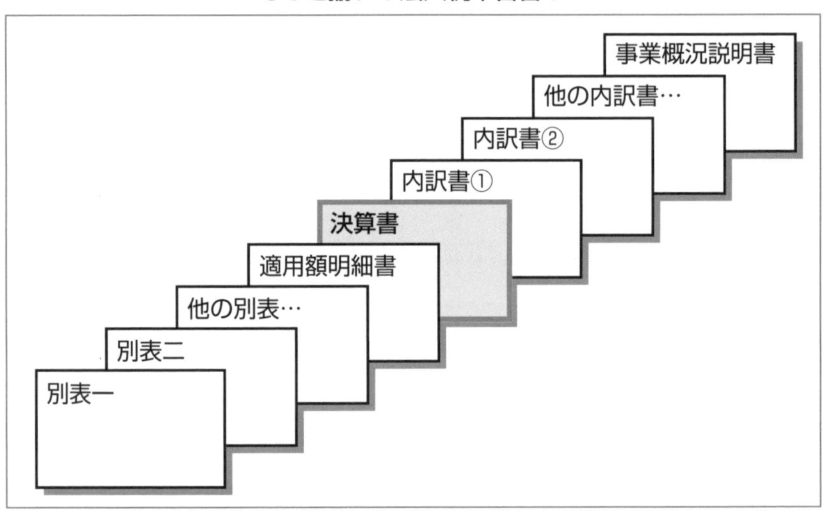

この図のように、法人税申告書を提出する際は、別表一を先頭にしてその申告に必要な別表を順に並べます。そして、適用額明細書、決算書、内訳書（勘定科目内訳明細書）、そして最後に事業概況説明書を添付して提出します。つまり法人税申告書は、別表と添付書類によって構成されているのです。

適用額明細書

法人税関係の特別措置のうち、税額又は所得の金額を減少させる規定等の適用を受ける場合には、「適用額明細書」を法人税申告書に添付する必要があります。適用額明細書には、租税特別措置法の条項や適用額などを記載します。

決算書の詳細

「決算書」は、株主総会の承認を得たものを添付します（11頁参照）。この決算書に記載される事項は、**「貸借対照表」「損益計算書」「株主資本等変動計算書」**となりますが、その書式（書き方）は「勘定式」であっても「報告式」であっても差し支えありません。

しかしその内容は、会社法や企業会計原則、中小企業の会計に関する指針などのルールに従った内容であることが望ましいということはいうまでもありません。

内訳書

内訳書の正式名称は**「勘定科目内訳明細書」**といいます。そこへ記載する内容は、決算書に記載された金額の明細をさらに詳しく記載して添付する書類です。この「勘定科目内訳明細書」のそれぞれの勘定科目の合計金額と決算書に記載された勘定科目の金額は一致しなければいけません。

内訳書をどう使うのかというと、たとえば、決算書に記載されている売掛金の残高は、総勘定元帳に計上した増減額による結果を示した数字となりますが、その売掛金残高の明細を得意先ごとに集計することにより、実際の売掛金残高の合計額と総勘定元帳での増減額による結果とを照合することができるようになるのです。

事業概況説明書

決算書・内訳書に記載された金額や、それ以外の会社の事業に関する様々な情報を記載する書類が**「事業概況説明書」**です。これには、月別の売上高や仕入高、コンピュータの使用状況や従業員数など様々な情報を記載します。この書類は税務署が調査をするための準備として使用されるものと解されています。

別表にはたくさんの種類がある

法人税申告書の別表には、別表一から十九までたくさんの種類があります。しかしこれらの別表は、そのすべてを提出するわけではなく、そのときの確定申告の計算に必要となった別表のみを記載して提出します。

後で説明するように、確定申告書の中心はあくまでも別表一であり、そこへ集計される金額の計算過程を記載した書類がその他の別表となります。法人税の特例のなかには、これらの別表への記載金額を限度とするものもありますので、申告に必要な別表は漏れなくすべて提出する必要があります。

以下、普通法人で通常必要になる別表を簡単に紹介しておきます。

(1) すべての法人が記載しなければならないもの

●別表一「各事業年度の所得に係る申告書」

別表一は、会社の基本情報（住所や名称、資本金の額など）や法人税額の計算をする別表なので、確定申告が必要なすべての法人が必要事項を記載して提出する別表となります。また、この別表は確定申告書としてだけではなく、「中間申告書」や「修正申告書」としても使えるようになっています。

●別表二「同族会社等の判定に関する明細書」

法人税の計算をするうえで前提となる会社の種類を判定するための別表です。この別表を使って同族会社や非同族会社の判定をします。

●別表四「所得の金額の計算に関する明細書」

税務上のもうけ（所得）を計算するための別表です。この別表で所得金額を集計し、次に別表一において法人税額の計算をします。

●別表五（一）「利益積立金額及び資本金等の額の計算に関する明細書」

・「利益積立金額の計算に関する明細書」

会社を設立してから今までに獲得した利益で、会社内部に留保している金額を集計するための別表です。「税務上の貸借対照表」とも言われています。会社で計上した資産や負債の金額と税務上で認識されるべき資産や負債の金額について差異がある場合には、その差額のみを計上することにより税務上の資産や負債の金額を把握することができるようになります。

・「資本金等の額の計算に関する明細書」

「資本金」と「純資産（総資産から総負債を控除した金額）から利益積立金額と資本金を控除した金額」の計算に関する明細書です。法人が損益取引を行なった場合には、上記の「利益積立金額の計算」に影響を与えますが、減資や増資をした場合など、「資本等取引」に該当する取引（損益取引以外の取引）をした場合にはその増減額を記載します。

●別表五（二）「租税公課の納付状況等に関する明細書」

当期の租税公課の納税義務の発生から、納付したことによる納税義務の消滅状況と会社が租税公課を支払ったときの経理処理などを記載するための別表です。

⑵ 場合によっては記載するもの

●別表三（一）「特定同族会社の留保金額に対する税額の計算に関する明細書」

別表二により特定同族会社として判定され、期末資本金が１億円を超える法人は、留保金課税という追加課税の対象法人となります。この規定の適用を受ける会社は、その追加課税の計算の明細をこの別表を使って計算します。

●別表六（一）「所得税額の控除に関する明細書」

預金利息や株式配当、また剰余金の分配などを受けたことにより配当金を受け取ったとみなされた場合には、その利息や配当を受け取る前に、あらかじめ所得税法の規定により源泉所得税が徴収されています。この所得税については、理論的に同一所得に対する法人税と所得税が二重に課税されるという不合理が生じていますので、その源泉徴収された所得税を法人税額から控除することができます。税額控除の適用を受けたい場合に記載するための別表です。

●別表六（二）「内国法人の外国税額の控除に関する明細書」

外貨預金の利息や外国での所得については、それぞれの国において外国税が課税されています。この外国税と日本の税金は同一所得について国際的二重課税が生じていますので、外国税を日本の税金から控除することができます。そのような場合に税額控除の適用を受けるための別表です。

●別表八（一）「受取配当等の益金不算入に関する明細書」

株式の配当や投資信託の収益分配金などを受け取った場合には、会社の経理では収益として計上されます。しかし、一定の要件のもとにその計上額を益金不算入とすることができます。この別表はその規定の適用を受けるための別表です。

●別表十一（一の二）「一括評価金銭債権に係る貸倒引当金の損金算入に関する明細書」

中小法人が期末時点で有する金銭債権については、それらの債権の将来の貸倒れによる損失に備えるための引当金（貸倒引当金）の計上が認められています。その貸倒引当金の損金算入に関する税務上の限度額などを計算するための別表です。

●別表十四（二）「寄附金の損金算入に関する明細書」

法人が支出する寄附金は、その相手先により損金として認められないものがあります。しかし、会社の規模や所得金額などに応じ一定額までは損金算入が認められますので、その限度額などを計算するための別表となります。

●別表十五「交際費等の損金算入に関する明細書」

法人が支出する交際費のうち接待飲食費の50%を超える部分については損金となりません。しかし、中小法人については、その支出額が年

800万円に達するまでの金額の損金算入が認められています。法人が交際費を支出した場合には、この別表により損金不算入額を計算する必要があります。

●別表十六（一）「旧定額法又は定額法による減価償却資産の償却額の計算に関する明細書」

減価償却資産の償却費の計算に関する明細書です。この別表は、「定額法」を採用する資産についての計算書となります。

●別表十六（二）「旧定率法又は定率法による減価償却資産の償却額の計算に関する明細書」

減価償却資産の償却費の計算に関する明細書です。この別表は、「定率法」を採用する資産についての計算書となります。

●別表十六（六）「繰延資産の償却額の計算に関する明細書」

創立費や借家権利金などのように、その支出の効果が翌期以降に及ぶもので一定のものは繰延資産としていったん資産計上し、その後、減価償却のような償却計算を行ないます。そのような繰延資産の償却費の計算に関する明細書です。

●別表十六（七）「少額減価償却資産の取得価額の損金算入の特例に関する明細書」

青色申告書を提出する中小企業者は、取得価額が30万円未満の資産について、その全額を損金経理することができるという租税特別措置法上の特例があります。この別表はそのような資産についてその特例を選択した場合の明細を記載するための別表となります。なお、この特例の適用を受けることができる資産は合計で年300万円までとされています。

また、法人税法上の「取得価額が10万円未満の資産についての少額の減価償却資産の取得価額の損金算入」の規定の適用を受ける資産については、この別表への記載は必要ありません。

●別表十六（八）「一括償却資産の損金算入に関する明細書」

取得価額が20万円未満の資産で、少額減価償却資産の特例などの適用を受けない資産については、通常償却と一括償却の選択が自由にできます。この別表は、一括償却を選択した資産についての損金算入額などを計算するための別表となります。一括償却を選択した場合には、その事業年度に取得した資産の取得価額の合計額を３年間で均等償却することができます。

●別表十六（九）「特別償却準備金の損金算入に関する明細書」

一定の減価償却資産を取得した場合には、通常の減価償却費に加え特別償却費を計上することができます。この別表は、そのような特別償却費の計上を減価償却という手続きによらず、準備金という形で計上する際に必要となる別表です。特別償却準備金を計上した場合には、その後２年から７年間で均等額を戻し入れ処理（益金算入）しなければなりません。

●別表十六（十）「資産に係る控除対象外消費税額等の損金算入に関する明細書」

消費税の課税事業者で、税抜経理処理を選択している法人が取得した資産にかかる消費税のうち、消費税の控除対象仕入税額として認められなかった部分の金額は、最終的に会社の経理処理として費用計上されます。しかし、税務上はその費用計上された金額のうち一定額は、その事業年度の損金とはされず、５年間で損金算入しなければなりません。この別表はそのような資産を購入した事業者が損金算入額の計算をするための別表となります。

(3) 特殊な場合に記載するもの

●別表六（九～十四）「試験研究費の総額に係る法人税額の特別控除に関する明細書」など

一定の試験研究を行なった企業に対して、その特例措置として法人税額を控除する減免制度があります。この税額控除制度の適用を受ける場合には、これらの別表により控除を受ける金額を計算しなければなりません。

●別表六（十七）「中小企業者等が機械等を取得した場合の法人税額の特別控除に関する明細書」

中小企業者が一定額以上の機械装置や器具備品などを取得して事業供用した場合には、その特例措置として法人税額を控除する減免制度があります。この税額控除制度の適用を受ける場合には、この別表により控除を受ける金額を計算しなければなりません。

●別表六（二十六）「給与等の引上げ及び設備投資を行った場合の法人税額の特別控除に関する明細書」

給与等の支給額が基準年度と比較して増加しているなど、一定の要件を満たしているときには、雇用者給与等支給増加額の15％又は20％相当額の税額控除ができます。この制度の適用を受ける場合には、この別表により控除を受ける金額を計算しなければなりません。

●別表七（一）「欠損金又は災害損失金の損金算入に関する明細書」

赤字となった事業年度の欠損金額は、一定の要件のもとに翌事業年度以後10年間の所得金額と通算することができます。その繰越控除に関する手続きをするための別表がこの別表となります。

●別表十一（一）「個別評価金銭債権に係る貸倒引当金の損金算入に関する明細書」

会社更生法等の適用を受ける会社に対する債権については、将来の貸倒れの危険性が非常に高い状態であるといえます。そのような会社に対する債権を中小法人が有している場合には、個別に貸倒引当金の見積計上ができるようになります。これは、そのような場合に貸倒引当金の損金算入額を計算するための別表です。

●別表十三（一）「国庫補助金等、工事負担金及び賦課金で取得した固定資産等の圧縮額等の損金算入に関する明細書」

国庫補助金や助成金などを受け取り、それらの補助金等の交付目的に適合した固定資産の取得をした場合には、圧縮記帳の適用を受けることができます。この別表はそれらの計算をするための明細書です。

●別表十三（二）「保険金等で取得した固定資産等の圧縮額等の損金算入に関する明細書」

保険事故などが発生した場合、その滅失資産に掛けていた保険金が損害額を上回る場合に、その保険金収入の収益計上額に対して一定額の損金算入が認められるという制度があります。滅失資産に代替する資産を購入した場合などには、その代替資産について圧縮記帳をすることができますので、それらの計算をするための明細書となります。保険事故による保険金は、火災などで事務所が焼失したような場合だけではなく、自動車保険や損害賠償金などにも適用があります。

●別表十三（五）「特定の資産の買換えにより取得した資産の圧縮額等の損金算入に関する明細書」

土地や建物などを譲渡し、違う場所に代替資産を購入した場合で、その譲渡した土地や買い換えた場所が一定の区域であるなど、特定の要件にあてはまる資産の買換えについては、圧縮記帳などの損金算入が認められます。この別表はそれらの計算をするための明細書となります。

●別表十四（六）「完全支配関係がある法人の間の取引の損益の調整に関する明細書」

グループ法人税制の適用を受ける内国法人相互間で、譲渡直前帳簿価額が1,000万円以上である一定の資産（譲渡損益調整資産）を譲渡した場合には、譲渡法人側において生じた譲渡損益は、翌期以降に繰り延べなければなりません。この別表はこれらの譲渡損益の繰り延べや戻し入れのための計算をするための別表です。

●別表十六（三）「旧生産高比例法又は生産高比例法による鉱業用減価償却資産の償却額の計算に関する明細書」

減価償却資産の償却費の計算に関する明細書です。この別表は、「生産高比例法」を採用する資産についての計算書となります。

●別表十六（四）「旧国外リース期間定額法若しくは旧リース期間定額法又はリース期間定額法による償却額の計算に関する明細書」

減価償却資産の償却費の計算に関する明細書です。この別表は、「リース期間定額法」を採用するリース資産についての計算書となります。

別表の中心は別表一と別表四

ここまでに列挙した主な別表の繋がりを矢印で結ぶと、次頁の図のようになります。どれだけ多くの別表が必要になっても、最終的には納付すべき法人税額の計算は別表一という書式上で行ないます。そのため、この別表一が確定申告書と呼ばれる書式になっています。

同様に、別表四も非常に重要な書式です。それは、他の別表などで計算した結果を別表四で集計し、その所得金額を基礎にして、別表一で法人税額を計算するからです。

次頁の図でもわかるように、別表一と別表四は、ともに法人税申告書の中心となる別表であり、これらの別表へ金額を集結するために、その他の別表や決算書の数字が必要になるのです。

◉各種別表の相互関係◉

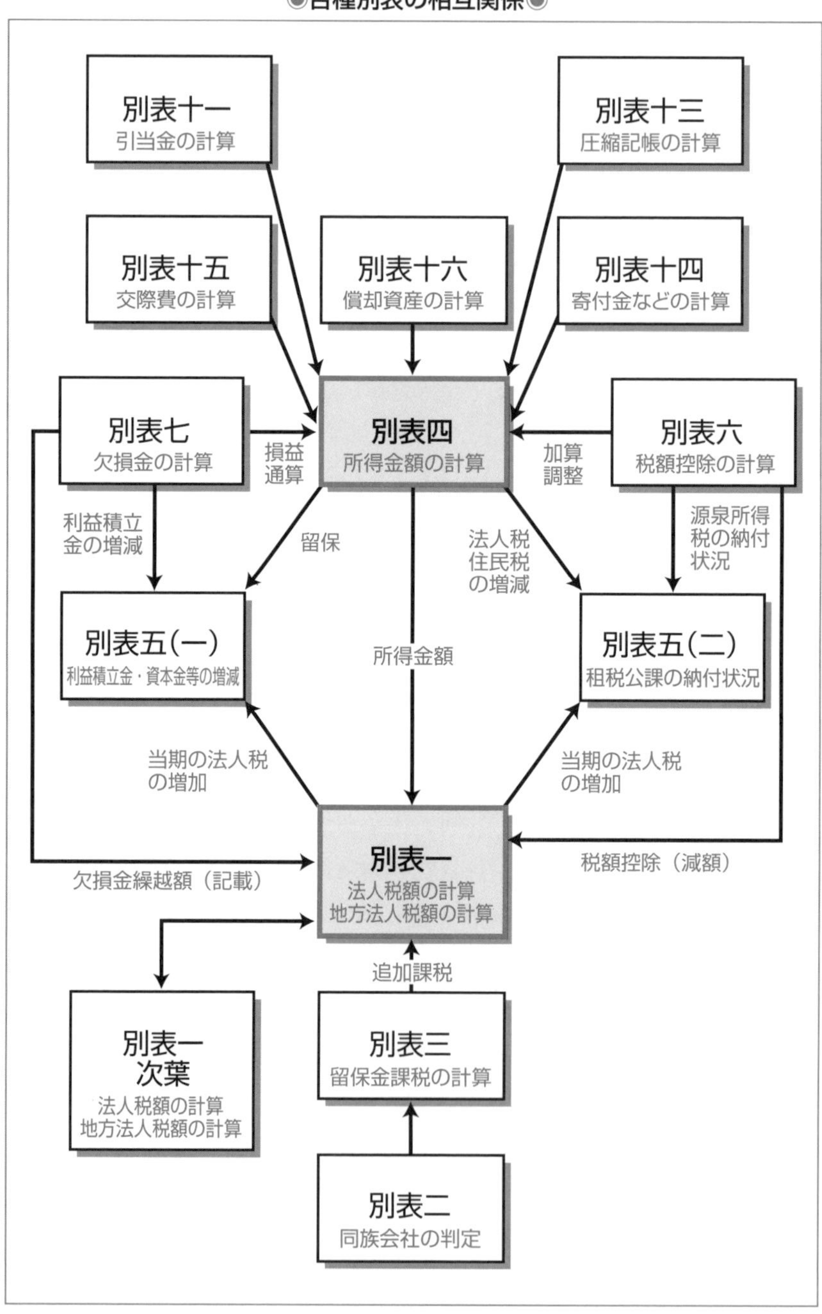
別表十一
引当金の計算
別表十三
圧縮記帳の計算
別表十五
交際費の計算
別表十六
償却資産の計算
別表十四
寄付金などの計算
別表七
欠損金の計算
損益
通算
別表四
所得金額の計算
加算
調整
別表六
税額控除の計算
利益積立
金の増減
留保
法人税
住民税
の増減
源泉所得
税の納付
状況
別表五(一)
利益積立金・資本金等の増減
所得金額
別表五(二)
租税公課の納付状況
当期の法人税
の増加
当期の法人税
の増加
別表一
法人税額の計算
地方法人税額の計算
欠損金繰越額（記載）
税額控除（減額）
追加課税
別表一
次葉
法人税額の計算
地方法人税額の計算
別表三
留保金課税の計算
別表二
同族会社の判定

1.11 申告書の提出期限と法人税の納付期限

法人の事業年度

法人の事業年度は、その法人の定款などで定めた任意の期間が一事業年度とされます。ほとんどの法人の場合、事業年度は1年ごとに区切った期間で定めていますが、その期間が1年を超える場合には1年ごとに区切った期間をそれぞれ一事業年度として申告します。その事業年度開始の日から終了の日は法人によって様々です。

また、会計の用語などで「決算日」といわれる日がありますが、この日は法人税であれば事業年度終了の日のことです。そして期限内申告としての提出期限は、この後説明するように決算日の翌日から2か月後を指しますので、両者は常に2か月間ずれた日付を指すことになります。

確定申告書・中間申告書の提出期限

確定申告書の提出期限は、事業年度終了の日の翌日から**2か月以内**です。たとえば、3月31日が事業年度終了の日であれば、その提出期限は5月31日となります。

中間申告書の提出期限は、事業年度開始の日以後6か月を経過した日から**2か月以内**です。たとえば、4月1日が事業年度開始の日であれば、その提出期限は11月30日となります。なお、期限までに提出がなかった場合でも、その提出期限において前年度実績による中間申告書の提出があったものとみなされます。

提出期限が土曜日や日曜日だった場合（国民の祝日、休日、12月29日から翌年1月3日までの日）には、**その翌日**が提出期限となります。

期限後申告

確定申告書については、たとえ申告期限が経過してしまっても申告書を提出すれば受理されます。しかしこの場合、期限後申告として扱われ、青色申告承認の取消しや各種特典に関する規定の適用が受けられなくなるなど、法人にとって不利になることがあるので注意が必要です。

◉申告期限後は期限後申告になる◉

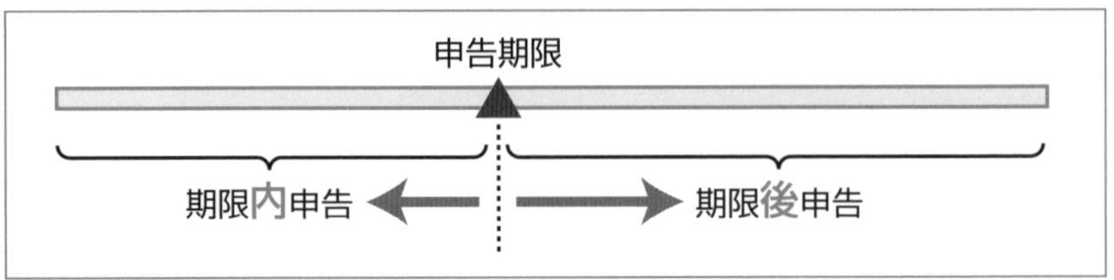

法人税の納付期限

法人税の納付期限は、確定申告書の提出期限と同じ日です。たとえ提出期限の延長申請をした場合でも、納付期限の延長は認められません。この場合には**利子税**が課税されますので、あらかじめ概算した法人税を期限までに納付しておくことで利子税を節税するのが一般的です。延長申請をせずに申告期限後に納付した場合には、**延滞税**が課税されます。

◉申告の期限は延長できる◉

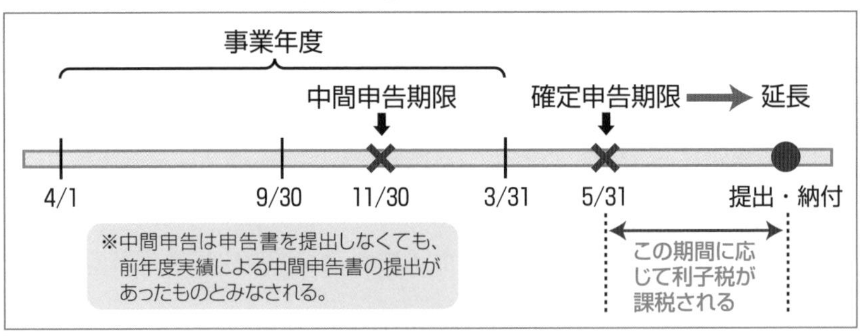

◉法人税の納付期限は延長できない◉

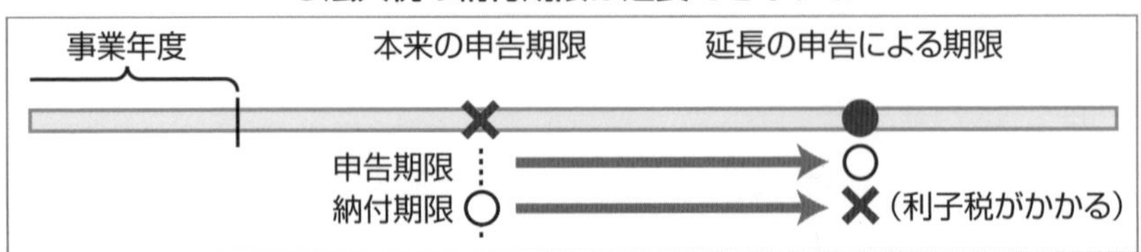

1.12 申告書の提出と法人税の納付

確定申告書の提出は税務署に

確定申告書は、会社が納税地として登録している所轄の税務署へ提出します。提出用と控用の２部を作成して受付にもっていけば、受付印を押した控用を返却してくれます。この控用の申告書は、銀行などで借入れをしたいときなど、参考資料として提示を求められるときに必要となるので大切に保存しておきましょう。

郵送による提出も可能

確定申告書は、郵便で提出することもできます。

郵便または信書便を使う場合には、郵便局での受付日が提出した日とみなされます。しかし、税務上の申告書は「信書」に当たることから、「郵便物」（第一種郵便物）または「信書便物」として送付する必要があります。ゆうパックなどの荷物扱いまたは郵便以外の宅配便、メール便などで送付した場合には、税務署へ到達した日が提出日となります。

郵送の場合の留意点

郵送で提出する場合、提出用の申告書などはそのすべてを同封する必要がありますが、控用の書類は税務署の受付印が必要なもののみ同封します。また、返却用の封筒も同封しますが、その封筒には返却に必要な切手を貼るのを忘れないようにしてください。返却用封筒に貼られた切手に料金不足がある場合には返却されません。

料金不足がある旨の連絡なども通常はしてくれませんが、こちらから問い合わせた場合には対応してくれます。しかし、不足分の切手が税務署に届いてから初めて返却に応じてくれますので時間がかかります。

また、返却を書留などにしたい場合にはその旨を送信状などに記載しておくとよいでしょう。

インターネットによる提出

国税庁で推奨するインターネット環境があるパソコンからデータを送信して申告書や届出書を提出することができます。このシステムをe-Taxといいます。

なお、現在では、一定の大法人が行なう法人税等の申告は、このe-Taxにより提出しなければならないこととなっていますが、事業年度開始の時における資本金の額が1億円以下である中小法人は、従来の紙による申告と、このe-Taxによる申告を、任意で選択することができます。

電子証明書の取得

e-Taxによって、データをやりとりするには、電子証明書及び電子署名が必要になります。電子証明書はそのデータの作成者が誰であるのかを確認するもので、電子署名は送信されたデータが改ざんされていないことを確認するものになります。

つまり、インターネットを利用したデータのやりとりで、本人確認の役割を果たすものが電子証明書で、データの真正性を保証するために必要なものが電子署名となります。

電子証明書のパスワードはe-Taxで電子署名及び電子証明書の添付を行なう場合に必要になりますので、忘れたり盗難等の事故がないように適切に管理する必要があります。

電子証明書	電子署名

開始届出書の提出

e-Taxを利用するには、事前に開始届出書を納税地を所轄する税務署長に提出する必要があります。

e-Taxには、申告、納税及び申請・届出等手続の全部が利用可能な「申告・納税等手続」と電子納税に限定した「特定納税専用手続」の2種類の手続があります。通常は「申告・納税等手続」を選択します。

利用者識別番号及び暗証番号の取得

開始届出書をオンラインで提出した場合は、利用者識別番号及び暗証番号がオンラインで発行されます。利用者識別番号とは、e-Taxを利用するために必要な半角16桁の番号です。暗証番号とは、利用者識別番号を取得又は更新した際に登録した半角英数字８文字以上50文字以内のものです。

開始届出書を書面で提出した場合は、税務署から「利用者識別番号等の通知書」が送付されます。この通知書には、e-Taxを利用するために必要な利用者識別番号及び暗証番号が記載されています。

なお、開始届出書を提出してから、通知書が手元に届くまで、最短で１週間程度かかりますので、開始届出書は、申告期限などを考慮して余裕をもって提出するようにしてください。

e-Taxを利用するためのパソコン環境

国税庁において動作を確認した環境として推奨されているパソコン環境は次のオペレーティングシステム（OS）及びWWWブラウザとなります。

OS	ブラウザ	PDF閲覧
Microsoft Windows 10 Microsoft Windows 11	Microsoft Edge (Chromium) Google Chrome	Adobe Acrobat Reader DC

※国税庁ホームページより

電子証明書の種類

e-Taxで使用できる電子証明書は、e-Taxで使用可能であることが確認されたものに限ります。

具体的には「公的個人認証サービス」や「商業登記認証局」などの発行機関で発行された「電子証明書」が有効なものとなります。

●公的個人認証サービス

市区町村が交付するものです。

「公的個人認証サービス」に係る電子証明書を取得するためには、住民票のある市区町村にマイナンバーカード（個人番号カード）の交付申請を行ない、マイナンバーカードの交付を受けます。このマイナンバーカードには、電子証明書が標準的に組み込まれています。

●商業登記認証局

法務省が運営する「商業登記認証局」が発行するものです。電子証明書の申請受付、発行等は、法人の登記を管轄する全国の登記所のうち指定を受けた登記所で行なわれています。

納付書の書き方

納付すべき法人税が計算できたら、間違いなどがないかよく確認してから、最後に納付書を作成します。

納付書は３枚複写となっており、機械で読み取ります。次頁の注意事項に従って、丁寧に書いてください。

納付場所はいろいろある

国税の納付は、郵便局や金融機関、税務署の窓口で行なうことができます。また、国税庁長官が指定したコンビニエンスストアに納付を委託することもできます。

納付をした場合には、受付印を押した控えを返却してくれますが、納付書の控えも申告書と同様に大切に保管するようにしてください。納付額がない場合は、税務署で確定申告書と一緒に提出すれば、受付印を押

◉納付書（領収済通知書）の記載要領◉

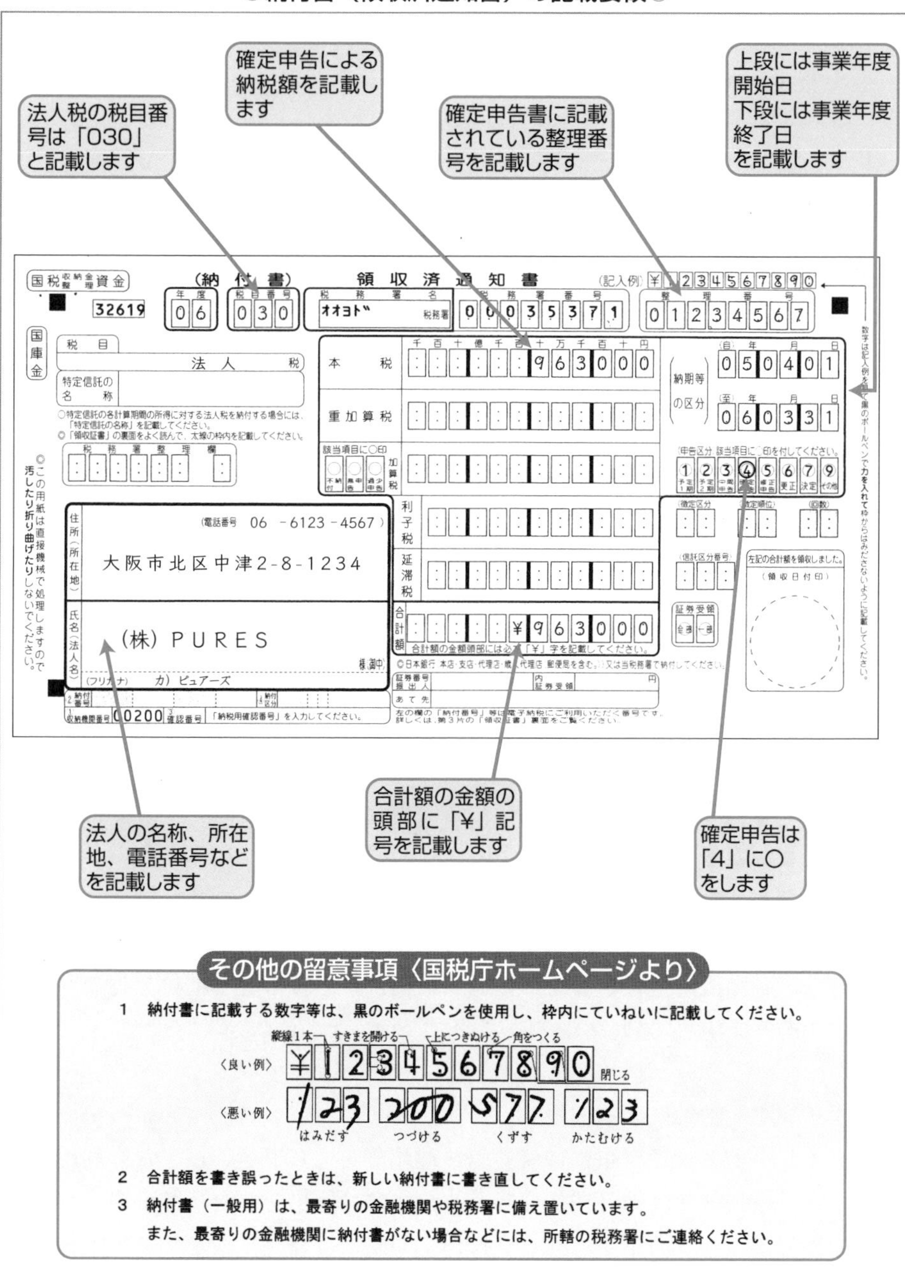

その他の留意事項〈国税庁ホームページより〉

1　納付書に記載する数字等は、黒のボールペンを使用し、枠内にていねいに記載してください。

〈良い例〉 ¥1234567890（縦線1本、すきまを開ける、上につきぬける、角をつくる、閉じる）

〈悪い例〉 はみだす　つづける　くずす　かたむける

2　合計額を書き誤ったときは、新しい納付書に書き直してください。

3　納付書（一般用）は、最寄りの金融機関や税務署に備え置いています。
また、最寄りの金融機関に納付書がない場合などには、所轄の税務署にご連絡ください。

した控えを返却してくれます（返却してくれない税務署もあります）。

コンビニ納付のやり方

コンビニエンスストアでの納付にはバーコード付納付書又はＱＲコードが必要です。バーコード付納付書は、納付金額が30万円以下で、次のような場合に税務署で発行されます。

- 納税者から納付書の発行依頼があった場合（全税目）
- 確定した税額を期限前に通知する場合（予定納税等）
- 督促・催告を行なう場合（全税目）
- 賦課課税方式による場合（各種加算税）

また、ＱＲコードによるコンビニ納付は、e-Taxで送信した申告等データの納税額が30万円以下の場合、送信後にメッセージボックスに格納される納付区分番号通知からＱＲコードを印字した書面を出力してそれを使用します。

オンラインによる納付

納付手続をインターネット経由などで行なうこともできます。オンラインによる納付は、窓口まで出向く必要がなく基本24時間いつでも納付することができますので、場所や時間などの制約がなくなる、というメリットがあります。

ただし、電子納税では領収書は発行されませんので、領収書が必要な場合は、金融機関や税務署などの窓口に納付書を持参して納付を行なう必要があります。

●ダイレクト納付による納税

ダイレクト納付は、事前に税務署へ届出等をしておき、e-Taxを利用して電子申告等又は納付情報登録をした後に、届出をした預貯金口座からの振替により、簡単なクリック操作で即時又は期日を指定して電子納税を行なうことができる納付方法です。

●インターネットバンキング等による納税

インターネットバンキング等による納税は、登録方式と入力方式の2つの方法があります。

<登録方式による納税>

e-Taxソフト等を使用して申告書等を提出した後又は納付情報登録依頼をした後に、提出又は登録した納付情報等に対応する納付区分番号を取得して電子納税を行ないます。

<入力方式による納税>

e-Taxに納付情報データの登録は行なわず、登録方式の場合の納付区分番号に相当する番号として自分で納付目的コードを作成して電子納税を行ないます。

クレジットカード納付

インターネットを利用して、専用のWeb画面から夜間休日を問わず、24時間いつでもクレジットカードにより納付をすることができます。なお、クレジットカードによる納付をした場合には、決済手数料がかかり、領収書は発行されませんので注意が必要です。

また、金融機関や税務署の窓口ではクレジットカードによる納付はできません。クレジットカードによる納付は、「国税クレジットカードお支払サイト」を通じて、国税庁長官が指定した民間の納付受託者に納付を委託する仕組みとなっていますので、詐欺サイトには十分に注意する必要があります。

1.13 2つの税務調整

決算調整項目と申告調整項目

法人税の計算をするためには、会社の当期利益を所得金額に修正する**税務調整**と呼ばれる作業が必要であることを11頁の図でも示しています。この税務調整には、**決算調整**と**申告調整**の２種類があります。

確定した決算において、会社の決算書上であらかじめ計上をしておかなければ法人税ではそれを認めないという項目の調整が決算調整です。一方、会社の計算を踏まえたうえで、法人税の申告書上で調整しなければいけない項目の調整が申告調整となります。

申告調整はさらに２つの種類に分かれ、①別表四において加算・減算をすることで所得金額を算出するための申告調整と、②別表一において法人税額そのものの増減をするための申告調整とがあります。

決算調整は決算書内で調整すべき事項であり、申告調整は申告書内で調整すべき事項ということもできます。

◉税務調整の分類◉

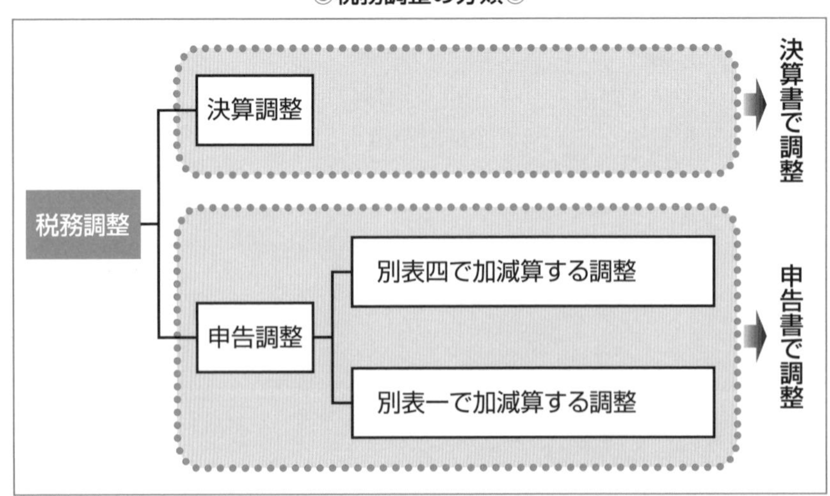

1.14 決算調整をする項目

決算調整には決算書での意思表示が必要

法人税には、会社にとって有利になる規定がたくさんあります。申告時に特にメリットはなくても、後で有利に働く規定もあります。

しかし、これらの規定は無条件に適用されるわけではありません。会社が作成する決算書（貸借対照表・損益計算書）によって、その会社がどのようなやり方を選択したのか、どうしたいのかを意思表示しておく必要があります。具体的にいえば、会社の決算書において費用または損失として組み入れておかないと（損金経理しておかないと）、税務上の損金とすることができないのです。

たとえば、会社が計上した減価償却費は決算調整項目となります。

会社が計上した減価償却費（損金経理した金額）のうち、税務上の償却限度額に達するまでの金額は損金算入が認められます。

パターン１の場合には、税務上で認められる償却限度額1,000円のうち、会社は800円を費用計上するという意思表示をしたことになります。

◉パターン1◉

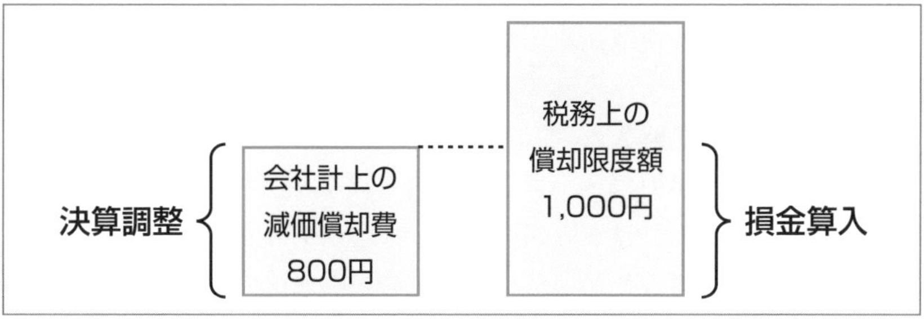

もし、会社が減価償却費をまったく計上しなければ、決算調整項目として損金算入できる選択肢を会社は放棄したことになります。パターン１でもあと200円決算調整が可能だったものを会社は計上しませんでし

たので、200円部分を放棄したという意思を示したことになります。

パターン２の場合には、会社は、税務上で認められる償却限度額1,000円のうち1,300円を費用計上するという意思表示をしたことになります。これは、損金算入できる選択肢を会社は限度額いっぱいまで行使し、さらにそれを超えた認められない部分まで決算調整をしたことになります。

◉パターン2◉

	会社計上の減価償却費 1,300円	税務上の償却限度額 1,000円	
決算調整	（1,300円全体）	（超過部分）	損金不算入（申告調整）
		（1,000円部分）	損金算入

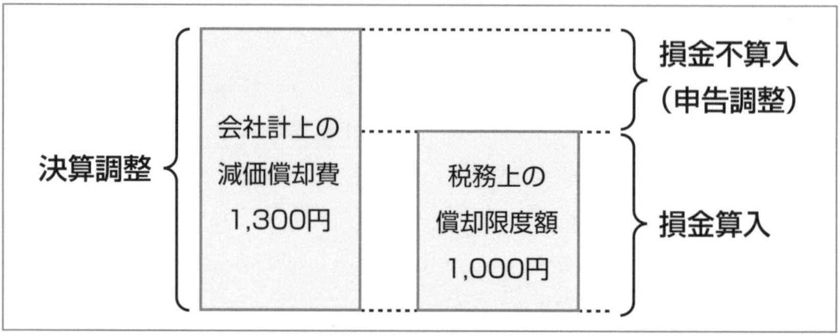

このような場合、会社が計上した減価償却費のうち償却限度額を超える部分の金額は、強制的に損金不算入の申告調整をすることになります。

意思表示をすべき項目あれこれ

決算調整項目としては、税務計算に影響する項目で、会社経理において複数の選択肢が認められているような項目が特に該当します。減価償却の計上以外の主な決算調整項目としては、次のものがあります。

●引当金、準備金の繰入れ

引当金には、貸倒引当金、返品調整引当金などがあり、準備金には、特別償却準備金、海外投資等損失準備金などがあります。これらは減価償却と同様、会社繰入れ額のうち税務上の限度額までが損金として認められる制度となっています。

●圧縮記帳の経理方法

保険差益金の圧縮記帳などの特例は、あらかじめ固定資産圧縮損や剰余金処分による経理処理をしなければなりません。なお、剰余金処分による経理処理は、その計上額が決算時に費用として認識されていませんので、税務上は減算留保の申告調整をすることになります。

●租税公課の損金算入時期

会社が支払った租税公課で、賦課課税方式のもの（固定資産税、自動車税など）は、原則として賦課決定があった日の属する事業年度の損金とされますが、納期開始日の属する事業年度か実際納付日に損金経理したときは、その経理した事業年度の損金として認められます。

また、消費税について税込経理を採用している場合に、その課税期間にかかる消費税を未払消費税として損金経理することができます。

●源泉所得税の経理処理

給与などにかかる源泉所得税を従業員から徴収せず、会社が支払ったときに、その支払った源泉所得税を損金経理した場合には給与の追加支払いがされたものとなり、仮払金経理をして本人に支払いを求める場合には、その経理が認められます。

●消費税の税抜経理、税込経理の選択

消費税の経理処理については、税抜経理と税込経理の方法があります。どちらを選択するかによって、減価償却計算の基礎となる取得価額や支出交際費の額などに違いがでます。たとえば、購入代価が105,600円の減価償却資産であれば、税込経理は105,600円の取得価額で計上されるのに対し、税抜経理は96,000円の取得価額で計上されます。この場合、少額減価償却資産（10万円未満の全額損金経理）の適用は、税抜経理（96,000円）を選択している場合には要件を満たし、税込経理（105,600円）を選択している場合には要件を満たさないことになります。

●固定資産の付随費用（132頁参照）

●短期前払費用の特例（203頁参照）

1.15 申告調整をする項目

2種類の申告調整

申告調整には、①所得計算上のものと、②税額計算上のものの2種類があります。

このうち①所得計算上の申告調整には、別表四で所得金額に影響を与える加算調整項目と減算調整項目があります（22頁参照）。

また、②税額計算上の申告調整には、別表一において法人税の税額に直接影響する特別税額（通常の法人税に加算する調整）や控除税額（通常の法人税から控除する調整）などがあります。

所得計算上の申告調整には、強制的なものと任意のものがある

所得計算上の申告調整のグループには、会社で計上した金額が税務上認められないために調整するような「強制的な申告調整」と、決算調整では会社の意思表示ができないような項目について、会社の意思確認として調整が認められる「任意的な申告調整」があります。

強制的な申告調整をしていないために結果的に納付する法人税が過少となった場合には、後で更正等の行政処分を受けます。

また逆に、任意的な申告調整を確定申告書上でしていなければ、後にその修正などはできなくなります。

実務では任意的な申告調整がメイン

強制的な申告調整項目は、会社で計上したものが税務上では認められないというケースがほとんどになります（たとえば決算調整で説明した56頁の減価償却費の計上のパターン2の申告調整がこれにあたります）。したがって、会社の計上額を税務上認められる範囲にしていれば出てくることはありません。

パターン2のケースでは、会社が1,300円と認められない範囲の金額

まで減価償却費を計上したために、強制的に300円の損金不算入の申告調整をしなければいけなくなりますが、最初から1,000円の償却限度額までの計上をしていれば、申告調整をする必要もなくなります。

交際費等の損金不算入や、租税公課の取扱いなどは、ほとんどの会社で登場する強制的な申告調整項目になりますので、注意が必要です。また、任意的な申告調整についても節税のためにたくさん知っておきたいものです。

◎主な申告調整項目◎

強制的なもの

- 法人税、住民税などの損金不算入
- 交際費等の損金不算入
- 寄附金の損金不算入
- 青色欠損金の損金算入
- 引当金、減価償却、圧縮記帳などの限度超過額　など

任意的なもの

- 法人税額から控除される所得税額の損金不算入
- 税額控除の対象となる外国法人税の損金不算入
- 受取配当等の益金不算入
- 収用等の特別控除　など

税額計算上の申告調整

所得金額に税率を乗じて算出された法人税額に、さらに「加算・減算」がされて納付すべき法人税額が決定します。この加算・減算したりする調整が税務計算上の申告調整項目になります。

所得金額から納付すべき法人税額までの大まかな流れ

別表四で計算した所得金額は、次に別表一、別表一次葉において、法人税の税率を乗じて法人税額を算出します。そして申告調整により加算・減算をして納付すべき法人税額を計算します。

法人税額の計算

62～63頁ではそれらの大まかな流れを①から⑥で示しています。

①［所得金額］（千円未満の端数は切捨て）

②［×税率（23.2%）］（軽減税率適用分、年800万円までは15%）

③［＝法人税額］（通常の法人税額）

［△特別控除］（一定の特例を適用する場合の減免調整）

［＋特別税額］（一定の追徴課税が適用される場合の追加調整）

［＝法人税額計］

④［△控除税額］（所得税額控除や外国税額控除の調整）

⑤［＝差引所得に対する法人税額］（百円未満の端数は切捨て・年税額）

［△中間申告分の法人税額］（予定納税分の控除調整）

⑥［＝差引確定法人税額］（納付すべき残額の法人税額）

なお、別表では上の枠から順に記載して計算するのではなく、62～63頁のような順序で計算します。

また、特別控除・特別税額・控除税額の例は下図の通りです。

主な「特別控除」

- 試験研究費の特別控除、雇用促進制度の特別控除
- 特定資産を取得した場合等の特別控除　など

主な「特別税額」

- リース特別控除取戻税額
- 土地重課　●留保金課税

主な「控除税額」

- 仮装経理の更正に伴う税額控除
- 所得税額控除　●外国税額控除

地方法人税額の計算

別表一の法人税の計算において、９欄の法人税額計が算出できれば、地方法人税の計算ができるようになります。

Ⓐ［課税標準法人税額］（千円未満の端数は切捨て）

Ⓑ［×税率（10.3％）］

Ⓒ［＝地方法人税額］

Ⓓ［所得地方法人税額］

［△控除税額］

［＝差引地方法人税額］（百円未満の端数は切捨て・年税額）

［△中間申告分の地方法人税額］（予定納税分の控除調整）

Ⓔ［差引確定地方法人税額］（納付すべき残額の地方法人税額）

課税標準法人税額

- 所得の金額に対する法人税額
- 課税留保金額に対する法人税額

控除税額

- 外国税額の控除額
- 仮装経理に基づく過大申告の更正に伴う控除地方法人税額

（注）

- 地方法人税率の改正

地方法人税の税率は、令和元年９月30日までに開始する課税事業年度は4.4％、令和元年10月１日以後に開始する課税事業年度から10.3％となっています。本書では10.3％として解説をしています。

- 法人税率の改正

法人税の基本税率は、平成28年３月31日までに開始する事業年度は23.9％、平成28年４月１日から平成30年３月31日までの間に開始する事業年度は23.4％、平成30年４月１日以後に開始する事業年度は23.2％となっています。本書では23.2％として解説をしています。

◉別表一・法人税額の計算◉

別表一　各事業年度の所得に係る申告書－内国法人の分

税務署受付印	令和　年　月　日　税務署長殿
納税地	電話(　　)　－
(フリガナ)	
法人名	
法人番号	
(フリガナ)	
代表者	
代表者住所	

通算グループ整理番号	
通算親法人整理番号	
法人区分	
事業種目	
期末現在の資本金の額又は出資金の額	円　非中小法人
同非区分	特定同族会社　同族会社　非同族会社
旧納税地及び旧法人名等	
添付書類	

※税務署処理欄	
青色申告	一連番号
整理番号	
事業年度(至)	年　月　日
売上金額	
申告年月日	年　月　日
通信日付印	確認　庁指定　局指定　指導等　区分
年月日	申告区分
法人税	中間　期限後　修正
地方法人税	中間　期限後　修正

令和　年　月　日　　事業年度分の法人税　申告書
令和　年　月　日　　課税事業年度分の地方法人税　申告書
(中間申告の場合の計算期間　令和　年　月　日)

適用額明細書提出の有無　有　無
税理士法第30条の書面提出有　有
税理士法第33条の2の書面提出有　有

この申告書による法人税額の計算

項目	番号	金額（十億・百万・千・円）
所得金額又は欠損金額（別表四「52の①」）	1	
法人税額 (48)+(49)+(50)	2	
法人税額の特別控除額（別表六(六)「5」）	3	
税額控除超過額相当額等の加算額	4	
土地譲渡利益金額 課税土地譲渡利益金額	5	000
同上に対する税額 (62)+(63)+(64)	6	
留保金 課税留保金額（別表三(一)「4」）	7	000
同上に対する税額（別表三(一)「8」）	8	
		00
法人税額計 (2)−(3)+(4)+(6)+(8)	9	
分配時調整外国税相当額及び外国関係会社等に係る控除対象所得税額等相当額の控除額	10	
仮装経理に基づく過大申告の更正に伴う控除法人税額	11	
控除税額	12	
差引所得に対する法人税額 (9)−(10)−(11)−(12)	13	00
中間申告分の法人税額	14	00
差引確定法人税額 (13)−(14)（中間申告の場合はその税額とし、マイナスの場合は(22)へ記入）	15	納付すべき法人税額

この申告書による地方法人税額の計算

課税標準 基準法人税額 所得の金額に対する法人税額	28	
課税留保金額に対する法人税額 (8)	29	
課税標準法人税額 (28)+(29)	30	000
地方法人税額 (53)	31	
税額控除超過額相当額の加算額（別表六(二)付表六「14の計」）	32	
課税留保金額に係る地方法人税額 (54)	33	
所得地方法人税額 (31)+(32)+(33)	34	
分配時調整外国税相当額及び外国関係会社等に係る控除対象所得税額等相当額の控除額	35	
仮装経理に基づく過大申告の更正に伴う控除地方法人税額	36	
外国税額の控除額	37	
差引地方法人税額 (34)−(35)−(36)−(37)	38	00
中間申告分の地方法人税額	39	00
差引確定地方法人税額 (38)−(39)	40	00

控除税額の計算／この申告書による還付金額

所得税の額（別表六(一)「6の③」）	16	
外国税額（別表六(二)「23」）	17	
計 (16)+(17)	18	
控除した金額 (12)	19	
控除しきれなかった金額 (18)−(19)	20	
所得税額等の還付金額 (20)	21	
中間納付額 (14)−(13)	22	
欠損金の繰戻しによる還付請求税額	23	外
計 (21)+(22)+(23)	24	外
この申告が修正申告である場合のこの申告により納付すべき法人税額 (57)	25	外　00
欠損金等の当期控除額	26	
翌期へ繰り越す欠損金額（別表七(一)「5の合計」）	27	
外国税額の還付金額 (67)	41	
中間納付額 (39)−(38)	42	
計 (41)+(42)	43	外
この申告が修正申告である場合のこの申告により納付すべき地方法人税額 (61)	44	00
剰余金・利益の配当（剰余金の分配）の金額		
残余財産の最後の分配又は引渡しの日		令和　年　月　日
決算確定の日		令和　年　月　日

還付を受けようとする金融機関等：銀行　金庫・組合　農協・漁協　本店・支店　出張所　本所・支所　預金　郵便局名等　口座番号　ゆうちょ銀行の貯金記号番号　－　※税務署処理欄

税理士署名

◎別表一次葉・法人税額の計算◎

事業年度等	・・ ・・	法人名	

別表一次葉

法人税額の計算					
(1)のうち中小法人等の年800万円相当額以下の金額 ((1)と800万円×$\frac{}{12}$のうち少ない金額)又は(別表一付表「5」)	45	000	(45)の15%又は19%相当額	48	
(1)のうち特例税率の適用がある協同組合等の年10億円相当額を超える金額 (1)-10億円×$\frac{}{12}$	46	000	(46)の22%相当額	49	
その他の所得金額 (1)-(45)-(46)	47	000	(47)の19%又は23.2%相当額	50	

❶ → ❷

地方法人税額の計算					
所得の金額に対する法人税額 (28)	51	000	(51)の10.3%相当額	53	
課税留保金額に対する法人税額 (29)	52	000	(52)の10.3%相当額	54	

この申告が修正申告である場合の計算									
法人税額の計算	この申告前の	法人税額	55		地方法人税額の計算	この申告前の	確定地方法人税額	58	
							還付金額	59	
		還付金額	56	外			欠損金の繰戻しによる還付金額	60	
	この申告により納付すべき法人税額又は減少する還付請求税額 ((15)-(55))若しくは((15)+(56))又は((56)-(24))		57	外 00		この申告により納付すべき地方法人税額 ((40)-(58))若しくは((40)+(59)+(60))又は(((59)-(43))+((60)-(43の外書)))		61	00

土地譲渡税額の内訳					
土地譲渡税額 (別表三(二)「25」)	62	0	土地譲渡税額 (別表三(三)「21」)	64	00
同上 (別表三(二の二)「26」)	63	0			

地方法人税額に係る外国税額の控除額の計算					
外国税額 (別表六(二)「56」)	65		控除しきれなかった金額 (65)-(66)	67	
控除した金額 (37)	66				

◉別表一・地方法人税額の計算◉

別表一 各事業年度の所得に係る申告書－内国法人の分

令和　年　月　日　税務署長殿

納税地　電話（　　）　－

（フリガナ）法人名

法人番号

（フリガナ）代表者

代表者住所

通算グループ整理番号／通算親法人整理番号／法人区分／事業種目／期末現在の資本金の額又は出資金の額／非中小法人／同非区分（特定同族会社・同族会社・非同族会社）／旧納税地及び旧法人名等／添付書類

青色申告　一連番号／整理番号／事業年度（至）／売上金額／申告年月日／通信日付印・確認・庁指定・局指定・指導等・区分／申告区分（法人税・地方法人税：中間・期限後・修正）

令和　年　月　日　事業年度分の法人税　申告書
令和　年　月　日　課税事業年度分の地方法人税　申告書
（中間申告の場合の計算期間　令和　年　月　日）

適用額明細書提出の有無（有・無）／税理士法第30条の書面提出有（有）／税理士法第33条の2の書面提出有（有）

この申告書による法人税額の計算		
所得金額又は欠損金額（別表四「52の①」）	1	
法人税額 (48)＋(49)＋(50)	2	
法人税額の特別控除額（別表六(六)「5」）	3	
税額控除超過額相当額等の加算額	4	
土地譲渡利益金額：課税土地譲渡利益金額	5	000
同上に対する税額 (62)＋(63)＋(64)	6	
留保金：課税留保金額（別表三(一)「4」）	7	000
同上に対する税額（別表三(一)「8」）	8	
法人税額計 (2)－(3)＋(4)＋(6)＋(8)	9	00／A
分配時調整外国税相当額及び外国関係会社等に係る控除対象所得税額等相当額の控除額	10	
仮装経理に基づく過大申告の更正に伴う控除法人税額	11	
控除税額	12	
差引所得に対する法人税額 (9)－(10)－(11)－(12)	13	00
中間申告分の法人税額	14	00
差引確定法人税額 (13)－(14)（中間申告の場合はその税額とし、マイナスの場合は(22)へ記入）	15	00

この申告書による地方法人税額の計算		
課税標準法人税額：所得の金額に対する法人税額	28	A
課税留保金額に対する法人税額 (8)	29	
課税標準法人税額 (28)＋(29)	30	000
地方法人税額 (53)	31	C
税額控除超過額相当額の加算額	32	
課税留保金額に係る地方法人税額 (54)	33	
所得地方法人税額 (31)＋(32)＋(33)	34	D
分配時調整外国税相当額及び外国関係会社等に係る控除対象所得税額等相当額の控除額	35	
仮装経理に基づく過大申告の更正に伴う控除地方法人税額	36	
外国税額の控除額	37	
差引地方法人税額 (34)－(35)－(36)－(37)	38	00
中間申告分の地方法人税額	39	00
差引確定地方法人税額 (38)－(39)（中間申告の場合はその税額とし、マイナスの場合は(42)へ記入）	40	00／E

控除税額の計算		
所得税の額（別表六(一)「6の③」）	16	
外国税額（別表六(二)「23」）	17	
計 (16)＋(17)	18	
控除した金額 (12)	19	
控除しきれなかった金額 (18)－(19)	20	

この申告による還付金額		
所得税額等の還付金額 (20)	21	
中間納付額 (14)－(13)	22	
欠損金の繰戻しによる還付請求税額	23	外
計 (21)＋(22)＋(23)	24	外
この申告が修正申告である場合のこの申告により納付すべき法人税額又は減少する還付請求税額 (57)	25	外　00
欠損金等の当期控除額	26	
翌期へ繰り越す欠損金額（別表七(一)「5の合計」）	27	
この申告による還付金額：外国税額の還付金額 (67)	41	
中間納付額 (39)－(38)	42	
計 (41)＋(42)	43	外
この申告が修正申告である場合のこの申告により納付すべき地方法人税額 (61)	44	00

剰余金・利益の配当（剰余金の分配）の金額

残余財産の最後の分配又は引渡しの日　令和　年　月　日／決算確定の日　令和　年　月　日

還付を受けようとする金融機関等：銀行・金庫・組合・農協・漁協　本店・支店・出張所・本所・支所　預金　郵便局名等　口座番号　ゆうちょ銀行の貯金記号番号　※税務署処理欄

税理士署名

◉別表一次葉・地方法人税額の計算◉

事業年度等	・　・ ・　・	法人名		別表一次葉

法人税額の計算					
(1)のうち中小法人等の年800万円相当額以下の金額 ((1)と800万円×$\frac{}{12}$のうち少ない金額)又は(別表一付表「5」)	45	000	(45)の15%又は19%相当額	48	
(1)のうち特例税率の適用がある協同組合等の年10億円相当額を超える金額 (1)-10億円×$\frac{}{12}$	46	000	(46)の22%相当額	49	
その他の所得金額 (1)-(45)-(46)	47	000	(47)の19%又は23.2%相当額	50	
地方法人税額の計算					
所得の金額に対する法人税額 (28)	51	A 000	(51)の10.3%相当額	53	B
課税留保金額に対する法人税額 (29)	52	000	(52)の10.3%相当額	54	
この申告が修正申告である場合の計算					
法人税額の計算 この申告前の 法人税額	55		地方法人税額の計算 この申告前の 確定地方法人税額	58	
法人税額の計算 この申告前の 還付金額	56	外	地方法人税額の計算 この申告前の 還付金額	59	
			地方法人税額の計算 この申告前の 欠損金の繰戻しによる還付金額	60	
法人税額の計算 この申告により納付すべき法人税額又は減少する還付請求税額 ((15)-(55))若しくは((15)+(56))又は((56)-(24))	57	外 00	地方法人税額の計算 この申告により納付すべき地方法人税額 ((40)-(58))若しくは((40)+(59)+(60))又は(((59)-(43))+((60)-(43の外書)))	61	00
土地譲渡税額の内訳					
土地譲渡税額 (別表三(二)「25」)	62	0	土地譲渡税額 (別表三(三)「21」)	64	00
同上 (別表三(二の二)「26」)	63	0			
地方法人税額に係る外国税額の控除額の計算					
外国税額 (別表六(二)「56」)	65		控除しきれなかった金額 (65)-(66)	67	
控除した金額 (37)	66				

1.16 社内留保と社外流出

「留保」と「流出」を理解しよう

「社内留保」と「社外流出」という概念は、法人税の考え方の中でも特にむずかしいという印象をもたれているようです。要は会社から出て行くもの、留まるものというイメージで捉えていただければよいのですが、例外的なものも存在するため、これと決めつけることもできません。ここでは留保と流出を、もう少し厳密にみていきましょう。

所得計算上の申告調整については、資産・負債に影響する調整とそうでない調整があります。このうち**資産・負債に影響する調整は留保**となり、**資産・負債に影響しない調整は流出**となります。これは資産負債に関して会計上と税務上それぞれの認識額にズレが生じるため、その差異部分を別表五（一）という書類で管理しておくための手法となっています。

たとえば会社が交際費を支出したときには、次の仕訳をします。

（接待交際費）1,000円　／　（現金預金）1,000円

そして、この1,000円のうち、100円が別表四で交際費等の損金不算入として加算調整されたとします。

しかし、税務上はこの交際費を損金と認めなかったとしても、いったん出ていったお金（100円）は会社には戻ってきません。つまり、資産・負債には影響していない調整となりますので、別表四では社外流出として扱います。この調整は仕訳による修正ができません。

逆に会社が減価償却費について次の仕訳をしたとします。

（減価償却費）1,300円　／　（減価償却資産）1,300円

しかし税務上の償却限度額が1,000円だった場合には、差額の300円は別表四で減価償却超過額として加算調整しなければいけません。

この300円は、会社内部の取引となります。そして資産（減価償却資

産）にも影響する調整となりますので、別表四では社内留保として扱います。こちらは、仕訳による修正も可能な調整になります。

社内留保は別表五（一）で取り扱う

法人税の別表に別表五（一）という書式があります（69頁参照）。このうち、「Ⅰ　利益積立金額の計算に関する明細書」では税務上の純資産価額から資本金等の額を控除した残額（利益積立金額）を示す書類で、具体的には会計上の利益積立金と所得調整としての留保項目が集計されている書類となります。

たとえば56頁パターン２の減価償却資産について、会計上の期首帳簿価額が仮に10,000円だったとしたら、会社が減価償却費を計上したことによって、決算整理後の帳簿価額は8,700円になっています。ところが、税務上の帳簿価額は、1,000円の減価償却費が損金として認められたわけですから、9,000円でないと困ります。

ここに減価償却資産について、会計上の簿価と税務上の簿価に300円のズレが生じますので、別表五（一）Ⅰにその300円を計上することによって税務上の帳簿価額が把握できるようになっています。

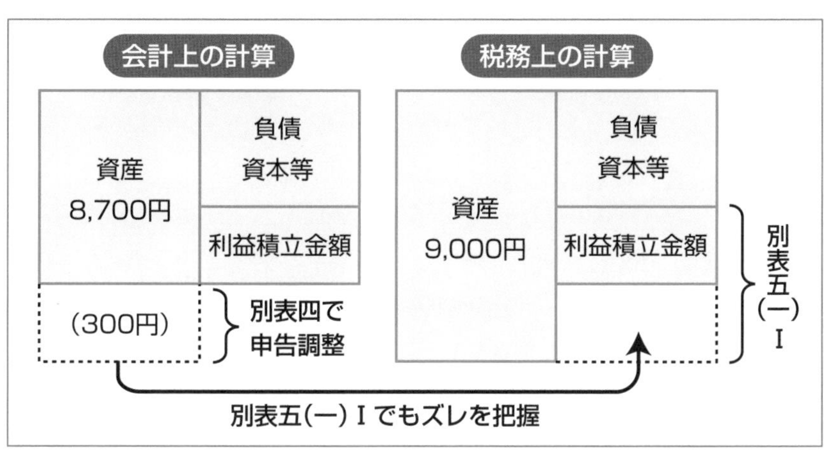

※この留保と社外流出の分別は、会計上と税務上の資産負債のズレを把握するためだけでなく、留保金課税という制度で会社にお金を残しすぎた場合に課税される項目の計算にも大きく影響します。

◉別表四◉

所得の金額の計算に関する明細書(簡易様式)

事業年度	・・ ・・	法人名	

区分			総額	処分 留保	社外流出	
			①	②	③	
当期利益又は当期欠損の額		1	円	円	配当	円
					その他	
加算	損金経理をした法人税及び地方法人税(附帯税を除く。)	2				
	損金経理をした道府県民税及び市町村民税	3				
	損金経理をした納税充当金	4				
	損金経理をした附帯税(利子税を除く。)、加算金、延滞金(延納分を除く。)及び過怠税	5			その他	
	減価償却の償却超過額	6	300	300		
	役員給与の損金不算入額	7			その他	
	交際費等の損金不算入額	8	100		その他	100
	通算法人に係る加算額(別表四付表「5」)	9			外※	
		10				
	小計	11			外※	
減算	減価償却超過額の当期認容額	12				
	納税充当金から支出した事業税等の金額	13				
	受取配当等の益金不算入額(別表八(一)「5」)	14			※	
	外国子会社から受ける剰余金の配当等の益金不算入額(別表八(二)「26」)	15			※	
	受贈益の益金不算入額	16			※	
	適格現物分配に係る益金不算入額	17			※	
	法人税等の中間納付額及び過誤納に係る還付金額	18				
	所得税額等及び欠損金の繰戻しによる還付金額等	19			※	
	通算法人に係る減算額(別表四付表「10」)	20			※	
		21				
	小計	22			外※	
仮計 (1)+(11)−(22)		23			外※	
対象純支払利子等の損金不算入額(別表十七(二の二)「29」又は「34」)		24			その他	
超過利子額の損金算入額(別表十七(二の三)「10」)		25	△		※	△
仮計 ((23)から(25)までの計)		26			外※	
寄附金の損金不算入額(別表十四(二)「24」又は「40」)		27			その他	
法人税額から控除される所得税額(別表六(一)「6の③」)		29			その他	
税額控除の対象となる外国法人税の額(別表六(二の二)「7」)		30			その他	
分配時調整外国税相当額及び外国関係会社等に係る控除対象所得税額等相当額(別表六(五の二)「5の②」)+(別表十七(三の六)「1」)		31			その他	
合計 (26)+(27)+(29)+(30)+(31)		34			外※	
中間申告における繰戻しによる還付に係る災害損失欠損金額の益金算入額		37			※	
非適格合併又は残余財産の全部分配等による移転資産等の譲渡利益額又は譲渡損失額		38			※	
差引計 (34)+(37)+(38)		39			外※	
更生欠損金又は民事再生等評価換えが行われる場合の再生等欠損金の損金算入額(別表七(三)「9」又は「21」)		40	△		※	△
通算対象欠損金額の損金算入額又は通算対象所得金額の益金算入額(別表七の二「5」又は「11」)		41			※	
差引計 (39)+(40)±(41)		43			外※	
欠損金等の当期控除額(別表七(一)「4の計」)+(別表七(四)「10」)		44	△		※	△
総計 (43)+(44)		45			外※	
残余財産の確定の日の属する事業年度に係る事業税及び特別法人事業税の損金算入額		51	△	△		
所得金額又は欠損金額		52			外※	

別表四(簡易様式)

(簡)

社外流出の項目は別表五(一)Ⅰには影響しない

◉別表五（一）◉

利益積立金額及び資本金等の額の計算に関する明細書

事業年度	・　・ ・　・	法人名	

別表五(一)

I　利益積立金額の計算に関する明細書

区分		期首現在利益積立金額	当期の増減		差引翌期首現在利益積立金額 ①－②＋③
			減	増	
		①	②	③	④
利益準備金	1	円	円	円	円
積立金	2				
	3				
	4				
減価償却超過額	5			300	300
	6				
	7				
	8				
	9				
	10				
	11				
	12				
	13				
	14				
	15				
	16				
	17				
	18				
	19				
	20				
	21				
	22				
	23				
	24				
繰越損益金（損は赤）	25				
納税充当金	26				
未納法人税等（退職年金等積立金に対するものを除く。） 未納法人税及び未納地方法人税（附帯税を除く。）	27	△	△	中間 △ 確定 △	△
未払通算税効果額（附帯税の額に係る部分の金額を除く。）	28			中間 確定	
未納道府県民税（均等割額を含む。）	29	△	△	中間 △ 確定 △	△
未納市町村民税（均等割額を含む。）	30	△	△	中間 △ 確定 △	△
差引合計額	31				

別表五(一) I で300円のズレを把握する

この金額を貸借対照表の減価償却資産8,700円に足せば税務上の減価償却資産の簿価となる

II　資本金等の額の計算に関する明細書

区分		期首現在資本金等の額	当期の増減		差引翌期首現在資本金等の額 ①－②＋③
			減	増	
		①	②	③	④
資本金又は出資金	32	円	円	円	円
資本準備金	33				
	34				
	35				
差引合計額	36				

第2章

すべての会社に必要な

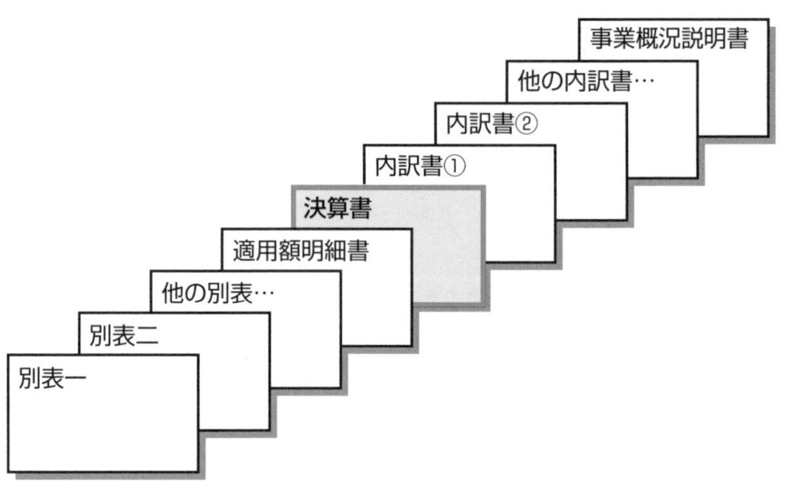

別表の書き方

2.1 別表二の書き方

いよいよここからが申告書の具体的な書き方の説明になります。

法人税申告書の基本的な別表には、別表一から別表十六まで、様々な種類がありますが、そのすべてが申告に必要というわけではありません(34頁参照)。それぞれの会社の事情に応じて、必要な別表のみを申告すればそれでよいことになっています。

すべての会社に必要な別表が、法人税申告書作成の軸となりますので、そこから説明していきましょう。

すべての会社に必要となる別表は、**別表一、別表二、別表四、別表五(一)、別表五(二)**です。

別表を書く順序

法人税申告書は、作成する順番が定められているわけではないので、どのような順序で作成してもかまいません。しかし、計算した結果の金額を他の別表に転記していく作業がありますので、単独で記載していってよい別表と、順番を守って記載していくべき別表があることになります。

上記に掲げた別表の中で、順番を守って記載するのは別表一、別表四、別表五(一)、別表五(二)であり、単独で記載してもよい別表は別表二「同族会社等の判定に関する明細書」となります。

別表における事業年度と法人名の記載

すべての別表には、次頁の別表二と同様に、右上の欄は「事業年度」と「法人名」を記載するようになっています。

ここには、会社の事業年度と法人名を記載します。法人名にある「株式会社」は「㈱」と省略してもかまいません。

そして別表の左上には、その別表のタイトルが記載されています。この別表(別表二)の場合は、「同族会社等の判定に関する明細書」と書かれています。

◉別表二◉

同族会社等の判定に関する明細書	事業年度	×1・4・1 ×2・3・31	法人名	YOTAX(株)	別表二

	項目	番号	金額等
同族会社の判定	期末現在の発行済株式の総数又は出資の総額	1	内
	(19)と(21)の上位3順位の株式数又は出資の金額	2	
	株式数等による判定 (2)/(1)	3	%
	期末現在の議決権の総数	4	内
	(20)と(22)の上位3順位の議決権の数	5	
	議決権の数による判定 (5)/(4)	6	%
	期末現在の社員の総数	7	
	社員の3人以下及びこれらの同族関係者の合計人数のうち最も多い数	8	
	社員の数による判定 (8)/(7)	9	%
	同族会社の判定割合 ((3)、(6)又は(9)のうち最も高い割合)	10	

	項目	番号	金額等
特定同族会社の判定	(21)の上位1順位の株式数又は出資の金額	11	
	株式数等による判定 (11)/(1)	12	%
	(22)の上位1順位の議決権の数	13	
	議決権の数による判定 (13)/(4)	14	%
	(21)の社員の1人及びその同族関係者の合計人数のうち最も多い数	15	
	社員の数による判定 (15)/(7)	16	%
	特定同族会社の判定割合 ((12)、(14)又は(16)のうち最も高い割合)	17	
判定結果		18	特定同族会社 同族会社 非同族会社

判定基準となる株主等の株式数等の明細

順位		判定基準となる株主(社員)及び同族関係者		判定基準となる株主等との続柄	株式数又は出資の金額等			
					被支配会社でない法人株主等		その他の株主等	
株式数等	議決権数	住所又は所在地	氏名又は法人名		株式数又は出資の金額	議決権の数	株式数又は出資の金額	議決権の数
					19	20	21	22
				本人				

別表二の役割は会社の種類の判定

法人税の計算をするにあたっては、会社の種類に応じて有利になる規定や、逆に制限を受ける規定、特別な計算をしなければいけないケースなど、様々な特例や制約を受けることになります。

別表二では、申告をする会社がどのような種類の会社に該当するのかを定めるために、主に株主が保有する株式数を基準として判定をしていきます。

会社の種類は３つ

別表二を使って判定する会社の種類は、次の３つです。

- **特定同族会社**
- **同族会社**
- **非同族会社**

どの会社に該当するかを判定した後、次頁Ａ枠の該当箇所に○を付けます。

これら３つの会社の違いは、会社の支配者（株主）の人数による違いであり、同時に、どれくらい法人税上の制約を受けるかどうかという違いになります。

株主の支配関係によって、３つの会社は下図のように順位づけられており、たくさんの株主によって支配されている会社は非同族会社に、もっとも少人数で支配されている会社は特定同族会社となります。

比較的少人数に支配される会社（同族会社、特定同族会社）は、その分、法の目をかいくぐった租税回避もやりやすくなるため、予防のための規定が適用されるのです。

◉会社の種類と株主の関係◉

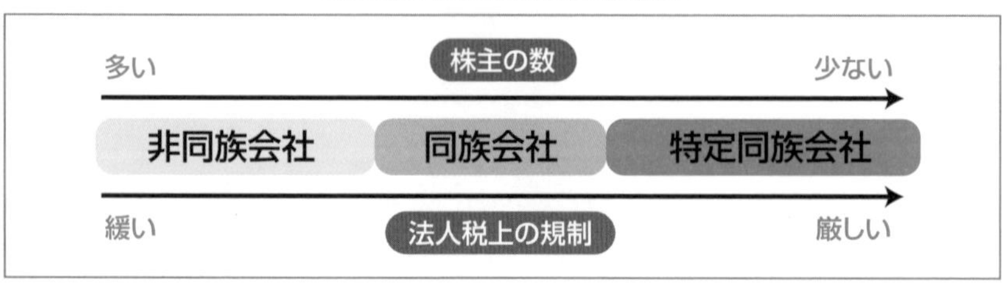

◉別表二◉

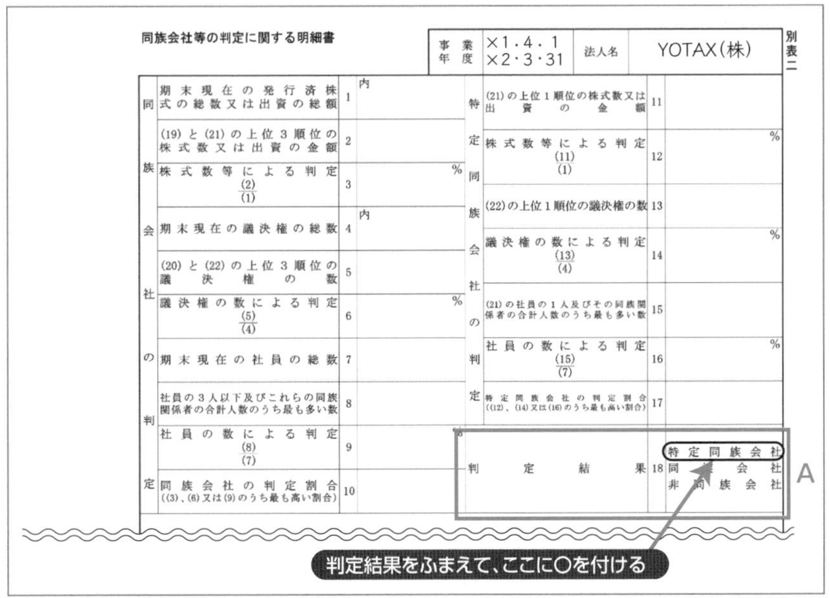

同族会社等の判定に関する明細書

事業年度	×1・4・1 ×2・3・31	法人名	YOTAX(株)	別表二

区分	項目	番号	金額等	区分	項目	番号	金額等
同族会社の判定	期末現在の発行済株式の総数又は出資の総額	1	内	特定同族会社の判定	(21)の上位1順位の株式数又は出資の金額	11	
	(19)と(21)の上位3順位の株式数又は出資の金額	2			株式数等による判定 (11)/(1)	12	%
	株式数等による判定 (2)/(1)	3	%		(22)の上位1順位の議決権の数	13	
	期末現在の議決権の総数	4	内		議決権の数による判定 (13)/(4)	14	%
	(20)と(22)の上位3順位の議決権の数	5			(21)の社員の1人及びその同族関係者の合計人数のうち最も多い数	15	
	議決権の数による判定 (5)/(4)	6	%		社員の数による判定 (15)/(7)	16	%
	期末現在の社員の総数	7			特定同族会社の判定割合 ((12)、(14)又は(16)のうち最も高い割合)	17	
	社員の3人以下及びこれらの同族関係者の合計人数のうち最も多い数	8		判定結果		18	(特定同族会社) 同族会社 非同族会社
	社員の数による判定 (8)/(7)	9					
	同族会社の判定割合 ((3)、(6)又は(9)のうち最も高い割合)	10					

3つの分類の位置づけ

法人税上の概念によると、特定同族会社、同族会社、非同族会社の3つは次のように分類できます。

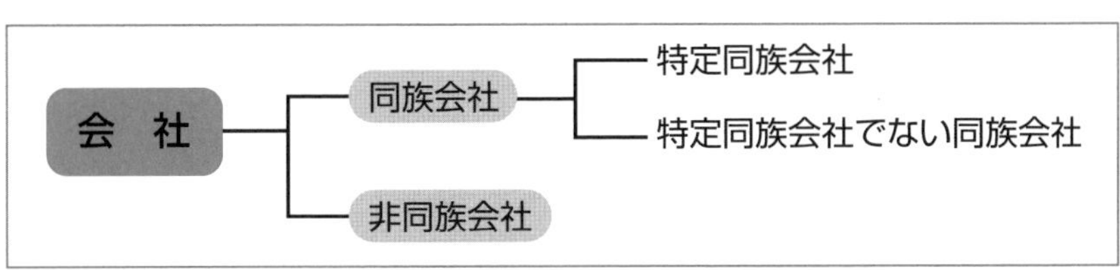

つまり、会社はまず、同族会社なのか非同族会社なのかに区分され、そのうち同族会社に該当すれば、さらに特定同族会社なのか、そうでない同族会社なのかに区分されます。

このように区分されているのは、それぞれの会社によって適用を受ける規定に違いがあるため、法律の条文構成をわかりやすくするという理由があるからです。

同族会社に設けられている規定

同族会社に設けられている規定には、「同族会社の役員、使用人兼務役員の範囲の特例」と「同族会社等の行為計算否認」があります。どちらも少人数の株主に支配されている会社の租税回避行為を防止する規定なので、非同族会社の場合には適用されません。

●同族会社の役員、使用人兼務役員の範囲の特例（みなし役員）

役員に対する給与については、法人税では厳しい制限が課されています。そのため、少人数の株主に支配されている会社であれば、「自分は役員という肩書きをもたずに、使用人という肩書きにしておこう」などと考える人が出てくる可能性は十分にあります。

そこで法人税では、実質的に少人数の株主で会社を支配し、かつその株主が経営に従事している場合には、役員や使用人という肩書きに関係なく、法人税の適用にあたっては役員とみなすことになっています（これを**みなし役員**と呼びます）。

●同族会社等の行為計算否認

また、通常の会社であれば行なわないであろう、常識とかけ離れた行為や計算も、少人数の株主に支配されている会社であれば、租税回避を目的に行なうことが想定されます。

そこで、見逃せば日本経済を揺るがすような重大な事例がある場合に限り、そういった行為や計算を税務署長の職権によって是正できるというのが、「同族会社等の行為計算否認」です。

特定同族会社に設けられている規定

会社に株式投資している人のことを株主と呼びます。通常、株主が会社にお金を投資する最大の目的は、自分が投資した金額を元手に会社が利益をあげ、そこから配当金が支払われることにあります。

支払われる配当金は最終的には個人株主の収入になるので、そのもうけは配当所得として所得税が課税されるのですが、仮に株主が自分１人で会社を支配しているような場合であれば、「どうせ配当をしても所得税が課税されて税金を払わなければいけなくなるのだから、配当をせずに会社にお金を残しておこう」と考えます。

たくさん株主がいるような会社であれば、利益が出たにもかかわらず配当金が支払われないとなれば、他の株主から文句も出ますが、自分1人だけが株主であるような会社であれば、配当をするかしないかは自由に決められます。

そこで、そのような実質1人だけで支配しているような会社が、通常行なうであろう配当をしなかった場合には、所得税を課税する代わりに法人税で追加課税をするという規定（**留保金課税**）を設けています。

これは、同族会社の中でも、さらに少人数の株主に支配されている会社である特定同族会社に適用される規定となります。この適用がある同族会社と、適用がない同族会社を区分するために、会社の支配度をさらに判定するのです。

同族会社の判定は会社の支配度で

会社の運営は、取締役が会社の方針を考えて、株主がそれを承認するかどうか採決をして行ないます。この採決は株式数や議決権により多数決で行なわれるので、その支配力の強さは、株式数や議決権が50％を超えるかどうかにかかっています。

つまり同族会社は、一定の株主グループによって50％を超える株式数が保有されているかどうかで判定されます。

特定同族会社の判定は株主グループで

同族会社の判定にあたっては、主たる株主とその親族は基本的に主たる株主の運営方針に加担することが想定されますので、同一株主グループと考えます。

そして、そういった株主グループが**3グループ**集まれば、それぞれの株式数を持ち寄って色々な租税回避を実行することが可能になるとの考えにより、3グループの合計数が全体の50％を超えれば同族会社として判定されます。

また、**上位1グループの合計数が全体の50％を超える**場合には、特定同族会社として判定されます。

「同一株主グループ」とは

それぞれの株主が同一株主グループになるかどうかは、主たる株主とその親族をもって同一株主グループとして計算します。その親族とは、配偶者や6親等以内の血族、3親等以内の姻族が含まれます。また、それらの株主と特殊関係にある個人および法人も同一株主グループに含まれます。

◉特殊関係にある個人および法人◉

- 株主等と事実上婚姻関係と同様の事情にある者
- 株主等の使用人
- 上記に掲げる者以外の者で、株主等から受ける金銭その他の資産によって生計を維持している者
- 上記に掲げる者と生計を一にするこれらの者の親族
- 株主等が支配している他の会社（A社）
- 株主等とA社が支配している他の会社（B社）
- 株主等、A社およびB社が支配している他の会社

別表二への株主の書き出し

別表二に記載する株主は、当社の株主全員の持株数などを記載するのではなく、同族会社に該当するかどうかを判定するために必要な株主のみを記載します。したがって上位3順位の株主グループのみとなります。それぞれの判定は、その事業年度終了時の現況で判定されます。

(1) 株主名簿からの抜出し

具体的な作業としては、まず、その事業年度終了時点の株主名簿から大株主をピックアップします。

通常の株主名簿には、次頁の図の㋑～㋠のような株主相互間の関係などの記載はありませんが、株主が少数の場合にはこのようなリストを、株主が大勢の場合には、大株主のみのリストを作成することをおすすめします。

名　　称		関　係	住　　所	持株数
小谷羊太	㋑	筆頭株主	東京都○○区1－1－1	500株
小谷有詩	㋺	㋑の長男	東京都○○区1－1－1	200株
小谷彩太	㋩	㋑の次男	東京都○○区1－1－1	100株
林　祐介	㊁	㋑の友人	東京都○○市2－2－2	50株
林　美里	㋭	㊁の妻	東京都○○市2－2－2	50株
乙株式会社	㋬	㊁支配の会社	東京都○○市2－2－2	50株
伊村いつか	㋣	㋑の友人	大阪府○○市3－3－3	30株
橋本政代	㋠	㋑の友人	福岡県○○市4－4－4	20株
合　　計				1000株

この図における上位3順位の株主グループは次のようになります。

- **㋑グループ（800株）**

  小谷羊太500株＋小谷有詩200株＋小谷彩太100株＝800株

- **㊁グループ（150株）**

  林祐介50株＋林美里50株＋乙株式会社50株＝150株

- **㋣グループ（30株）**

  伊村いつか30株

※㋠は上位4順位めのグループなので申告書への記載は不要です。

(2)　株式数等：81頁A枠の記載

株主グループとしての順位を付します。議決権数により判定をする場合には、右の「議決権数」に順位を付します。

(3)　続柄：81頁B枠の記載

「判定基準となる株主等」とは、それぞれの株主グループの代表のことです。通常はグループ内で一番たくさん株数を持っている人となりますが、同数の場合は誰でもかまいません。そして、その代表を「本人」と記載し、他の人については「本人」との続柄をそれぞれ記載します。

(4) 株式数：次頁C枠の記載

それぞれの所有株式数を記載します。特例有限会社など株式がない出資形態の会社は、それぞれの出資金額を記載します。

C枠の左の19や20の欄は、特定同族会社でない法人が株主である場合には、その持株数等を記載します。

(5) 発行済株式数：D枠の記載

当社が期末現在で発行している株式数の総数を記載します。

ここに記載する株式数は、C枠に記載した株式数の合計数ではないことに注意してください。

(6) 合計数の記載：E枠の記載

A枠で1から3の数字を付した株主の株式数の合計を記載します。

(7) 合計数の記載：F枠の記載

C枠に付した上位第1順位の株主グループのみの合計数を記載します。ここではA枠に1の数字を付した株主の株式数の合計となります。

また、特定同族会社でない法人が第1順位の株主である場合には、その法人を除いた次の順位の株主グループの合計数を記載します。

◉別表二◉

同族会社等の判定に関する明細書

事業年度	×1・4・1 ×2・3・31	法人名	YOTAX(株)

別表二

区分	項目	番号	金額等	区分	項目	番号	金額等
同族会社の判定	期末現在の発行済株式の総数又は出資の総額	1	内 D 1000	特定同族会社の判定	(21)の上位1順位の株式数又は出資の金額	11	F 800
	(19)と(21)の上位3順位の株式数又は出資の金額	2	E 980		株式数等による判定 (11)/(1)	12	80.0 %
	株式数等による判定 (2)/(1)	3	98.0 %		(22)の上位1順位の議決権の数	13	
	期末現在の議決権の総数	4	内		議決権の数による判定 (13)/(4)	14	%
	(20)と(22)の上位3順位の議決権の数	5			(21)の社員の1人及びその同族関係者の合計人数のうち最も多い数	15	
	議決権の数による判定 (5)/(4)	6	%		社員の数による判定 (15)/(7)	16	%
	期末現在の社員の総数	7			特定同族会社の判定割合 ((12)、(14)又は(16)のうち最も高い割合)	17	
	社員の3人以下及びこれらの同族関係者の合計人数のうち最も多い数	8			判定結果	18	(特定同族会社) 同族会社 非同族会社
	社員の数による判定 (8)/(7)	9	%				
	同族会社の判定割合 ((3)、(6)又は(9)のうち最も高い割合)	10	98.0				

判定基準となる株主等の株式数等の明細

順位 株式数等	順位 議決権数	判定基準となる株主(社員)及び同族関係者 住所又は所在地	氏名又は法人名	判定基準となる株主等との続柄	被支配会社でない法人株主等 株式数又は出資の金額 19	被支配会社でない法人株主等 議決権の数 20	その他の株主等 株式数又は出資の金額 21	その他の株主等 議決権の数 22
1		東京都○○区1-1-1	小谷羊太	本人			500	
1		〃	小谷有詩	長男			200	
1		〃	小谷彩太	次男			100	
2		東京都○○市2-2-2	林　祐介	本人			50	
2		〃	林　美里	妻			50	
2		東京都○○市2-2-2	乙株式会社				50	
3		大阪府○○市3-3-3	伊村いつか	本人			30	
A				B			C	

2.2 別表四の書き方

別表四は税務上のもうけを集計するための表です。この別表四には、通常様式と簡易様式の２種類があります。別表四には縦に１から52までの記載欄がそれぞれありますが、26から52までの記載欄がすべて揃っているものが通常様式、28、32、33、35、36、42、46、47、48、49、50が抜けているのが簡易様式です（次頁参照）。

ほとんどの会社はこれらの欄に記入が必要な規定の適用を受けないので、簡易様式で申告することになります。本書では簡易様式を使用しています。

記載が必要な箇所

以下では、毎年利益があり、法人税の納付がある会社を前提に説明をします。ただし、預貯金の利子や受取配当金を受け取っている場合には、14または29欄への記載が必要になります。

⑴　次頁Ａ枠の記載

次頁のＡ枠の記載が、別表四におけるもっとも基本的な記載になります。後で説明する別表五（一）や別表五（二）とも密接に連動するので、注意が必要です。

⑵　Ｂ枠からＩ枠の記載

次頁Ｂ枠からＩ枠は、会計上のもうけ（当期利益）に申告調整する加算項目や減算項目の合計額や集計額をそれぞれ記載します。

⑶　Ｊ枠の記載

次頁Ｊ枠が、この別表の最終値となります。ここで算出した金額は、別表一へ転記します。

◉別表四（簡易様式）◉

所得の金額の計算に関する明細書（簡易様式）

事業年度	・・ ・・	法人名	

別表四（簡易様式）

区分			総額	処分			
				留保	社外流出		
			①	②	③		
当期利益又は当期欠損の額		1	円	円	配当	円	A
					その他		
	損金経理をした法人税及び地方法人税（附帯税を除く。）	2					
	損金経理をした道府県民税及び市町村民税	3					
加算	損金経理をした納税充当金	4					
	損金経理をした附帯税（利子税を除く。）、加算金、延滞金（延納分を除く。）及び過怠税	5			その他		
	減価償却の償却超過額	6					
	役員給与の損金不算入額	7			その他		
	交際費等の損金不算入額	8			その他		
	通算法人に係る加算額（別表四付表「5」）	9			外※		
		10					
	小計	11			外※		B
減算	減価償却超過額の当期認容額	12					
	納税充当金から支出した事業税等の金額	13					
	受取配当等の益金不算入額（別表八（一）「5」）	14			※		
	外国子会社から受ける剰余金の配当等の益金不算入額（別表八（二）「26」）	15			※		
	受贈益の益金不算入額	16			※		
	適格現物分配に係る益金不算入額	17			※		
	法人税等の中間納付額及び過誤納に係る還付金額	18					
	所得税額等及び欠損金の繰戻しによる還付金額等	19			※		
	通算法人に係る減算額（別表四付表「10」）	20			※		
		21					
	小計	22			外※		C
仮計 (1)＋(11)－(22)		23			外※		D
対象純支払利子等の損金不算入額（別表十七（二の二）「29」又は「34」）		24			その他		
超過利子額の損金算入額（別表十七（二の三）「10」）		25	△		※	△	
仮計 ((23)から(25)までの計)		26			外※		E
寄附金の損金不算入額（別表十四（二）「24」又は「40」）		27			その他		
法人税額から控除される所得税額（別表六（一）「6の③」）		29			その他		
税額控除の対象となる外国法人税の額（別表六（二の二）「7」）		30			その他		
分配時調整外国税相当額及び外国関係会社等に係る控除対象所得税額等相当額（別表六（五の二）「5の②」）+（別表十七（三の六）「1」）		31			その他		
合計 (26)＋(27)＋(29)＋(30)＋(31)		34			外※		F
中間申告における繰戻しによる還付に係る災害損失欠損金額の益金算入額		37			※		
非適格合併又は残余財産の全部分配等による移転資産等の譲渡利益額又は譲渡損失額		38			※		
差引計 (34)＋(37)＋(38)		39			外※		G
更生欠損金又は民事再生等評価換えが行われる場合の再生等欠損金の損金算入額（別表七（三）「9」又は「21」）		40	△		※	△	
通算対象欠損金額の損金算入額又は通算対象所得金額の益金算入額（別表七の二「5」又は「11」）		41			※		
差引計 (39)＋(40)±(41)		43			外※		H
欠損金等の当期控除額（別表七（一）「4の計」）＋（別表七（四）「10」）		44	△		※	△	
総計 (43)＋(44)		45			外※		I
残余財産の確定の日の属する事業年度に係る事業税及び特別法人事業税の損金算入額		51	△	△			
所得金額又は欠損金額		52			外※		J

㊎

①の総額欄、②③の処分欄

「区分」の横にある①、②、③と印字された欄の説明に移ります。次頁の記入例を見てください。

①「総額」には、申告調整をするすべての金額を記載します。そして②「留保」または、③「社外流出」のいずれかに①「総額」に記載した金額をそのまま転記します。

会社の中に留まるお金に関する調整項目は②「留保」へ記載、会社の外に出て行くお金に関する調整項目は③「社外流出」へ記載します（66頁参照）。②または③のいずれに記載するかは、すべての調整項目について決まりがあるので注意が必要です。

区分欄ですでに印字されている項目に関する調整（2～9、12～20）であれば、記載が必要でない欄には最初から斜線が引いてありますので、空いている箇所を埋めるようにしてください。

当期利益又は当期欠損の額：次頁A枠の記載

会社の決算書に記載した当期利益を①「総額」へそのまま記載しますが、納税充当金を設定している場合には、税引後の当期利益を記載します。

③社外流出の「配当」「その他」欄については、当期に当社の株主に対して配当金を支払っている場合には「配当」の欄へその金額を記載します。また剰余金の処分により寄附金などを支払っている場合には、「その他」へ、その金額を記載します。

そして、①「総額」へ記載した金額から③「社外流出」の「配当」や「その他」に記載した金額を差し引いた残額を、②「留保」に記載します。次頁の記入例では、①総額は300,000円、③社外流出は0円となっていますから、②留保は、①300,000円－③0円＝②300,000円となります。

損金の額に算入した法人税：B枠の記載

費用計上した法人税（前期確定分や当期中間分）があれば記載します。総勘定元帳の租税公課に計上した法人税から金額を拾い出します。

損金の額に算入した道府県民税及び市町村民税：C枠の記載

費用計上した住民税（前期確定分や当期中間分）があれば記載します。総勘定元帳の租税公課に計上した住民税から金額を拾い出します。

◉別表四（簡易様式）◉

所得の金額の計算に関する明細書（簡易様式）

事業年度	×1・4・1 ×2・3・31	法人名	YOTAX（株）

別表四（簡易様式）

	区分		総額 ①	処分 留保 ②	社外流出 ③	
A	当期利益又は当期欠損の額	1	300,000円	300,000円	配当	0円
					その他	0
B	損金経理をした法人税及び地方法人税（附帯税を除く。）	2	90,000	90,000		
C	損金経理をした道府県民税及び市町村民税	3	132,000	132,000		
加算	損金経理をした納税充当金	4				
加算	損金経理をした附帯税（利子税を除く。）、加算金、延滞金（延納分を除く。）及び過怠税	5			その他	
加算	減価償却の償却超過額	6				
加算	役員給与の損金不算入額	7			その他	
加算	交際費等の損金不算入額	8			その他	
加算	通算法人に係る加算額（別表四付表「5」）	9			外※	
加算		10				
加算	小計	11	222,000	222,000	外※	0
減算	減価償却超過額の当期認容額	12				
減算	納税充当金から支出した事業税等の金額	13				
減算	受取配当等の益金不算入額（別表八（一）「5」）	14			※	
減算	外国子会社から受ける剰余金の配当等の益金不算入額（別表八（二）「26」）	15			※	
減算	受贈益の益金不算入額	16			※	
減算	適格現物分配に係る益金不算入額	17			※	
減算	法人税等の中間納付額及び過誤納に係る還付金額	18				
減算	所得税額等及び欠損金の繰戻しによる還付金額等	19			※	
減算	通算法人に係る減算額（別表四付表「10」）	20			※	
減算		21				
減算	小計	22	0	0	外※	0
	仮計 (1)＋(11)－(22)	23	522,000	522,000	外※	0
	対象純支払利子等の損金不算入額（別表十七（二の二）「29」又は「34」）	24			その他	
	超過利子額の損金算入額（別表十七（二の三）「10」）	25	△		※	△
	仮計 ((23)から(25)までの計)	26	522,000	522,000	外※	0
	寄附金の損金不算入額（別表十四（二）「24」又は「40」）	27			その他	
	法人税額から控除される所得税額（別表六（一）「6の③」）	29			その他	
	税額控除の対象となる外国法人税の額（別表六（二の二）「7」）	30			その他	
	分配時調整外国税相当額及び外国関係会社等に係る控除対象所得税額等相当額（別表六（五の二）「5の②」）＋（別表十七（三の六）「1」）	31			その他	
	合計 (26)＋(27)＋(29)＋(30)＋(31)	34	522,000	522,000	外※	0
	中間申告における繰戻しによる還付に係る災害損失欠損金額の益金算入額	37			※	
	非適格合併又は残余財産の全部分配等による移転資産等の譲渡利益額又は譲渡損失額	38			※	
	差引計 (34)＋(37)＋(38)	39	522,000	522,000	外※	0
	更生欠損金又は民事再生等評価換えが行われる場合の再生等欠損金の損金算入額（別表七（三）「9」又は「21」）	40	△		※	△
	通算対象欠損金額の損金算入額又は通算対象所得金額の益金算入額（別表七の二「5」又は「11」）	41			※	
	差引計 (39)＋(40)±(41)	43	522,000	522,000	外※	0
	欠損金等の当期控除額（別表七（一）「4の計」）＋（別表七（四）「10」）	44	△		※	△
	総計 (43)＋(44)	45	522,000	522,000	外※	0
	残余財産の確定の日の属する事業年度に係る事業税及び特別法人事業税の損金算入額	51	△	△		
	所得金額又は欠損金額	52	522,000	522,000	外※	0

簡

間に入る調整金額がなければすべて同額になる

2.3 別表一の書き方

別表四で所得金額が算出されれば、別表一を使って、納付する法人税額の計算ができるようになります。

この別表一は、税務署のコンピュータで読み取りができるＯＣＲ用紙と、通常の用紙（青色申告の場合は青い用紙）のものを併せて２枚提出しなければいけません。

納税地等の記載：次頁Ａ枠の記載

必要箇所に納税地や代表者の氏名、住所などの必要事項を記入します。

ここには、通常であれば毎年同じものを記入することになるので、何を書くか迷うようであれば前年度のものを写すようにしてください。また法人名や代表者名のフリガナは必ず書いてください。

実物以外の用紙に記載する場合：Ｂ枠の記載

税務署から送られてくる申告書には「※税務署処理欄」に数字などが印字されています。もし、実際に送られてきた申告書でない用紙を使用して提出する場合には、整理番号など印字されている数字は漏れなく記載するように注意してください。

また「売上金額」の欄には、損益計算書の売上金額の合計額を100万円単位（100万円未満の端数は切り上げます）で記入します。

事業年度の記載：Ｃ枠の記載

別表一の申告書の様式は、確定申告、中間申告でそれぞれ使い分けができるようになっています。提出したい申告書が確定申告書であれば、

「事業年度分の法人税　　　　申告書」

「課税事業年度分の地方法人税　　　　申告書」

の空白の部分にそれぞれ「確定」と記入します。左側の欄には、当期の事業年度の始まりと終わりの年月日をそれぞれ記入します。

◉別表一◉

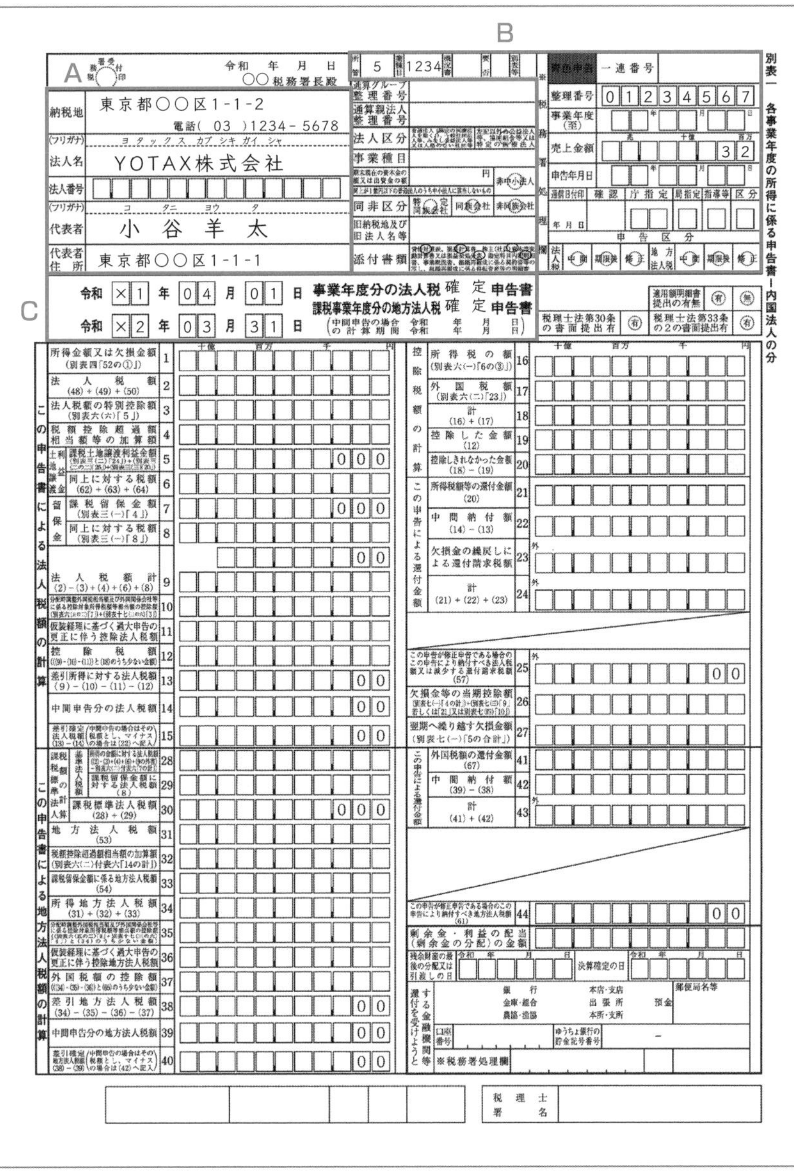

B

A 税務署受付印　令和　年　月　日　〇〇税務署長殿

所管 5　業種目 1234　概況書　要否　別表等

C

納税地	東京都〇〇区1-1-2　電話（03）1234－5678
（フリガナ）	ヨタックス カブシキガイシャ
法人名	YOTAX株式会社
法人番号	
（フリガナ）	コタニ ヨウタ
代表者	小谷羊太
代表者住所	東京都〇〇区1-1-1

通算グループ整理番号	
通算親法人整理番号	
法人区分	普通法人（特定の医療法人を除く）・一般社団法人等・協同組合等・公益法人等・人格のない社団等
事業種目	
期末現在の資本金の額又は出資金の額	円　非中小法人
同非区分	特定同族会社・同族会社・非同族会社
旧納税地及び旧法人名等	
添付書類	貸借対照表、損益計算書、株主（社員）資本等変動計算書、損益金処分表、勘定科目内訳明細書、事業概況書 等

※税務署処理欄	
青色申告	一連番号
整理番号	0 1 2 3 4 5 6 7
事業年度（至）	年　月　日
売上金額	十億　百万　3 2
申告年月日	年　月　日
通信日付印 / 確認 / 庁指定 / 局指定 / 指導等 / 区分	
申告区分	法人税：中間・期限後・修正　地方法人税：中間・期限後・修正

令和 ×1 年 04 月 01 日　事業年度分の法人税　確定　申告書
令和 ×2 年 03 月 31 日　課税事業年度分の地方法人税　確定　申告書
（中間申告の場合の計算期間　令和　年　月　日／令和　年　月　日）

適用額明細書提出の有無　有・無
税理士法第30条の書面提出有　有
税理士法第33条の2の書面提出有　有

この申告書による法人税額の計算

項目	番号	金額（円）
所得金額又は欠損金額（別表四「52の①」）	1	
法人税額（48）＋（49）＋（50）	2	
法人税額の特別控除額（別表六（六）「5」）	3	
税額控除超過額相当額等の加算額	4	
土地譲渡利益金：課税土地譲渡利益金額（別表三（二）「24」）＋（別表三（二の二）「25」）＋（別表三（三）「20」）	5	000
同上に対する税額（62）＋（63）＋（64）	6	
留保金：課税留保金額（別表三（一）「4」）	7	000
同上に対する税額（別表三（一）「8」）	8	
		00
法人税額計（2）－（3）＋（4）＋（6）＋（8）	9	
分配時調整外国税相当額及び外国関係会社等に係る控除対象所得税額等相当額の控除額	10	
仮装経理に基づく過大申告の更正に伴う控除法人税額	11	
控除税額	12	
差引所得に対する法人税額（9）－（10）－（11）－（12）	13	00
中間申告分の法人税額	14	00
差引確定法人税額（13）－（14）	15	00

この申告書による地方法人税額の計算

項目	番号	金額（円）
課税標準法人税額の計算：基準法人税額に対する法人税額	28	
課税留保金額に対する法人税額（8）	29	
課税標準法人税額（28）＋（29）	30	000
地方法人税額（53）	31	
税額控除超過額相当額の加算額	32	
課税留保金額に係る地方法人税額（54）	33	
所得地方法人税額（31）＋（32）＋（33）	34	
分配時調整外国税相当額及び外国関係会社等に係る控除対象所得税額等相当額の控除額	35	
仮装経理に基づく過大申告の更正に伴う控除地方法人税額	36	
外国税額の控除額	37	
差引地方法人税額（34）－（35）－（36）－（37）	38	00
中間申告分の地方法人税額	39	00
差引確定地方法人税額（38）－（39）	40	00

控除税額の計算

項目	番号	金額（円）
所得税の額（別表六（一）「6の③」）	16	
外国税額（別表六（二）「23」）	17	
計（16）＋（17）	18	
控除した金額（12）	19	
控除しきれなかった金額（18）－（19）	20	

この申告による還付金額

項目	番号	金額（円）
所得税額等の還付金額（20）	21	
中間納付額（14）－（13）	22	
欠損金の繰戻しによる還付請求税額	23	外
計（21）＋（22）＋（23）	24	外
この申告が修正申告である場合のこの申告により納付すべき法人税額又は減少する還付請求税額（57）	25	外　00
欠損金等の当期控除額	26	
翌期へ繰り越す欠損金額（別表七（一）「5の合計」）	27	
外国税額の還付金額（67）	41	
中間納付額（39）－（38）	42	
計（41）＋（42）	43	外
この申告が修正申告である場合のこの申告により納付すべき地方法人税額	44	00
剰余金・利益の配当（剰余金の分配）の金額		
残余財産の最後の分配又は引渡しの日		令和　年　月　日
決算確定の日		令和　年　月　日

還付を受けようとする金融機関等：銀行・金庫・組合・農協・漁協　本店・支店・出張所・本所・支所　預金　郵便局名等
口座番号　ゆうちょ銀行の貯金記号番号　－
※税務署処理欄

税理士署名

代表者：次頁D枠の記載

「代表者」の欄は、以前は電子申告により申告書を提出するときを除き、紙で提出する申告書であれば代表者の認め印などによる押印が必要でしたが、令和3年4月1日以降においてその押印は不要になりました。また、代表者の氏名も自署である必要はなく、印字による記載でかまいません。

事業種目：E枠の記載

定款に記載された会社の事業内容を簡潔に記載します。兼業をしている場合には、主として営む事業内容を記載します。

期末現在の資本金の額又は出資金の額：F枠の記載

事業年度の末日（f枠に記載した日）における資本金の額または出資金の額を記載します。増資や減資がない限り、毎年同じ金額を記載します。なお、グループ法人税制の適用を受ける非中小法人等に該当する場合は、「非中小法人等」の欄に○を付します（28頁参照）。

添付書類：G枠の記載

この申告書に添付する書類に○を付します。通常であれば次のものの添付が必要なので、それぞれの文字の上に○を付します。

- 貸借対照表
- 損益計算書
- 株主（社員）資本等変動計算書又は損益金処分表
- 勘定科目内訳明細書
- 事業概況書

◉別表一◉

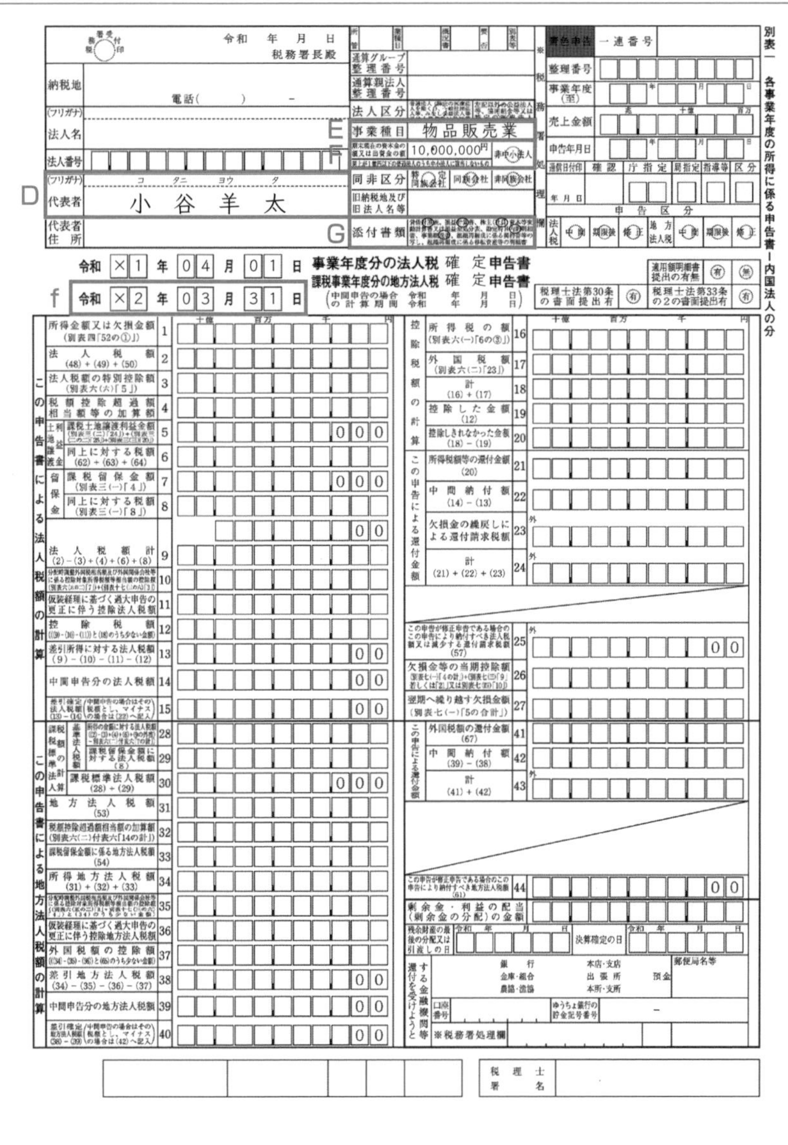

別表一 各事業年度の所得に係る申告書－内国法人の分

税務署受付印　令和　年　月　日　税務署長殿

納税地	電話(　　)　－
(フリガナ) 法人名	
法人番号	
D (フリガナ) 代表者	コ タニ ヨウ タ　小　谷　羊　太
代表者住所	
通算グループ整理番号	
通算親法人整理番号	
法人区分	
E 事業種目	物品販売業
F 期末現在の資本金の額又は出資金の額	10,000,000円　非中小法人
同非区分	特定同族会社　同族会社　非同族会社
旧納税地及び旧法人名等	
G 添付書類	

※税務署処理欄	
青色申告	一連番号
整理番号	
事業年度(至)	年　月　日
売上金額	兆　十億　百万
申告年月日	年　月　日
通信日付印　確認　庁指定　局指定　指導等　区分	年　月　日
申告区分	法人税：中間　期限後　修正　地方法人税：中間　期限後　修正

令和 ×1 年 04 月 01 日　事業年度分の法人税　確定申告書

f 令和 ×2 年 03 月 31 日　課税事業年度分の地方法人税　確定申告書

(中間申告の場合の計算期間　令和　年　月　日　令和　年　月　日)

適用額明細書提出の有無	有	無
税理士法第30条の書面提出有	有	
税理士法第33条の2の書面提出有	有	

この申告書による法人税額の計算

項目	番号	金額（十億 百万 千 円）
所得金額又は欠損金額（別表四「52の①」）	1	
法人税額 (48)＋(49)＋(50)	2	
法人税額の特別控除額（別表六(六)「5」）	3	
税額控除超過額相当額等の加算額	4	
土地譲渡利益金額 課税土地譲渡利益金額	5	000
同上に対する税額 (62)＋(63)＋(64)	6	
留保金 課税留保金額（別表三(一)「4」）	7	000
同上に対する税額（別表三(一)「8」）	8	
		00
法人税額計 (2)－(3)＋(4)＋(6)＋(8)	9	
分配時調整外国税相当額及び外国関係会社等に係る控除対象所得税額等相当額の控除額	10	
仮装経理に基づく過大申告の更正に伴う控除法人税額	11	
控除税額	12	
差引所得に対する法人税額 (9)－(10)－(11)－(12)	13	00
中間申告分の法人税額	14	00
差引確定法人税額 (13)－(14)（中間申告の場合はその税額とし、マイナスの場合は(22)へ記入）	15	00

項目	番号	金額（十億 百万 千 円）
控除税額の計算 所得税の額（別表六(一)「6の③」）	16	
外国税額（別表六(二)「23」）	17	
計 (16)＋(17)	18	
控除した金額 (12)	19	
控除しきれなかった金額 (18)－(19)	20	
この申告による還付金額 所得税額等の還付金額 (20)	21	
中間納付額 (14)－(13)	22	
欠損金の繰戻しによる還付請求税額	23	外
計 (21)＋(22)＋(23)	24	外
この申告が修正申告である場合のこの申告により納付すべき法人税額又は減少する還付請求税額 (57)	25	外　00
欠損金等の当期控除額	26	
翌期へ繰り越す欠損金額（別表七(一)「5の合計」）	27	

この申告書による地方法人税額の計算

項目	番号	金額（十億 百万 千 円）
課税標準法人税額の計算 基準法人税額 所得の金額に対する法人税額	28	
課税留保金額に対する法人税額 (8)	29	
課税標準法人税額 (28)＋(29)	30	000
地方法人税額 (53)	31	
税額控除超過額相当額の加算額（別表六(二)付表六「14の計」）	32	
課税留保金額に係る地方法人税額 (54)	33	
所得地方法人税額 (31)＋(32)＋(33)	34	
分配時調整外国税相当額及び外国関係会社等に係る控除対象所得税額等相当額の控除額	35	
仮装経理に基づく過大申告の更正に伴う控除地方法人税額	36	
外国税額の控除額	37	
差引地方法人税額 (34)－(35)－(36)－(37)	38	00
中間申告分の地方法人税額	39	00
差引確定地方法人税額 (38)－(39)（中間申告の場合はその税額とし、マイナスの場合は(42)へ記入）	40	00

この申告による還付金額 外国税額の還付金額 (67)	41	
中間納付額 (39)－(38)	42	
計 (41)＋(42)	43	外
この申告が修正申告である場合のこの申告により納付すべき地方法人税額 (61)	44	00
剰余金・利益の配当（剰余金の分配）の金額		
残余財産の最後の分配又は引渡しの日		令和　年　月　日
決算確定の日		令和　年　月　日

還付を受けようとする金融機関等：銀行　金庫・組合　農協・漁協　本店・支店　出張所　本所・支所　預金　郵便局名等　口座番号　ゆうちょ銀行の貯金記号番号　－

※税務署処理欄

税理士署名

同非区分：次頁H枠の記載

別表二（同族会社等の判定に関する明細書）の判定結果18欄で判定した区分に○を付します。

還付金がある場合に必要になる欄：Ｉ枠の記載

中間申告分の法人税を払いすぎていた場合や、源泉所得税の還付金額などがある場合に記載する欄です。この欄の記載があったときは、ｉ枠への記載も忘れないように注意してください。

修正申告の場合に必要になる欄：Ｊ枠の記載

この申告書が修正申告書である場合に記載が必要となる欄です。

決算確定の日：Ｋ枠の記載

この欄には、株主総会の承認を受けた日を記載します。実際に株主総会を開催している場合はその日、株主が自分１人だけというような会社で実際に開催をしていないのであれば、通常の中小会社では事業年度の末日からおおよそ40～50日後に株主総会が行なわれるので、それくらいの日付を記載すればよいでしょう。仮に令和×２年３月31日がその事業年度の末日であれば、令和×２年５月15日～20日くらいとなります。

しかし、ここで注意しなければいけないのは、申告書の提出はこの日以後にするということです。決算確定の日より前に申告書を提出すると、税額計算の前提となる決算確定日のつじつまが合わなくなるので、必ず記載した日以後に提出するようにしてください。

税額計算の記載順序

別表一、別表一次葉の税額計算のための金額記載欄は、それぞれ94、95頁のような①枠～⑧枠のグループに別れます。

①枠～⑧枠までを順番に計算して納付すべき法人税額を計算します。この別表の最終値（この申告により納付すべき法人税額）は、⑧枠の15欄となります。なお、⑨枠と⑩枠は地方法人税額を計算するための欄です。

◉別表一◉

別表一 各事業年度の所得に係る申告書－内国法人の分

税務署受付印　　令和　年　月　日　税務署長殿

納税地	電話(　　)　－
(フリガナ) / 法人名	
法人番号	
(フリガナ) / 代表者	
代表者住所	

所管	業種目	概況書	要否	別表等

通算グループ整理番号	
通算親法人整理番号	
法人区分	普通法人(特定の医療法人を除く)、一般社団法人等、人格のない社団等 / 左記以外の公益法人等、協同組合等又は特定の医療法人
事業種目	
期末現在の資本金の額又は出資金の額	円　非中小法人
同非区分	特定同族会社　同族会社　非同族会社
旧納税地及び旧法人名等	
添付書類	貸借対照表、損益計算書、株主(社員)資本等変動計算書又は損益金処分表、勘定科目内訳明細書、事業概況書、組織再編成に係る契約書等の写し、組織再編成に係る移転資産等の明細書

※税務署処理欄

青色申告	一連番号	
整理番号		
事業年度(至)	年　月　日	
売上金額	兆　十億　百万	
申告年月日	年　月　日	

通信日付印	確認	庁指定	局指定	指導等	区分
年　月　日					

申告区分							
法人税	中間	期限後	修正	地方法人税	中間	期限後	修正

令和　年　月　日　事業年度分の法人税　申告書
令和　年　月　日　課税事業年度分の地方法人税　申告書
(中間申告の場合の計算期間　令和　年　月　日　令和　年　月　日)

適用額明細書提出の有無	有	無
税理士法第30条の書面提出有	有	
税理士法第33条の2の書面提出有	有	

この申告書による法人税額の計算

項目	番号	金額(十億 百万 千 円)
所得金額又は欠損金額(別表四「52の①」)	1	
法人税額 (48)＋(49)＋(50)	2	
法人税額の特別控除額(別表六(六)「5」)	3	
税額控除超過額相当額等の加算額	4	
土地譲渡利益金 課税土地譲渡利益金額(別表三(二)「24」)＋(別表三(二の二)「25」)＋(別表三(三)「20」)	5	000
土地譲渡利益金 同上に対する税額 (62)＋(63)＋(64)	6	
留保金 課税留保金額(別表三(一)「4」)	7	000
留保金 同上に対する税額(別表三(一)「8」)	8	
		00
法人税額計 (2)－(3)＋(4)＋(6)＋(8)	9	
分配時調整外国税相当額及び外国関係会社等に係る控除対象所得税額等相当額の控除額(別表六(五の二)「7」)＋(別表十七(三の六)「3」)	10	
仮装経理に基づく過大申告の更正に伴う控除法人税額	11	
控除税額 ((9)－(10)－(11))と(18)のうち少ない金額)	12	
差引所得に対する法人税額 (9)－(10)－(11)－(12)	13	00
中間申告分の法人税額	14	00
差引確定法人税額 (13)－(14) (中間申告の場合はその税額とし、マイナスの場合は(22)へ記入)	15	00

項目	番号	金額(十億 百万 千 円)
控除税額の計算 所得税の額(別表六(一)「6の③」)	16	
控除税額の計算 外国税額(別表六(二)「23」)	17	
控除税額の計算 計 (16)＋(17)	18	
控除税額の計算 控除した金額 (12)	19	
控除税額の計算 控除しきれなかった金額 (18)－(19)	20	
この申告による還付金額 所得税額等の還付金額 (20)	21	
この申告による還付金額 中間納付額 (14)－(13)	22	
この申告による還付金額 欠損金の繰戻しによる還付請求税額	23	外
この申告による還付金額 計 (21)＋(22)＋(23)	24	外
この申告が修正申告である場合のこの申告により納付すべき法人税額又は減少する還付請求税額 (57)	25	外 00
欠損金等の当期控除額(別表七(一)「4の計」)＋(別表七(三)「9」若しくは「21」又は別表七(四)「10」)	26	
翌期へ繰り越す欠損金額(別表七(一)「5の合計」)	27	

I

J

この申告書による地方法人税額の計算

項目	番号	金額(十億 百万 千 円)
課税標準法人税額の計算 基準法人税額 所得の金額に対する法人税額 ((2)－(3)＋(4)＋(6)＋(9の外書))－別表六(二)付表六「7の計」	28	
課税標準法人税額の計算 基準法人税額 課税留保金額に対する法人税額 (8)	29	
課税標準法人税額 (28)＋(29)	30	000
地方法人税額 (53)	31	
税額控除超過額相当額の加算額(別表六(二)付表六「14の計」)	32	
課税留保金額に係る地方法人税額 (54)	33	
所得地方法人税額 (31)＋(32)＋(33)	34	
分配時調整外国税相当額及び外国関係会社等に係る控除対象所得税額等相当額の控除額((別表六(五の二)「8」＋別表十七(三の六)「4」)と(34)のうち少ない金額)	35	
仮装経理に基づく過大申告の更正に伴う控除地方法人税額	36	
外国税額の控除額 ((34)－(35)－(36))と(65)のうち少ない金額)	37	
差引地方法人税額 (34)－(35)－(36)－(37)	38	00
中間申告分の地方法人税額	39	00
差引確定地方法人税額 (38)－(39) (中間申告の場合はその税額とし、マイナスの場合は(42)へ記入)	40	00

項目	番号	金額(十億 百万 千 円)
この申告による還付金額 外国税額の還付金額 (67)	41	
この申告による還付金額 中間納付額 (39)－(38)	42	
この申告による還付金額 計 (41)＋(42)	43	外
この申告が修正申告である場合のこの申告により納付すべき地方法人税額 (61)	44	00
剰余金・利益の配当(剰余金の分配)の金額		

残余財産の最後の分配又は引渡しの日	令和　年　月　日	決算確定の日	令和　年　月　日

K

還付を受けようとする金融機関等	銀行・金庫・組合・農協・漁協　本店・支店・出張所・本所・支所　預金	郵便局名等
口座番号	ゆうちょ銀行の貯金記号番号	－
※税務署処理欄		

i

税理士署名	

別表四からの転記：94頁①枠の記載

別表四の52欄①総額欄に記載した金額（所得金額）を、そのまま94頁①枠に転記します（85頁参照）。

軽減税率適用区分の計算：95頁②枠の記載

期末資本金が１億円以下の中小法人であれば、94頁①枠に記載した金額に対して年800万円まで法人税の軽減税率（15%）が適用されます。

この場合、①枠に記載した金額が800万円を超えるときには95頁②枠の45欄に800万円を、超えないときには①枠に記載した金額の千円未満の端数を切り捨てた金額を記載します。

①枠に記載した金額が800万円を超える場合には、その超える部分の千円未満の端数を切り捨てた金額を②枠の47欄に記載します。

法人税額の計算：95頁③枠の記載

95頁②枠に記載したそれぞれの金額に、各税率（800万円まで→15%、800万円超→23.2%）を乗じて計算した金額を、③枠の48欄から50欄にそれぞれ記載します。

特別控除を差し引く：94頁④枠の記載

95頁③枠で計算した法人税額を、④枠の２欄へ転記します。そして、３欄に記載する特別控除額を差し引きます。

ここで差し引く特別控除額は、中小企業等の機械等の特別控除額や試験研究費の特別控除など、減免特例の適用を受ける場合に限り適用金額を控除することができるので、その場合には他の別表で計算した記載金額をそれぞれ合計したものを３欄へ記載します。

なお、４欄はグループ通算制度の適用を受ける法人が使用する欄です。

特別税額を加算する：94頁⑤枠の記載

次頁④枠で計算した金額に特別税額を加算します。この特別税額はペナルティとしての追加課税の適用を受ける場合にのみ記載されますが、計算が複雑なものについては、他の別表などで計算したものをそれぞれの欄へ転記し、その記載されたものを順に加算していきます。

控除税額の計算：94頁⑥枠の記載

次頁⑤枠で９欄までの計算ができたら、いったん⑥枠へ飛びます。

この⑥枠では、源泉所得税や外国税などを当期に支払っている場合で、９欄まで計算した法人税額から、一定額を控除するための計算を行ないます。次頁⑥枠の18欄の金額と⑤枠の９欄の金額を比べて、18欄の金額が９欄の金額に達するまでの金額を⑥枠の19欄に記載します。ここで９欄の金額を超える金額がある場合には、その金額を⑥枠の20欄に記載して、還付の手続（次頁21欄）に移ります。

そして、次頁⑥枠の19欄に記載した金額を⑦枠の12欄へ転記します。

控除税額の控除：⑦枠の記載、納付税額の計算：⑧枠の記載

次頁⑥枠から転記された⑦枠12欄の金額を、⑤枠９欄の金額から差し引いて⑦枠13欄に金額を記載します。この金額が、その事業年度の法人税の年税額となります。ここで100円未満の端数を切り捨てます。

中間申告分の法人税額がある場合には、その金額を13欄の金額から差し引いて、残額があれば⑧枠15欄にその金額を記載します。

ここで14欄の金額が引ききれない場合には、15欄は空欄となります。そしてこの場合には、22欄に引ききれなかった中間申告分の法人税額を記載して還付の手続計算に入ります。

◉別表一◉

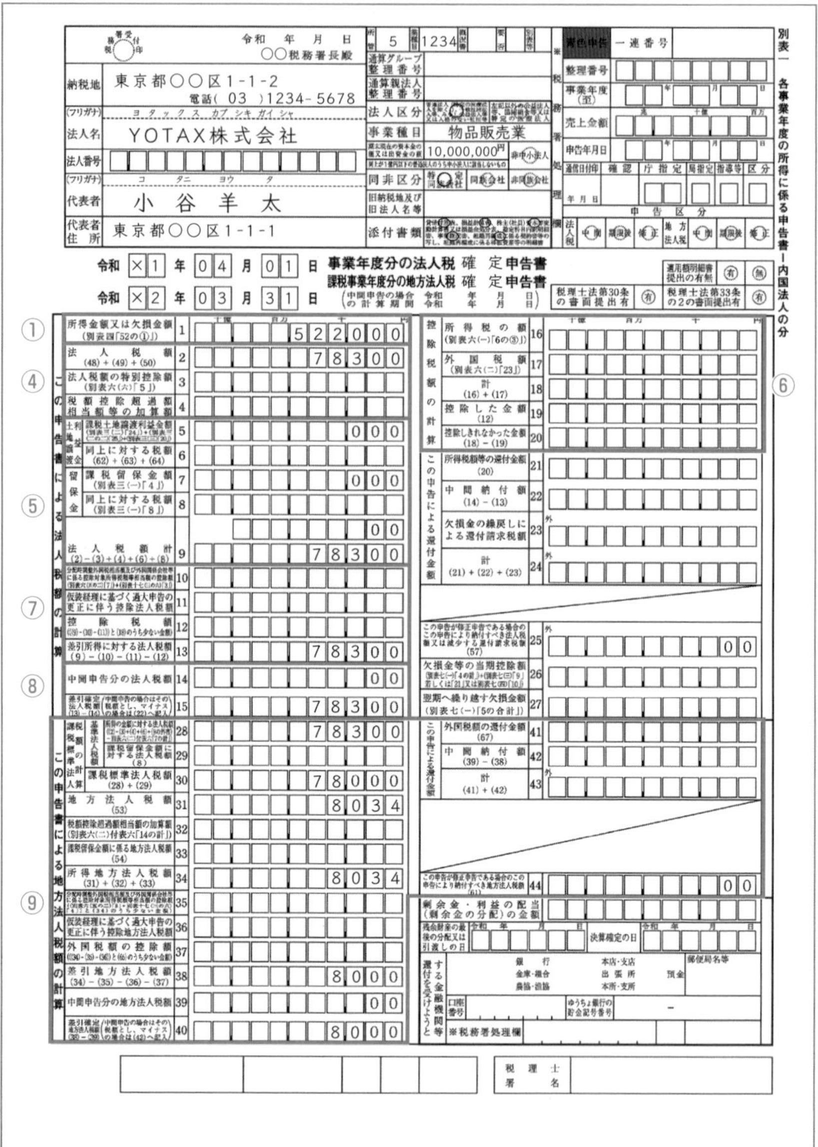

別表一　各事業年度の所得に係る申告書－内国法人の分

税務署受付印　令和　年　月　日　〇〇税務署長殿

納税地	東京都〇〇区1-1-2　電話（03）1234-5678
（フリガナ）	ヨタックス カブシキガイシャ
法人名	YOTAX株式会社
法人番号	
（フリガナ）	コ タニ ヨウ タ
代表者	小 谷 羊 太
代表者住所	東京都〇〇区1-1-1

所管	5
業種番号	1234
通算グループ整理番号	
通算親法人整理番号	
法人区分	
事業種目	物品販売業
期末現在の資本金の額又は出資金の額	10,000,000円　非中小法人
同非区分	特定同族会社　同族会社　非同族会社
旧納税地及び旧法人名等	
添付書類	

※税務署処理欄：青色申告　一連番号　整理番号　事業年度（至）　売上金額　申告年月日　通信日付印　確認　庁指定　局指定　指導等　区分　申告区分　法人税　中間　期限後　修正　地方法人税　中間　期限後　修正

令和 ×1 年 04 月 01 日から令和 ×2 年 03 月 31 日　事業年度分の法人税　確定申告書　課税事業年度分の地方法人税　確定申告書

（中間申告の場合の計算期間　令和　年　月　日～令和　年　月　日）

適用額明細書提出の有無　有　無

税理士法第30条の書面提出有　有　税理士法第33条の2の書面提出有　有

この申告書による法人税額の計算

① 所得金額又は欠損金額（別表四「52の①」）	1	522,000
法人税額（48）＋（49）＋（50）	2	78,300
④ 法人税額の特別控除額（別表六(六)「5」）	3	
税額控除超過額相当額等の加算額	4	
土地譲渡利益金額 課税土地譲渡利益金額	5	000
同上に対する税額（62）＋（63）＋（64）	6	
留保金 課税留保金額（別表三(一)「4」）	7	000
⑤ 同上に対する税額（別表三(一)「8」）	8	
		00
法人税額計（2）－（3）＋（4）＋（6）＋（8）	9	78,300
分配時調整外国税相当額及び外国関係会社等に係る控除対象所得税額等相当額の控除額	10	
⑦ 仮装経理に基づく過大申告の更正に伴う控除法人税額	11	
控除税額	12	
差引所得に対する法人税額（9）－（10）－（11）－（12）	13	78,300
⑧ 中間申告分の法人税額	14	00
差引確定法人税額（13）－（14）（中間申告の場合はその税額とし、マイナスの場合は（22）へ記入）	15	78,300

控除税額の計算 所得税の額（別表六(一)「6の③」）	16	
外国税額（別表六(二)「23」）	17	
⑥ 計（16）＋（17）	18	
控除した金額（12）	19	
控除しきれなかった金額（18）－（19）	20	
この申告による還付金額 所得税額等の還付金額（20）	21	
中間納付額（14）－（13）	22	
欠損金の繰戻しによる還付請求税額	23	外
計（21）＋（22）＋（23）	24	外
この申告が修正申告である場合のこの申告により納付すべき法人税額又は減少する還付請求税額（57）	25	外　00
欠損金等の当期控除額	26	
翌期へ繰り越す欠損金額（別表七(一)「5の合計」）	27	

この申告書による地方法人税額の計算

課税標準法人税額の計算 所得の金額に対する法人税額	28	78,300
課税留保金額に対する法人税額（8）	29	
課税標準法人税額（28）＋（29）	30	78,000
地方法人税額（53）	31	8,034
税額控除超過額相当額の加算額（別表六(二)付表六「14の計」）	32	
課税留保金額に係る地方法人税額（54）	33	
所得地方法人税額（31）＋（32）＋（33）	34	8,034
⑨ 分配時調整外国税相当額及び外国関係会社等に係る控除対象所得税額等相当額の控除額	35	
仮装経理に基づく過大申告の更正に伴う控除地方法人税額	36	
外国税額の控除額	37	
差引地方法人税額（34）－（35）－（36）－（37）	38	8,000
中間申告分の地方法人税額	39	00
差引確定地方法人税額（38）－（39）（中間申告の場合はその税額とし、マイナスの場合は（42）へ記入）	40	8,000

この申告による還付金額 外国税額の還付金額（67）	41	
中間納付額（39）－（38）	42	
計（41）＋（42）	43	外
この申告が修正申告である場合のこの申告により納付すべき地方法人税額（61）	44	00
剰余金・利益の配当（剰余金の分配）の金額		
残余財産の最後の分配又は引渡しの日　令和　年　月　日		決算確定の日　令和　年　月　日

還付を受けようとする金融機関等：銀行・金庫・組合・農協・漁協　本店・支店・出張所・本所・支所　預金　郵便局名等　口座番号　ゆうちょ銀行の貯金記号番号

※税務署処理欄

税理士署名

（注１）地方法人税率の改正

地方法人税の税率は、令和元年９月30日までに開始する課税事業年度は4.4%、令和元年10月１日以後に開始する課税事業年度から10.3%となっています。本書では10.3%として解説をしています。

（注２）法人税率の改正

法人税の基本税率は、平成28年３月31日までに開始する事業年度は23.9%、平成28年４月１日から平成30年３月31日までの間に開始する事業年度は23.4%、平成30年４月１日以後に開始する事業年度は23.2%となっています。本書では23.2%として解説をしています。

◉別表一次葉◉

事業年度等	×1・4・1 ×2・3・31	法人名	YOTAX(株)	別表一次葉

法人税額の計算

②	(1)のうち中小法人等の年800万円相当額以下の金額 ((1)と800万円×12/12のうち少ない金額)又は(別表一付表「5」)	45	522 000	(45)の15%又は19%相当額	48	78,300	③
	(1)のうち特例税率の適用がある協同組合等の年10億円相当額を超える金額 (1)−10億円×―/12	46	000	(46)の22%相当額	49		
	その他の所得金額 (1)−(45)−(46)	47	000	(47)の19%又は23.2%相当額	50		

地方法人税額の計算

⑩	所得の金額に対する法人税額 (28)	51	78 000	(51)の10.3%相当額	53	8,034
	課税留保金額に対する法人税額 (29)	52	000	(52)の10.3%相当額	54	

この申告が修正申告である場合の計算

法人税額の計算	この申告前の	法人税額	55		地方法人税額の計算	この申告前の	確定地方法人税額	58	
		還付金額	56	外			還付金額	59	
							欠損金の繰戻しによる還付金額	60	
	この申告により納付すべき法人税額又は減少する還付請求税額 ((15)−(55))若しくは((15)+(56))又は((56)−(24))		57	外 00		この申告により納付すべき地方法人税額 ((40)−(58))若しくは((40)+(59)+(60))又は(((59)−(43))+((60)−(43の外書)))		61	00

土地譲渡税額の内訳

項目		金額	項目		金額
土地譲渡税額 (別表三(二)「25」)	62	0	土地譲渡税額 (別表三(三)「21」)	64	00
同上 (別表三(二の二)「26」)	63	0			

地方法人税額に係る外国税額の控除額の計算

項目		金額	項目		金額
外国税額 (別表六(二)「56」)	65		控除しきれなかった金額 (65)−(66)	67	
控除した金額 (37)	66				

地方法人税の申告

地方法人税は法人税を納める義務がある法人に対して課税されます。法人税の申告書を提出する法人は、この地方法人税の申告書を合わせて申告することになります。

記載のしかた

地方法人税の申告は次頁の別表一、別表一次葉を使用します。地方法人税は、その事業年度の法人税額を基礎に計算しますので、法人税の計算の後に記載していくことになります。

別表一9欄からの転記：次頁Ⓐ枠の記載

通常は、別表一９欄に記載した金額を28欄へ記載します。

そして、その金額の千円未満の端数を切り捨てた金額を30欄及び別表一次葉（次頁下部）51欄に記載します。留保金課税の特例の適用を受ける法人で、８欄に記載する金額がある場合には、９欄に記載した金額から８欄に記載した金額を控除した金額を28欄へ記載します。

地方法人税額の計算：Ⓑ枠の記載

次頁の別表一次葉51欄に記載した金額に10.3％の税率を乗じて計算した金額を53欄及び別表一31欄、34欄に記載します。

控除税額から納付税額の記載：Ⓒ枠の記載

仮装経理に基づく過大申告の更正に伴う控除地方法人税額、外国税額の控除額がある場合には、36欄や37欄にその金額を記載します。通常の申告ではこれらを記載することはありません。

38欄へは百円未満の端数を切り捨てた金額を記載します。また、中間申告分の地方法人税額があれば39欄へ記載します。最後に38欄から39欄を差し引いた金額を40欄へ記載します。

◉別表一◉

別表一 各事業年度の所得に係る申告書－内国法人の分

税務署受付印	令和 年 月 日 ○○税務署長殿
納税地	東京都○○区1-1-2 電話(03)1234-5678
(フリガナ)	ヨタックスカブシキガイシャ
法人名	YOTAX株式会社
法人番号	
(フリガナ)	コタニヨウタ
代表者	小谷羊太
代表者住所	東京都○○区1-1-1
所管	5
業種番号	1234
通算グループ整理番号	
通算親法人整理番号	
法人区分	
事業種目	物品販売業
期末現在の資本金の額又は出資金の額	10,000,000円
同非区分	特定同族会社
旧納税地及び旧法人名等	
添付書類	
青色申告	一連番号

令和 ×1 年 04 月 01 日 事業年度分の法人税 確定申告書

令和 ×2 年 03 月 31 日 課税事業年度分の地方法人税 確定申告書

(中間申告の場合の計算期間 令和 年 月 日 令和 年 月 日)

適用額明細書提出の有無 有 無 / 税理士法第30条の書面提出有 有 / 税理士法第33条の2の書面提出有 有

区分	項目	番号	金額(円)
法人税額の計算	所得金額又は欠損金額 … (2)－(3)＋(4)＋(6)＋(8)	9	
	分配時調整外国税相当額及び外国関係会社等に係る控除対象所得税額等相当額の控除額	10	
	仮装経理に基づく過大申告の更正に伴う控除法人税額	11	
	控除税額	12	
	差引所得に対する法人税額 (9)－(10)－(11)－(12)	13	78300
	中間申告分の法人税額	14	00
	差引確定法人税額 (13)－(14)	15	78300
Ⓐ 課税標準法人税額の計算	所得の金額に対する法人税額	28	78300
	課税留保金額に対する法人税額 (8)	29	
	課税標準法人税額 (28)＋(29)	30	78000
Ⓑ この申告書による地方法人税額の計算	地方法人税額 (53)	31	8034
	税額控除超過額相当額の加算額 (別表六(二)付表六「14の計」)	32	
	課税留保金額に係る地方法人税額 (54)	33	
	所得地方法人税額 (31)＋(32)＋(33)	34	8034
	分配時調整外国税相当額及び外国関係会社等に係る控除対象所得税額等相当額の控除額	35	
Ⓒ	仮装経理に基づく過大申告の更正に伴う控除地方法人税額	36	
	外国税額の控除額	37	
	差引地方法人税額 (34)－(35)－(36)－(37)	38	8000
	中間申告分の地方法人税額	39	00
	差引確定地方法人税額 (38)－(39)	40	8000

項目	番号	金額(円)
控除税額の計算 所得税の額 … 計 (21)＋(22)＋(23)	24	
この申告が修正申告である場合のこの申告により納付すべき法人税額又は減少する還付請求税額 (57)	25	外 00
欠損金等の当期控除額	26	
翌期へ繰り越す欠損金額 (別表七(一)「5の合計」)	27	
この申告による還付金額 外国税額の還付金額 (67)	41	
中間納付額 (39)－(38)	42	
計 (41)＋(42)	43	外
この申告が修正申告である場合のこの申告により納付すべき地方法人税額 (61)	44	00
剰余金・利益の配当(剰余金の分配)の金額		
残余財産の最後の分配又は引渡しの日 令和 年 月 日 / 決算確定の日 令和 年 月 日		
還付を受けようとする金融機関等 銀行 金庫・組合 農協・漁協 本店・支店 出張所 本所・支所 預金 郵便局名等 口座番号 ゆうちょ銀行の貯金記号番号 －		
※税務署処理欄		

税理士署名

◉別表一次葉◉

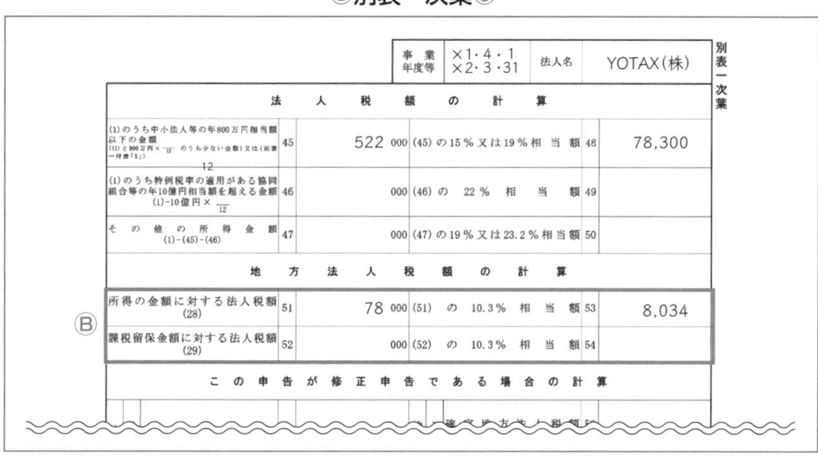

別表一次葉

事業年度等	×1・4・1 ×2・3・31	法人名	YOTAX(株)

法人税額の計算

項目	番号	金額	項目	番号	金額
(1)のうち中小法人等の年800万円相当額以下の金額 ((1)と800万円×$\frac{12}{12}$のうち少ない金額)又は(別表一付表「5」)	45	522 000	(45)の15%又は19%相当額	48	78,300
(1)のうち特例税率の適用がある協同組合等の年10億円相当額を超える金額 (1)－10億円×$\frac{}{12}$	46	000	(46)の22%相当額	49	
その他の所得金額 (1)－(45)－(46)	47	000	(47)の19%又は23.2%相当額	50	

地方法人税額の計算

項目	番号	金額	項目	番号	金額
Ⓑ 所得の金額に対する法人税額 (28)	51	78 000	(51)の10.3%相当額	53	8,034
課税留保金額に対する法人税額 (29)	52	000	(52)の10.3%相当額	54	

この申告が修正申告である場合の計算

2.4 別表五（一）の書き方

別表五（一）は、税務上の純資産額の増減を記録するための別表です。

法人税申告書の別表の中で、この別表五（一）の書き方をマスターすることがもっともむずかしいのではないかと思われます。ここでは基本的なことをかんたんに説明していきます。

利益積立金額の構成は３種類

別表五（一）Ｉは、次の３種類のものから構成されています。

- **会計上の利益剰余金（貸借対照表と一致）**

  次頁の別表五（一）Ｉにおける、１欄～26欄に記入されます。

- **会計上の金額と税務上の金額のズレ**

  別表五（一）Ｉにおける３欄～25欄および27欄に記入されます。

- **法人税と住民税の納付状況**

  28～30欄が該当します。

①欄から④欄の金額記載の流れ

「区分」の右横にある①欄～④欄の記載の流れは、前期から繰り越された金額（①欄）に当期の調整や剰余金の処分による増減項目（②欄、③欄）を加減算して、翌期以降に繰り越す金額（④欄）を記載していきます。

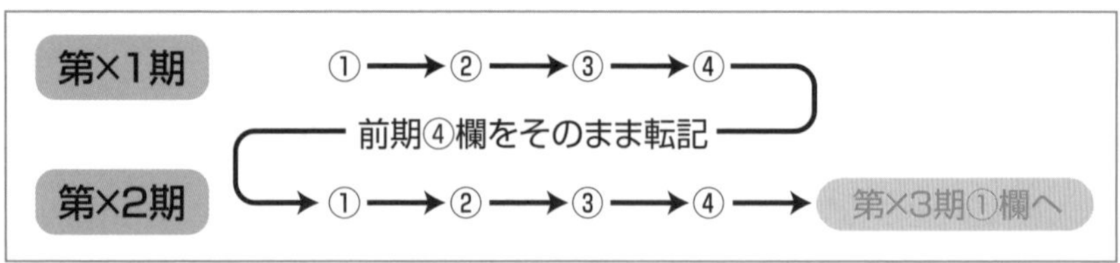

別表五（一）の記載は、まず前期に提出した別表五（一）④欄に記載された金額を、当期の別表五（一）①欄にそのまま転記することから始まります。

◉別表五（一）◉

利益積立金額及び資本金等の額の計算に関する明細書

事業年度	・・ ・・	法人名	

別表五(一)

Ⅰ　利益積立金額の計算に関する明細書

区分		期首現在利益積立金額	当期の増減		差引翌期首現在利益積立金額 ①－②＋③
			減	増	
		①	②	③	④
利益準備金	1	円	円	円	円
積立金	2				
	3				
	4				
	5				
	6				
	7				
	8				
	9				
	10				
	11				
	12				
	13				
	14				
	15				
	16				
	17				
	18				
	19				
	20				
	21				
	22				
	23				
	24				
繰越損益金（損は赤）	25				
納税充当金	26				
未納法人税等（退職年金等積立金に対するものを除く。）　未納法人税及び未納地方法人税（附帯税を除く。）	27	△	△	中間 △ 確定 △	△
未払通算税効果額（附帯税の額に係る部分の金額を除く。）	28			中間 確定	
未納道府県民税（均等割額を含む。）	29	△	△	中間 △ 確定 △	△
未納市町村民税（均等割額を含む。）	30	△	△	中間 △ 確定 △	△
差引合計額	31				

Ⅱ　資本金等の額の計算に関する明細書

区分		期首現在資本金等の額	当期の増減		差引翌期首現在資本金等の額 ①－②＋③
			減	増	
		①	②	③	④
資本金又は出資金	32	円	円	円	円
資本準備金	33				
	34				
	35				
差引合計額	36				

当期の増減項目の記載

当期の増減項目は、②欄と③欄へそれぞれ記載します。当期の増減項目には、別表四で「留保②欄」に記載された調整項目と（68頁参照）、剰余金の処分による増減項目との2種類があります。

③欄への記載

③欄は当期に発生した調整項目を記載する欄です。④欄の算出にあたっては、①欄に加算する項目となります。

具体的には、当期に発生した減価償却超過額（145頁参照）や貸倒引当金繰入超過額などの調整項目を記載します。

◉別表五（一）◉

利益積立金額及び資本金等の額の計算に関する明細書

事業年度	・　・ ・　・	法人名	

別表五(一)

I　利益積立金額の計算に関する明細書

区分		期首現在利益積立金額	当期の増減		差引翌期首現在利益積立金額 ①－②＋③
			減	増	
		①	②	③	④
利益準備金	1	円	円	円	円
積立金	2			プラス	
	3				
	4			当期発生	①＋③
	5				
	6				
	7				
	8				
	9				
	10				
	11				
	12				
	13				
	14				
	15				
	16				
	17				
	18				
	19				
	20				
	21				
	22				
	23				
	24				
繰越損益金（損は赤）	25				
納税充当金	26				
未 未納法人税及び未納地方法人税	27	△	△	中間 △	△

②欄への記載

②欄は、①欄に記載された金額（前期以前からの繰越額）を消去する結果となる調整項目を記載する欄です。④欄の算出にあたっては、①欄から差し引く項目となります。

具体的には、前期以前に③欄で増えた項目（減価償却超過額や貸倒引当金繰入超過額など）を当期に消去する調整項目を記載します。

基本的に①欄に記載がない事業年度は、ここに記載する調整項目もありません。

◉別表五（一）◉

利益積立金額及び資本金等の額の計算に関する明細書

事業年度	・ ・ ・ ・	法人名	

別表五(一)

I　利益積立金額の計算に関する明細書

区分		期首現在利益積立金額	当期の増減 減	当期の増減 増	差引翌期首現在利益積立金額 ①－②＋③
		①	②	③	④
利益準備金	1	円	円	円	円
積立金	2				
	3		マイナス		
	4				
	5		消去		①－②
	6				
	7				
	8				
	9				
	10				
	11				
	12				
	13				
	14				
	15				
	16				
	17				
	18				
	19				
	20				
	21				
	22				
	23				
	24				
繰越損益金（損は赤）	25				
納税充当金	26				
未納法人税等（退職年金等積立金に対するものを除く。） 未納法人税及び未納地方法人税（附帯税を除く。）	27	△	△	中間 △ 確定 △	△
未払通算税効果額（附帯税の額に係る部分の金額を除く。）	28			中間 確定	
未納道府県民税				中間 △	

会計上の利益剰余金（貸借対照表）：A枠の記載

縦１欄（利益準備金）の横④欄（差引翌期首現在利益積立金額）に記載する金額は、会社決算書上の利益剰余金（貸借対照表）の金額と一致します。「○○積立金」には、「別途積立金」など会社で積み立てた積立金の名称を記載します。他にも積立金がある場合には縦３欄以降の空白に記載します。

会計上の金額と税務上の金額のズレ：B枠の記載

会計上の金額として計上したものと、税務上の金額として計上すべき金額との間に差額が生じた場合など、申告調整したもので別表四上の②「留保」に記載したものや上記の利益剰余金の増減状況などを記載します。

法人税と住民税の納付状況：C枠の記載

法人税と住民税の納付状況を縦27欄から30欄に記載します。利益積立金額は別表四で②「留保」とされた調整や、会社で配当せずに会社内部に留めた剰余金であるということから想像がつくと思いますが、この別表五（一）の上段部分（利益積立金額の計算に関する明細書）は、会社内部に貯まった利益の明細書です。法人税や住民税は、会社の外に出て行くお金ですから、すべて「△」で表示しています。

資本金等の額の計算に関する明細書：D枠の記載

縦１欄から31欄までは、利益積立金額に関する増減状況を記載していましたが、ここでは資本金等の額に関する増減状況を記載します。

横①欄から④欄までの加減算の流れは利益積立金額と同様ですが、この明細書は法人の損益に関する調整項目を記載する明細書ではないので、別表四で調整された各項目について記載はしていきません。

ここでは、基本的に会社の貸借対照表上での移動状況を記載することになります。通常の会社が必ず記載するものとしては、縦32欄の「資本金又は出資金」の横①欄と④欄に、資本金の額を記載することになります。

◉別表五（一）◉

利益積立金額及び資本金等の額の計算に関する明細書

事業年度	×1・4・1 ×2・3・31	法人名	YOTAX(株)

別表五(一)

I 利益積立金額の計算に関する明細書

区分		期首現在利益積立金額 ①	当期の増減 減 ②	当期の増減 増 ③	差引翌期首現在利益積立金額 ①－②＋③ ④
利益準備金	1	円	円	円	円
積立金	2				
	3				
	4				
	5				
	6				
	7				
	8				
	9				
	10				
	11				
	12				
	13				
	14				
	15				
	16				
	17				
	18				
	19				
	20				
	21				
	22				
	23				
	24				
繰越損益金（損は赤）	25				
納税充当金	26				
未納法人税等（退職年金等積立金に対するものを除く。） 未納法人税及び未納地方法人税（附帯税を除く。）	27	△ 90,000	△ 90,000	中間 △ 確定 △86,300	△ 86,300
未払通算税効果額（附帯税の額に係る部分の金額を除く。）	28			中間 確定	
未納道府県民税（均等割額を含む。）	29	△	△	中間 △ 確定 △	△
未納市町村民税（均等割額を含む。）	30	△	△	中間 △ 確定 △	△
差引合計額	31				

II 資本金等の額の計算に関する明細書

区分		期首現在資本金等の額 ①	当期の増減 減 ②	当期の増減 増 ③	差引翌期首現在資本金等の額 ①－②＋③ ④
資本金又は出資金	32	10,000,000円	円	円	10,000,000円
資本準備金	33				
	34				
	35				
差引合計額	36				

A

B

C

D

期首現在の未納額

当期支払額

中間は別表一14欄と39欄の合計

確定は別表一15欄と40欄の合計

89頁F枠

繰越損益金：次頁Ｅ枠の記載

縦25欄（繰越損益金）は、株主資本等変動計算書の金額を③欄へ転記します。

この25欄（繰越損益金）への記載は、先に説明した他の欄への記載とはちがって、前期の繰越額を全額②欄でいったん消去し、新たに当期の発生額として株主資本等変動計算書に記載した次期繰越額を③欄へ記載します。これは、前期からの繰越額は、いったん剰余金分配のための財源としてそのすべてを取り崩して充て、そこから配当金や各種剰余金へ分配されたと考えるためです。

◉別表五（一）◉

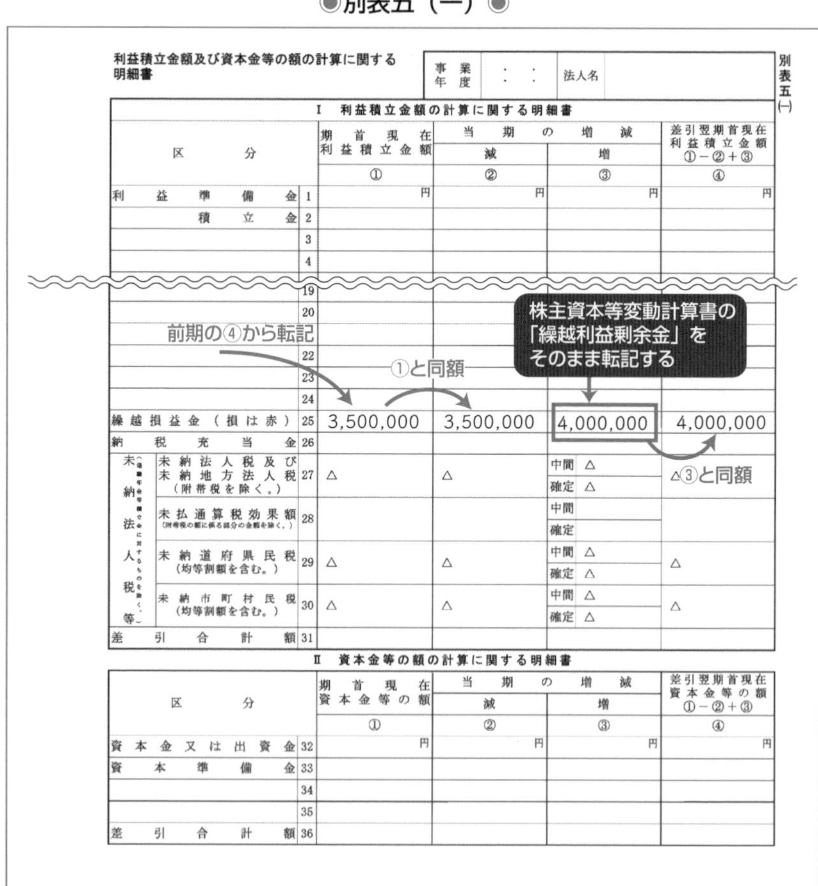

利益積立金額及び資本金等の額の計算に関する明細書

事業年度	・ ・ ・ ・	法人名	

別表五(一)

I　利益積立金額の計算に関する明細書

区分		期首現在利益積立金額 ①	当期の増減 減 ②	当期の増減 増 ③	差引翌期首現在利益積立金額 ①－②＋③ ④
利益準備金	1	円	円	円	円
積立金	2				
	3				
	4				
	19				
	20				
	21				
	22				
	23				
	24				
繰越損益金（損は赤）	25	3,500,000	3,500,000	4,000,000	4,000,000
納税充当金	26				
未納法人税等（退職年金等積立金に対するものを除く。） 未納法人税及び未納地方法人税（附帯税を除く。）	27	△	△	中間 △ 確定 △	△
未払通算税効果額（附帯税の額に係る部分の金額を除く。）	28			中間 確定	
未納道府県民税（均等割額を含む。）	29	△	△	中間 △ 確定 △	△
未納市町村民税（均等割額を含む。）	30	△	△	中間 △ 確定 △	△
差引合計額	31				

II　資本金等の額の計算に関する明細書

区分		期首現在資本金等の額 ①	当期の増減 減 ②	当期の増減 増 ③	差引翌期首現在資本金等の額 ①－②＋③ ④
資本金又は出資金	32	円	円	円	円
資本準備金	33				
	34				
	35				
差引合計額	36				

納税充当金：F枠の記載

縦26欄（納税充当金）は会計上と税務上のズレを記載する欄です。横④欄は決算書上の貸借対照表に計上された未払法人税等の金額と一致します。法人税では、会社が計上した納税充当金は負債として認識しないので、結果的に利益積立金額の増減に影響を与えます。

また、増減状況は総勘定元帳から転記します。会計上の勘定科目としては「未払法人税等」や「法人税等充当額」などの名称で計上されていることがありますが、法人税では「納税充当金」という名称で表しています。

◉別表五（一）◉

利益積立金額及び資本金等の額の計算に関する明細書

事業年度	・　・ ・　・	法人名	

別表五(一)

I　利益積立金額の計算に関する明細書

区分		期首現在利益積立金額 ①	当期の増減 減 ②	当期の増減 増 ③	差引翌期首現在利益積立金額 ①－②＋③ ④
利益準備金	1	円	円	円	円
積立金	2				
	3				
	4				
	5				
	6				
	7				
	8				
	9				
	24				
繰越損益金（損は赤）	25				
納税充当金	26				
未納法人税等（退職年金等積立金に対するものを除く。） 未納法人税及び未納地方法人税（附帯税を除く。）	27	△	△	中間 △ 確定 △	△
未払通算税効果額（附帯税の額に係る部分の金額を除く。）	28			中間 確定	
未納道府県民税（均等割額を含む。）	29	△	△	中間 △ 確定 △	△
未納市町村民税（均等割額を含む。）	30	△	△	中間 △ 確定 △	△
差引合計額	31				

E: 繰越損益金（損は赤）25欄の枠
F: 納税充当金26欄の枠

II　資本金等の額の計算に関する明細書

区分		期首現在資本金等の額 ①	当期の増減 減 ②	当期の増減 増 ③	差引翌期首現在資本金等の額 ①－②＋③ ④
資本金又は出資金	32	円	円	円	円
資本準備金	33				
	34				
	35				
差引合計額	36				

2.5 別表五（二）の書き方

別表五（二）では、会社で支払った租税公課の発生状況や納付状況を記載します。別表五（一）と同様に、横の①欄に前期の⑥欄をそのまま転記してから、②欄～⑥欄を記載していきます。

当期発生税額：次頁A枠の記載

当期発生税額（次頁A枠）の法人税、住民税（道府県民税および市町村民税）については、当期中間申告分と当期確定申告分の納付すべき税額を記載します。また、別表五（一）Ｉの27欄から30欄（未納法人税等）の③欄に記載した金額と連動します（103頁参照）。

これらの欄には、すべての税額計算が終わってから確定額を記載することになるので、最後の仕上げというイメージになります。

そしてA枠の事業税については、前期確定申告分と当期中間申告分の納付すべき税額を記載します。

当期中の納付税額：B枠の記載

租税公課の納付状況を記載する欄が次頁B枠の③欄から⑤欄です。会社が租税公課を納付したときには、次の３種類の経理方法が認められているので、どの方法で計上したのかをそれぞれの欄に記載します。

③納税充当金を取り崩して充てる方法
④仮払経理による方法
⑤損金経理による方法

その他の項目：C枠の記載

法人税、住民税および事業税以外の租税公課の納付状況をC枠へ記載します。この場合、その支払った租税公課が法人税において費用として認められるものは「損金算入のもの」（20欄から23欄）へ、認められないものは「損金不算入のもの」（24欄から29欄）へ記載します。

空欄（22欄から23欄、28欄から29欄）には印字されていない租税公課を記載しますが、項目がたくさんある場合には「その他」として、まとめて書いてもかまいません。

◉別表五（二）◉

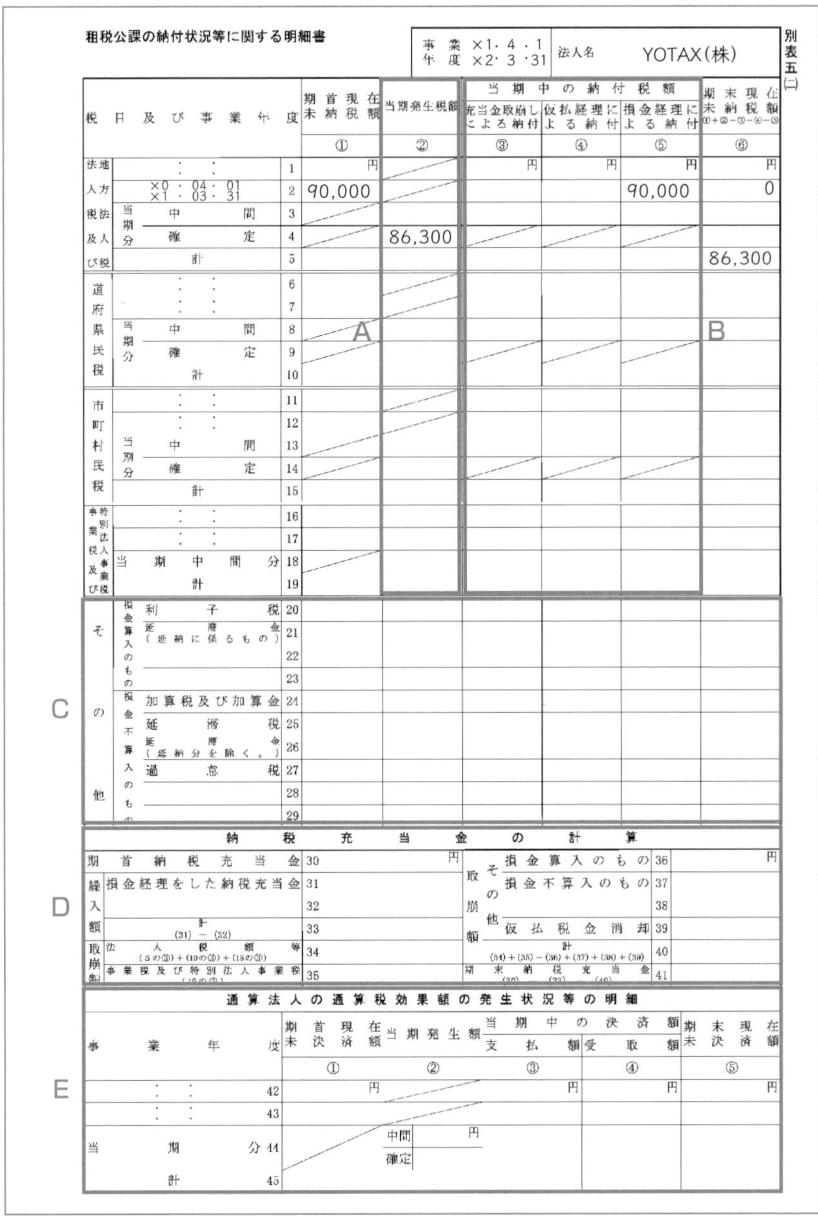

租税公課の納付状況等に関する明細書

事業年度 ×1・4・1 ～ ×2・3・31　法人名 YOTAX(株)　別表五(二)

税目及び事業年度			①期首現在未納税額	②当期発生税額	当期中の納付税額 ③充当金取崩しによる納付	④仮払経理による納付	⑤損金経理による納付	⑥期末現在未納税額 ①+②−③−④−⑤
法人税及び地方法人税	・　・	1	円		円	円	円	円
	×0・04・01 ×1・03・31	2	90,000				90,000	0
	当期分 中間	3						
	当期分 確定	4		86,300				
	計	5						86,300
道府県民税	・　・	6						
	・　・	7						
	当期分 中間	8						
	当期分 確定	9						
	計	10						
市町村民税	・　・	11						
	・　・	12						
	当期分 中間	13						
	当期分 確定	14						
	計	15						
事業税及び特別法人事業税	・　・	16						
	・　・	17						
	当期中間分	18						
	計	19						
その他 損金算入のもの	利子税	20						
	延滞金（延納に係るもの）	21						
		22						
		23						
その他 損金不算入のもの	加算税及び加算金	24						
	延滞税	25						
	延滞金（延納分を除く。）	26						
	過怠税	27						
		28						
		29						

納税充当金の計算

期首納税充当金	30	円	取崩額 その他 損金算入のもの	36	円
繰入額 損金経理をした納税充当金	31		損金不算入のもの	37	
	32			38	
計 (31)−(32)	33		仮払税金消却	39	
取崩額 法人税額等 (5の③)+(10の③)+(15の③)	34		計 (34)+(35)−(36)+(37)+(38)+(39)	40	
事業税及び特別法人事業税 (19の③)	35		期末納税充当金 (30)+(33)−(40)	41	

通算法人の通算税効果額の発生状況等の明細

事業年度		①期首現在未決済額	②当期発生額	当期中の決済額 ③支払額	④受取額	⑤期末現在未決済額
・　・	42	円		円	円	円
・　・	43					
当期分	44		中間 円 確定			
計	45					

納税充当金の計算：前頁D枠の記載

この欄は、別表五（一）26欄に記載した納税充当金の増減をその項目ごとに詳しく記載する欄です（118頁参照）。ここへ記載する金額は、別表五（一）や総勘定元帳などを確認しながら、それぞれのグループごとに合計額を記載します。また、106頁で説明した③欄（充当金取崩しによる納付）に記載したそれぞれの租税公課とも密接に連動するので、注意が必要です。

それぞれの増減状況をわかりやすく図にすると、次のようなイメージになります。

◉別表五（二）における納税充当金の繰入・取崩◉

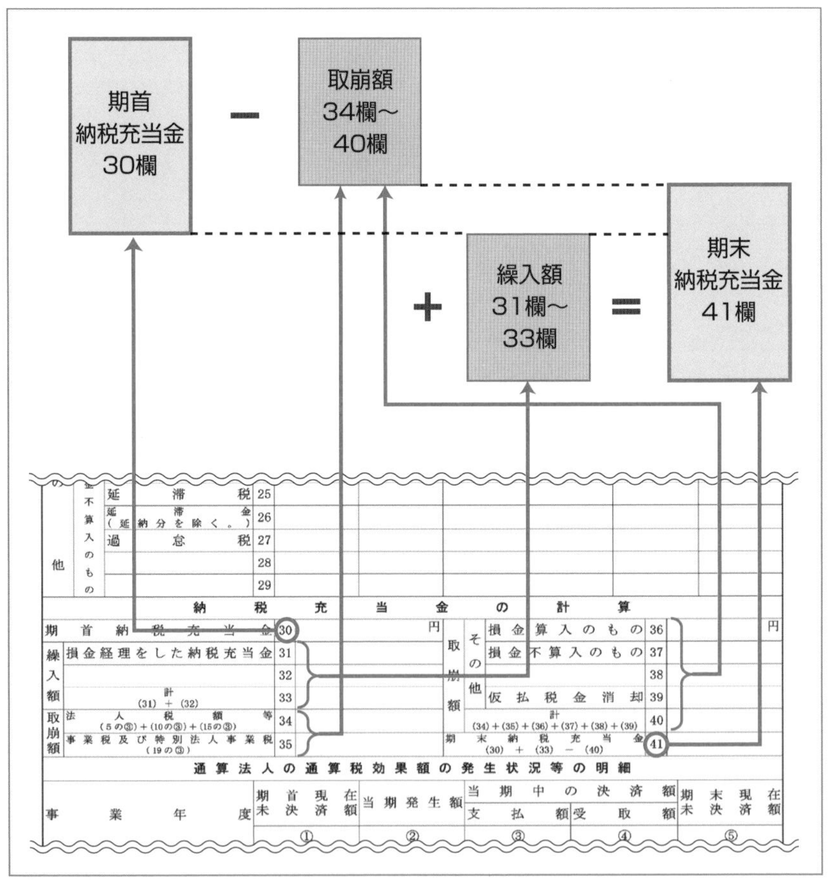

それぞれの増減額は別表五（一）とも次のように関連します。

通算法人の通算税効果額の発生状況等の明細：107頁E枠の記載

E枠は、グループ通算制度の適用を受ける法人が使用する欄です。

◉別表五（一）における納税充当金◉

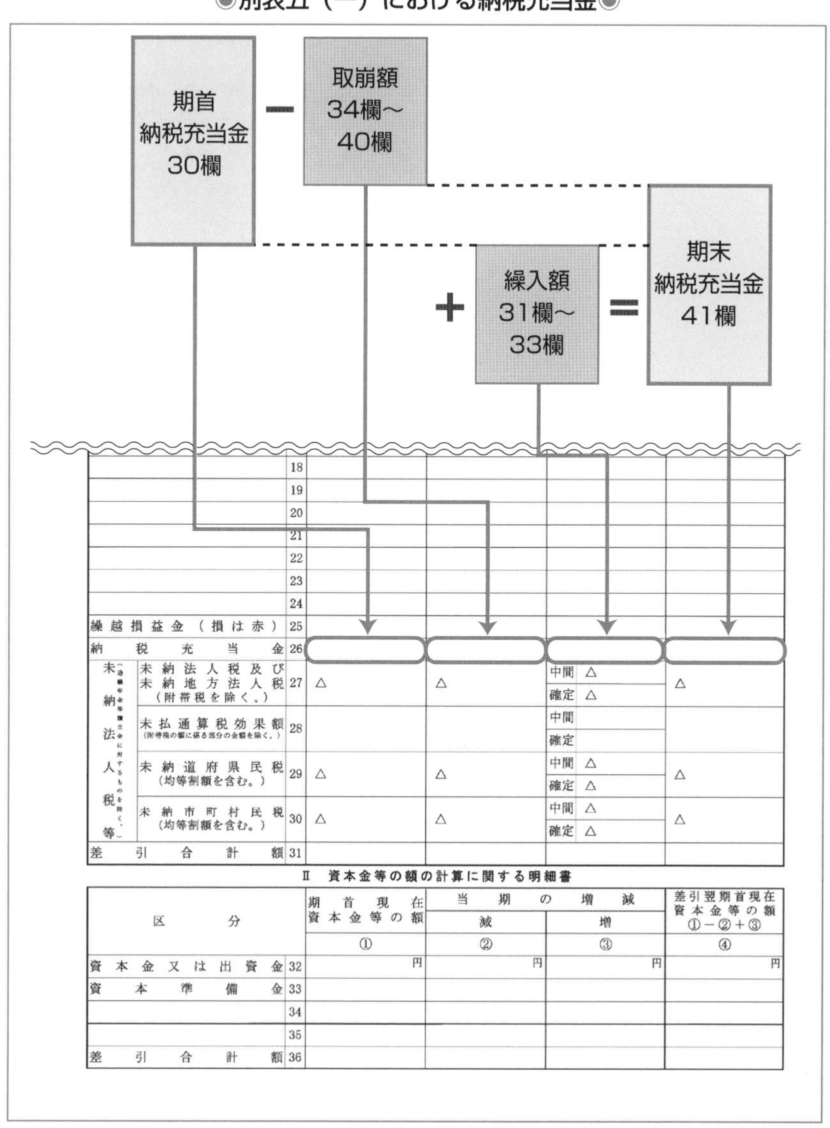

	18				
	19				
	20				
	21				
	22				
	23				
	24				
繰越損益金（損は赤）	25				
納税充当金	26				
未納法人税等（退職年金等積立金に対するものを除く。） 未納法人税及び未納地方法人税（附帯税を除く。）	27	△	△	中間 △ 確定 △	△
未納法人税等 未払通算税効果額（附帯税の額に係る部分の金額を除く。）	28			中間 確定	
未納法人税等 未納道府県民税（均等割額を含む。）	29	△	△	中間 △ 確定 △	△
未納法人税等 未納市町村民税（均等割額を含む。）	30	△	△	中間 △ 確定 △	△
差引合計額	31				

Ⅱ　資本金等の額の計算に関する明細書

区分		期首現在資本金等の額	当期の増減 減	当期の増減 増	差引翌期首現在資本金等の額 ①－②＋③
		①	②	③	④
資本金又は出資金	32	円	円	円	円
資本準備金	33				
	34				
	35				
差引合計額	36				

第3章

申告に必要な経理処理

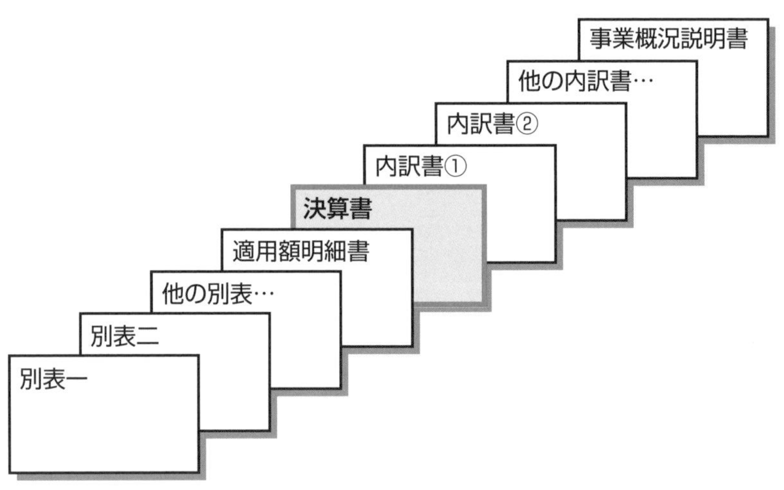

と税務調整

3.1 租税公課の経理処理と税務調整

租税公課の仕訳の方法は 3 種類

会社が租税公課を支払ったときに帳簿書類に記載する仕訳の方法は、次の 3 種類があります（106頁参照）。

- **損金経理による方法**
- **仮払経理による方法**
- **納税充当金を取り崩して充てる方法**

損金経理による方法

損金経理とは、会社の確定した決算において費用または損失（損金）として処理することをいいます。ここでしっかりと押さえてもらいたいのは、この方法による経理をしたときは、支払った租税公課は会計上費用として処理されているということです。ごくあたりまえのことなのですが、これがもっとも重要なポイントです。具体的な仕訳を示すと、次のとおりです。

（租税公課）100,000円　／　（現金預金）100,000円

この仕訳がされたことによって、会社が支払った租税公課100,000円は、確定した決算において損金経理が終了していることになります。

仮に当期の売上が1,000,000円のみとし、他の取引がないことを前提とすると、租税公課を費用計上した場合の会計上の利益は、「1,000,000円－100,000円」で900,000円となります。

租税公課を支払った場合の経理処理は、この方法が原則となることを覚えておいてください。

仮払経理による方法

損金経理と対照的なのが、仮払経理による方法です。まずは、具体的

な仕訳を見てみましょう。

（仮払税金）100,000円　／　（現金預金）100,000円

損金経理と比較して違っている箇所は、「（仮払税金）100,000円」という勘定科目です。この勘定科目は会計上は費用として認識されず、貸借対照表の資産項目として計上される勘定科目になります。

ここで、先ほどと同じように会社の利益を比べてみましょう。

先ほどの例と同じように、仮に他の取引が売上1,000,000円しかなかったとした場合のこの会社の利益は、「1,000,000円－０円」で1,000,000円となります。

つまり、仮払経理の方法により経理処理をしたときは、その支払った租税公課は、会計上費用として認識されていないということがポイントになります。

租税公課を支払ったときの法人税の原則的な取扱いは「損金」ということになっていますが、仮払経理の方法では法人税を計算するための所得金額も1,000,000円のままになってしまいます。

そこで、法人税の申告調整として別表四で減算調整を行ない、会計上の利益である当期利益からマイナスすることによって、所得金額が損金経理をしたときと同じ金額になるように調整します。このときの別表上の調整は次のようになります（115頁参照）。

仮払税金認定損　100,000円（減算留保）

損金経理と仮払経理の違いによる別表四への影響

ここで、租税公課を損金経理した場合の別表四と、仮払経理をした場合の別表四を次頁で比較してみましょう。注意すべき点はそれぞれの当期利益と所得金額です。

仮払経理をした場合には、その分、当期利益が大きくなっているので、申告調整の減算処理によりマイナスすることによって所得金額が同額になっています。

◉損金経理をした場合の別表四◉

所得の金額の計算に関する明細書(簡易様式)

事業年度	・・ ・・	法人名	

別表四(簡易様式)

区分			総額	処分 留保	社外流出	
			①	②	③	
当期利益又は当期欠損の額		1	900,000 円	900,000 円	配当	0 円
					その他	0
加算	損金経理をした法人税及び地方法人税(附帯税を除く。)	2				
加算	損金経理をした道府県民税及び市町村民税	3				
加算	損金経理をした納税充当金	4				
加算	損金経理をした附帯税(利子税を除く。)、加算金、延滞金(延納分を除く。)及び過怠税	5			その他	
加算	減価償却の償却超過額	6				
加算	役員給与の損金不算入額	7			その他	
加算	交際費等の損金不算入額	8			その他	
加算	通算法人に係る加算額(別表四付表「5」)	9			外※	
加算		10				
加算						
加算						
加算						
加算	小計	11	0	0	外※	0
減算	減価償却超過額の当期認容額	12				
減算	納税充当金から支出した事業税等の金額	13				
減算	受取配当等の益金不算入額(別表八(一)「5」)	14			※	
減算	外国子会社から受ける剰余金の配当等の益金不算入額(別表八(二)「26」)	15			※	
減算	受贈益の益金不算入額	16			※	
減算	適格現物分配に係る益金不算入額	17			※	
減算	法人税等の中間納付額及び過誤納に係る還付金額	18				
減算	所得税額等及び欠損金の繰戻しによる還付金額等	19			※	
減算	通算法人に係る減算額(別表四付表「10」)	20			※	
減算		21				
減算						
減算						
減算						
減算	小計	22	0	0	外※	0
仮計 (1)+(11)−(22)		23	900,000	900,000	外※	0
対象純支払利子等の損金不算入額(別表十七(二の二)「29」又は「34」)		24			その他	
超過利子額の損金算入額(別表十七(二の三)「10」)		25	△		※	△
仮計 ((23)から(25)までの計)		26	900,000	900,000	外※	0
寄附金の損金不算入額(別表十四(二)「24」又は「40」)		27			その他	
法人税額から控除される所得税額(別表六(一)「6の③」)		29			その他	
税額控除の対象となる外国法人税の額(別表六(二の二)「7」)		30			その他	
分配時調整外国税相当額及び外国関係会社等に係る控除対象所得税額等相当額(別表六(五の二)「5の②」)+(別表十七(三の六)「1」)		31			その他	
合計 (26)+(27)+(29)+(30)+(31)		34	900,000	900,000	外※	0
中間申告における繰戻しによる還付に係る災害損失欠損金額の益金算入額		37			※	
非適格合併又は残余財産の全部分配等による移転資産等の譲渡利益額又は譲渡損失額		38			※	
差引計 (34)+(37)+(38)		39	900,000	900,000	外※	0
更生欠損金又は民事再生等評価換えが行われる場合の再生等欠損金の損金算入額(別表七(三)「9」又は「21」)		40	△		※	△
通算対象欠損金額の損金算入額又は通算対象所得金額の益金算入額(別表七の二「5」又は「11」)		41			※	
差引計 (39)+(40)±(41)		43	900,000	900,000	外※	0
欠損金等の当期控除額(別表七(一)「4の計」)+(別表七(四)「10」)		44	△		※	△
総計 (43)+(44)		45	900,000	900,000	外※	0
残余財産の確定の日の属する事業年度に係る事業税及び特別法人事業税の損金算入額		51	△	△		
所得金額又は欠損金額		52	900,000	900,000	外※	0

(簡)

◉仮払経理をした場合の別表四◉

所得の金額の計算に関する明細書(簡易様式)

事業年度	・・ ・・	法人名	

別表四(簡易様式)

区分			総額 ①	処分 留保 ②	社外流出 ③	
当期利益又は当期欠損の額		1	1,000,000円	1,000,000円	配当	0円
					その他	0
加算	損金経理をした法人税及び地方法人税(附帯税を除く。)	2				
	損金経理をした道府県民税及び市町村民税	3				
	損金経理をした納税充当金	4				
	損金経理をした附帯税(利子税を除く。)、加算金、延滞金(延納分を除く。)及び過怠税	5			その他	
	減価償却の償却超過額	6				
	役員給与の損金不算入額	7			その他	
	交際費等の損金不算入額	8			その他	
	通算法人に係る加算額(別表四付表「5」)	9			外※	
		10				
	小計	11	0	0	外※	0
減算	減価償却超過額の当期認容額	12				
	納税充当金から支出した事業税等の金額	13				
	受取配当等の益金不算入額(別表八(一)「5」)	14			※	
	外国子会社から受ける剰余金の配当等の益金不算入額(別表八(二)「26」)	15			※	
	受贈益の益金不算入額	16			※	
	適格現物分配に係る益金不算入額	17			※	
	法人税等の中間納付額及び過誤納に係る還付金額	18				
	所得税額等及び欠損金の繰戻しによる還付金額等	19			※	
	通算法人に係る減算額(別表四付表「10」)	20			※	
	仮払税金認定損	21	100,000	100,000		0
	小計	22	100,000	100,000	外※	0
仮計 (1)+(11)−(22)		23	900,000	900,000	外※	0
対象純支払利子等の損金不算入額(別表十七(二の二)「29」又は「34」)		24			その他	
超過利子額の損金算入額(別表十七(二の三)「10」)		25	△		※	△
仮計 ((23)から(25)までの計)		26	900,000	900,000	外※	0
寄附金の損金不算入額(別表十四(二)「24」又は「40」)		27			その他	
法人税額から控除される所得税額(別表六(一)「6の③」)		29			その他	
税額控除の対象となる外国法人税の額(別表六(二の二)「7」)		30			その他	
分配時調整外国税相当額及び外国関係会社等に係る控除対象所得税額等相当額(別表六(五の二)「5の②」)+(別表十七(三の六)「1」)		31			その他	
合計 (26)+(27)+(29)+(30)+(31)		34	900,000	900,000	外※	0
中間申告における繰戻しによる還付に係る災害損失欠損金額の益金算入額		37			※	
非適格合併又は残余財産の全部分配等による移転資産等の譲渡利益額又は譲渡損失額		38			※	
差引計 (34)+(37)+(38)		39	900,000	900,000	外※	0
更生欠損金又は民事再生等評価換えが行われる場合の再生等欠損金の損金算入額(別表七(三)「9」又は「21」)		40	△		※	△
通算対象欠損金額の損金算入額又は通算対象所得金額の益金算入額(別表七の二「5」又は「11」)		41			※	
差引計 (39)+(40)±(41)		43	900,000	900,000	外※	0
欠損金等の当期控除額(別表七(一)「4の計」)+(別表七(四)「10」)		44	△		※	△
総計 (43)+(44)		45	900,000	900,000	外※	0
残余財産の確定の日の属する事業年度に係る事業税及び特別法人事業税の損金算入額		51	△	△		
所得金額又は欠損金額		52	900,000	900,000	外※	0

(簡)

仮払経理による別表五（一）への影響

仮払経理をした場合には、前頁のように申告調整により別表四で減算調整されますが、会社が損金経理をした場合にはこのような調整はありません。また、仮払税金として資産計上をしていますが、実際は会社にこのような仮払金という債権があるわけでもありません。

その結果、会計上で計上した資産と税務上の資産の価額にズレが生じることになり、留保項目として処理することで別表五（一）Ⅰにおいてその差額のズレを認識しておきます。

別表五（一）Ⅰでは、次頁のような記入が必要になります。

仮払税金100,000円を会計上は資産として計上したが、税務上はそのような資産計上はなかった（費用に計上した）と考えるため、マイナスの差額が発生したという記入をするのです。

◉マイナスの差額調整◉

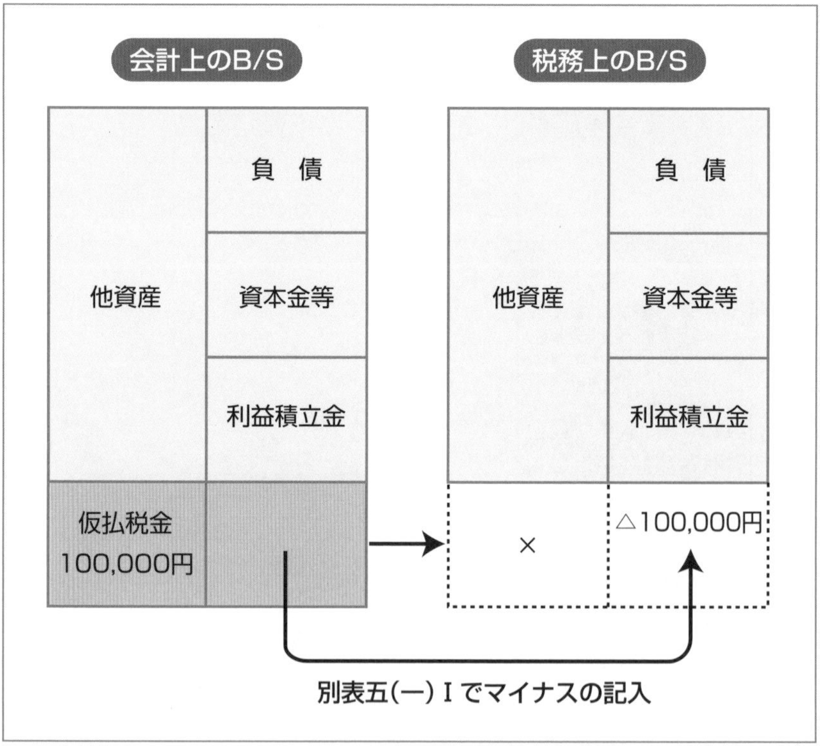

◉別表五（一）Ⅰ◉

利益積立金額及び資本金等の額の計算に関する明細書

事業年度	×0・4・1 ×1・3・31	法人名	YOTAX(株)

別表五(一)

Ⅰ　利益積立金額の計算に関する明細書

区分		期首現在利益積立金額	当期の増減		差引翌期首現在利益積立金額 ①－②＋③
			減	増	
		①	②	③	④
利益準備金	1	円	円	円	円
積立金	2				
	3				
	4				
	5				
仮払税金	6			△100,000	△100,000
	7				
	8				
	9				
	10				
	11				
	12				
	13				
	14				

納税充当金を取り崩して充てる方法

次は、租税公課の３つめの処理方法である、「納税充当金を取り崩して充てる方法」についてです。

簿記の勉強をされた方でも、納税充当金という言葉は聞き慣れない言葉だと思います。「納税充当金」は言葉の通り、納税に充当するためのお金のことをいいます。昔は納税引当金ともいわれていました。

簿記の勘定科目としては、「未払法人税等」がこれにあたります。法人税では、この「未払法人税等」のことを「納税充当金」というので、本書でも「納税充当金」という言葉を使っています。

この方法は、前期の申告においてあらかじめ計上しておいた納税充当金を、その支払い時に取り崩して充てるという経理方法です。具体的な仕訳は次のようになります。

（未払法人税等）100,000円　／　（現金預金）100,000円

この経理処理は、「未払法人税等」という負債を示す勘定科目を取り崩して充てる方法になるので、先ほどの仮払税金として資産計上する方法とよく似た効果が出ることになります。

つまり、支払い時の経理処理では会社は費用として認識していないので、申告調整により別表四で減算調整をします。このときの調整名は、「納税充当金から支出した事業税等の金額」となりますが、別表四では減算欄の縦13のあらかじめ印字されている箇所に記載します。

また、別表五（一）Ⅰでもその増減状況を記載し、別表五（二）においてもその詳細を記載します。

下の別表五（一）と次頁の五（二）は、前期に引き当てた納税充当金が300,000円だったという仮定で掲載しています。

◉別表四◉

所得の金額の計算に関する明細書（簡易様式）

事業年度	×1・4・1 ×2・3・31	法人名	YOTAX(株)

別表四（簡易様式）

区分			総額	処分 留保	社外流出	
			①	②	③	
当期利益又は当期欠損の額		1	円	円	配当	円
					その他	
加算	役員給与の損金不算入額	7			その他	
	交際費等の損金不算入額	8			その他	
	通算法人に係る加算額（別表四付表「5」）	9			外※	
		10				
算						
	小計	11			外※	
減算	減価償却超過額の当期認容額	12				
	納税充当金から支出した事業税等の金額	13	100,000	100,000		
減	受取配当等の益金不算入額（別表八（一）「5」）	14			※	
	外国子会社から受ける剰余金の配当等の益金不算入額（別表八（二）「26」）	15			※	
	受贈益の益金不算入額	16			※	

◉別表五（一）Ⅰ◉

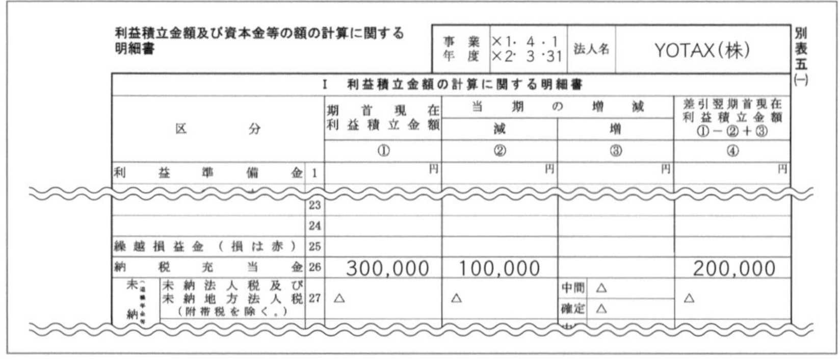

利益積立金額及び資本金等の額の計算に関する明細書

事業年度	×1・4・1 ×2・3・31	法人名	YOTAX(株)

別表五㈠

Ⅰ　利益積立金額の計算に関する明細書

区分		期首現在利益積立金額	当期の増減 減	増		差引翌期首現在利益積立金額 ①－②＋③
		①	②	③		④
利益準備金	1	円	円		円	円
	23					
	24					
繰越損益金（損は赤）	25					
納税充当金	26	300,000	100,000			200,000
未納法人税等 未納法人税及び未納地方法人税（附帯税を除く。）	27	△	△	中間	△	△
				確定	△	

◉別表五（二）◉

租税公課の納付状況等に関する明細書

事業年度	×1・4・1 ×2・3・31	法人名	YOTAX（株）

別表五(二)

税目及び事業年度			期首現在未納税額 ①	当期発生税額 ②	当期中の納付税額 充当金取崩しによる納付 ③	仮払経理による納付 ④	損金経理による納付 ⑤	期末現在未納税額 ①+②-③-④-⑤ ⑥
法人税及び地方法人税	・ ・	1	円		円	円	円	円
	・ ・	2						
	当期分 中間	3						
	当期分 確定	4						
	計	5						
道府県民税	・ ・	6						
	・ ・	7						
その他	損金算入のもの 利子税	20						
	延滞金（延納に係るもの）	21						
	その他	22		100,000	100,000			
		23						
	損金不算入のもの 加算税及び加算金	24						
	延滞税	25						
	延滞金（延納分を除く。）	26						
	過怠税	27						
		28						
		29						

納税充当金の計算

期首納税充当金		30	300,000円	取崩額 その他	損金算入のもの	36	100,000円
繰入額	損金経理をした納税充当金	31			損金不算入のもの	37	
		32				38	
	計 (31)＋(32)	33	0		仮払税金消却	39	
取崩額	法人税額等 (5の③)＋(10の③)＋(15の③)	34			計 (34)＋(35)＋(36)＋(37)＋(38)＋(39)	40	100,000
	事業税及び特別法人事業税 (19の③)	35		期末納税充当金 (30)＋(33)－(40)		41	200,000

支払い時の原則は損金

租税公課を支払ったときの処理は、会社がどのような経理処理をしていても税務上は損金として認識します。

租税公課として費用計上している場合には、そのまま申告調整することはありませんが、仮払税金などで資産計上していたときは、「仮払税金認定損」として減算調整し、負債に計上した納税充当金を取り崩して充てる経理をしたときには「納税充当金から支出した事業税等の金額」として減算調整をします。このときに注意しなければいけないのは、それぞれ「留保」（66頁参照）として別表四上で申告調整を行なうので、別表五（一）においても記入箇所があるということです。

別表五（二）への記入

租税公課を支払ったわけですから、その支払い状況を記入する別表五（二）への記入も忘れてはいけません。先ほど説明した租税公課と同様に、法人税でも損金（費用）として認められる次の租税公課をそれぞれ支払ったものと仮定してその記載例を示しておきます。

【前提】		
利子税………	160,000円	納税充当金を取り崩して充てた
自動車税……	140,000円	租税公課として費用計上した
固定資産税…	100,000円	仮払税金として資産計上した

まず、横②欄の当期発生税額にそれぞれ金額を記入します。そして、その金額を③から⑤のいずれの方法によって経理したかによって、それぞれの該当箇所へ次のように転記します。

◉別表五（二）◉

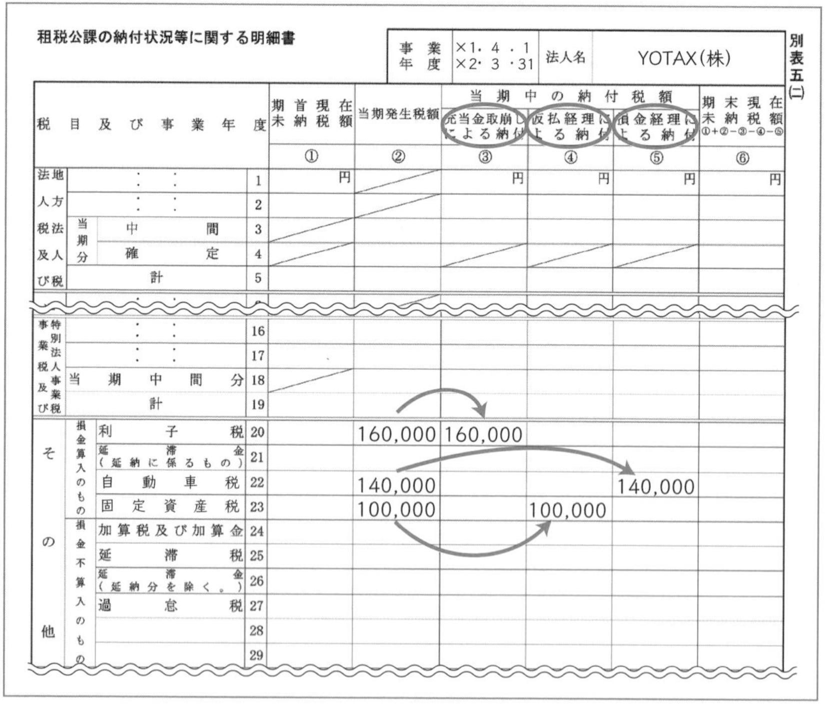

租税公課の納付状況等に関する明細書

事業年度 ×1・4・1 ～ ×2・3・31　法人名 YOTAX(株)　別表五(二)

税目及び事業年度			期首現在未納税額 ①	当期発生税額 ②	当期中の納付税額 充当金取崩しによる納付 ③	仮払経理による納付 ④	損金経理による納付 ⑤	期末現在未納税額 ①+②-③-④-⑤ ⑥
法人税及び地方法人税	・　・	1	円		円	円	円	円
	・　・	2						
	当期分 中間	3						
	当期分 確定	4						
	計	5						
事業税及び特別法人事業税	・　・	16						
	・　・	17						
	当期中間分	18						
	計	19						
その他 損金算入のもの	利子税	20		160,000	160,000			
	延滞金（延納に係るもの）	21						
	自動車税	22		140,000			140,000	
	固定資産税	23		100,000		100,000		
その他 損金不算入のもの	加算税及び加算金	24						
	延滞税	25						
	延滞金（延納分を除く。）	26						
	過怠税	27						
		28						
		29						

納税充当金を負債に計上したときの申告調整

先ほどは、租税公課の支払い時にあらかじめ負債に計上した納税充当金を取り崩して充てる経理をした場合の事例でしたが、納税充当金を負債に計上したときにも、しておかなければならない申告調整があります。

納税充当金は、納税のために充当する目的で計上する勘定科目です。

法人の申告によって納付税額を確定する税金（申告納税方式の税金）には、法人税、住民税、事業税などがありますが、これらの税金を実際に支払うのは、その申告書を提出する事業年度（第２期）となります。

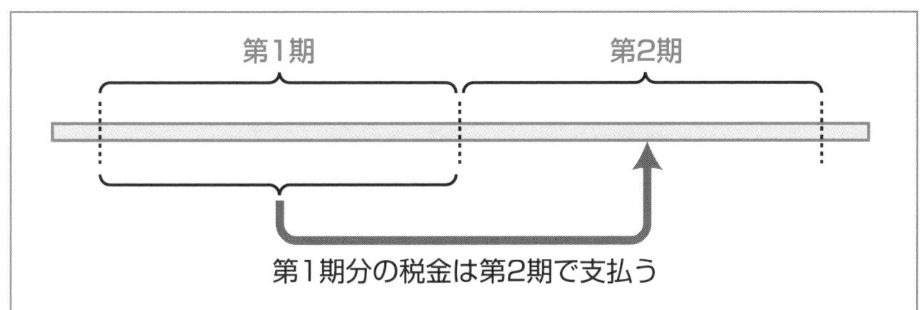

会計上では、第１期分の税金を第２期の支払時に損益に影響させるのではなく、第１期の利益から差し引く経理をすることによって、第１期の損益を適正に把握するために納税充当金を設定します。

設定時の仕訳は、次のとおりです。

（法人税、住民税及び事業税）100,000円 ／（未払法人税等）100,000円

上記仕訳にある左側の（法人税、住民税及び事業税）は損益計算書で費用として計上され、右側の（未払法人税等）は貸借対照表で負債として計上されます。

しかし、会社では期間損益を適正に把握するために第１期分の税金をその第１期中に計上しても、法人税では、法人税、住民税、事業税などの申告納税方式による租税は、その申告書を提出した事業年度の損金とする旨の規定が設けられています。

つまり、その計上時期について会計上と税務上にズレが生じるので、次頁のように別表四への加算調整や関連別表への記載が必要になります。

◉別表四◉

所得の金額の計算に関する明細書（簡易様式）

事業年度	・・ ・・	法人名	

別表四（簡易様式）

区分			総額	処分 留保	社外流出	
			①	②	③	
当期利益又は当期欠損の額		1		円	配当	円
					その他	
加算	損金経理をした法人税及び地方法人税（附帯税を除く。）	2				
	損金経理をした道府県民税及び市町村民税	3				
	損金経理をした納税充当金	4	100,000	100,000		
	損金経理をした附帯税（利子税を除く。）、加算金、延滞金（延納分を除く。）及び過怠税	5			その他	
	減価償却の償却超過額	6				
	役員給与の損金不算入額	7			その他	
	交際費等の損金不算入額	8			その他	
	通算法人に係る加算額（別表四付表「5」）	9			外※	
		10				
	小計	11			外※	
減算	減価償却超過額の当期認容額	12				
	納税充当金から支出した事業税等の金額	13				
	受取配当等の益金不算入額（別表八（一）「5」）	14			※	

納税充当金の計上は損金不算入

◉別表五（一）◉

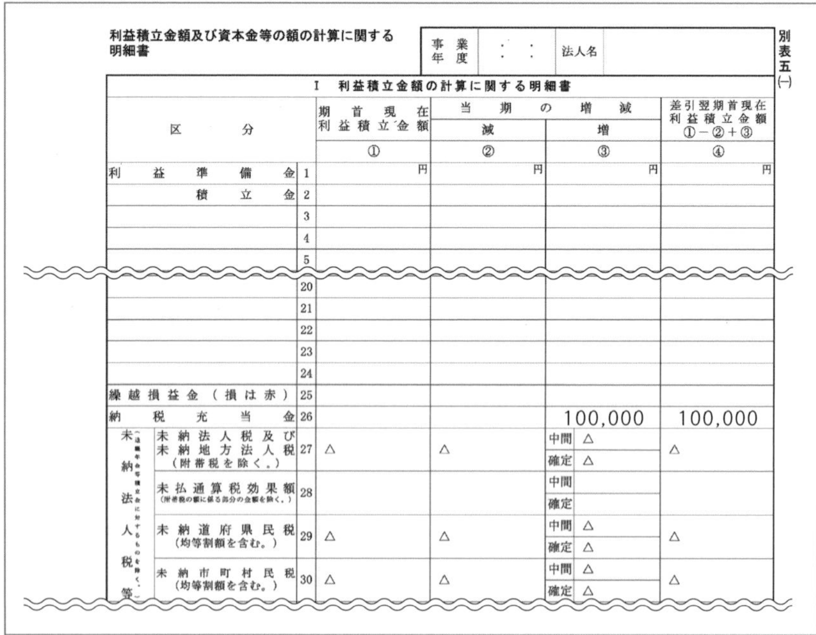

利益積立金額及び資本金等の額の計算に関する明細書

事業年度	・・ ・・	法人名	

別表五(一)

Ⅰ 利益積立金額の計算に関する明細書

区分			期首現在利益積立金額	当期の増減 減	当期の増減 増		差引翌期首現在利益積立金額 ①－②＋③
			①	②	③		④
利益準備金		1	円	円		円	円
積立金		2					
		3					
		4					
		5					
		20					
		21					
		22					
		23					
		24					
繰越損益金（損は赤）		25					
納税充当金		26				100,000	100,000
未納法人税等（退職年金等積立金に対するものを除く。）	未納法人税及び未納地方法人税（附帯税を除く。）	27	△	△	中間	△	△
					確定	△	
	未払通算税効果額（附帯税の額に係る部分の金額を除く。）	28			中間		
					確定		
	未納道府県民税（均等割額を含む。）	29	△	△	中間	△	△
					確定	△	
	未納市町村民税（均等割額を含む。）	30	△	△	中間	△	△
					確定	△	

◉別表五（二）◉

の他	入のもの		22						
			23						
	損金不算入のもの	加算税及び加算金	24						
		延滞税	25						
		延滞金（延納分を除く。）	26						
		過怠税	27						
			28						
			29						

納税充当金の計算							
期首納税充当金		30	円	取崩額	その他 損金算入のもの	36	円
繰入額	損金経理をした納税充当金	31	100,000		その他 損金不算入のもの	37	
		32			その他	38	
	計 (31) ＋ (32)	33	100,000		仮払税金消却	39	
取崩額	法人税額等 （5の③）＋（10の③）＋（15の③）	34			計 (34)＋(35)＋(36)＋(37)＋(38)＋(39)	40	
	事業税及び特別法人事業税 （19の③）	35		期末納税充当金 (30) ＋ (33) － (40)		41	

損金不算入となる租税公課もある

一口に税金といっても、様々な種類の税金があります。ここまでの説明のとおり、法人が支払った税金は原則として損金（費用）として認められています。しかし、申告をしない会社や脱税をした会社に対して懲罰的な意味で課する附帯税や加算税などは、損金（費用）として認めれば懲罰の意味がないことから、損金不算入と規定されています。

懲罰的な意味で損金不算入とされている税金とは

加算税についての代表的なものを列挙しておきます。加算税については、法人税や所得税などの国税に関するものは「○○加算税」という名称で呼ばれていますが、同じような種類のものでも、道府県民税や事業税などの地方税に関するものは、「○○加算金」という名称で呼ばれています。

- **無申告加算税（金）**

  申告をしなかったことにより課される税金。

- **過少申告加算税（金）**

  実際に支払うべき税金より少ない税額で申告していたことによって課される税金。

● **重加算税（金）**

脱税など、重大な過失により税金を過少に申告していたことによって課される税金。

● **過怠税**

印紙税に関する懲罰的課税。印紙が必要な書類に印紙が貼っていなかったりした場合に課される税金。

課税技術上の理由から損金不算入とされている税金もある

法人税や道府県民税、市町村民税（都民税）などの住民税は、会社のもうけに課される税金です。法人税だけで計算してみますが、毎年のもうけが1,000円と一定額だった場合に、法人税が損金として費用計上されたら、実際どうなるかを計算してみましょう（法人税の税率は30%として計算します）。

◉法人税が損金として費用計上される場合◉

	もうけ	法人税	当期利益	税務調整	所得金額
1年目	1,000円	――	1,000円	――	1,000円
2年目	1,000円	300円	700円	――	700円
3年目	1,000円	210円	790円	――	790円
4年目	1,000円	237円	763円	――	763円

● **1年目**

1,000円のもうけから費用として差し引く税金がないので、1,000円×30%＝300円が2年目に支払う法人税となります。

● **2年目**

前年度分の法人税300円を支払った際に、費用として認識するので、その300円をもうけの1,000円から差し引きます。

1,000円－300円＝700円

この700円が2年目の所得金額となるので、これに対して課される法人税（30%）は、700円×30%=210円となります。

● 3年目

同じように今度は2年目の申告で計算した法人税は210円でしたので、3年目の支払い時にそれを費用として計上します。

すると、3年目の所得金額は1,000円－210円＝790円になりますので、これに法人税の税率30%を乗じると、790円×30%＝237円となります。

損金不算入になるのは波動を抑制するため

上記の事例では、同じ1,000円のもうけであっても負担する法人税が年度により300円になったり、210円になったり、237円になったりと、その金額が波うってしまいます。

これでは、国の財政も予測が立てづらくなってしまうので、このような波動を抑制するために、法人税などの税金を損金不算入にすることにより、毎年同じ1,000円のもうけがあるなら、それに対して同じ300円の法人税が課税されるという仕組みにしています。

◉法人税が損金として費用計上されない場合◉

	もうけ	法人税	当期利益	加算調整	所得金額
1年目	1,000円	——	1,000円	——	1,000円
2年目	1,000円	300円	700円	300円	1,000円
3年目	1,000円	300円	700円	300円	1,000円
4年目	1,000円	300円	700円	300円	1,000円

たとえ課税技術上とはいえ、損金不算入にすると、実際の法人税の負担は200円台から300円台に増えてしまうので、一見、増税のようにも思えますが、国の言い分としては、その分、税率を下げて調整しているという理屈になっています。

別表四への記入の仕方

法人税や住民税を損金経理または仮払経理によって支払った場合には、別表四で次のような調整をします。

法人税や住民税は最終的には会社の外に出て行くお金ですから、本来は社外流出項目なのですが、別表五（一）Ｉの記載や留保金課税との関係から課税技術上、留保項目として扱います。

記載箇所は、縦２欄から４欄までの該当箇所へそれぞれ記入します。

懲罰的な課税として損金不算入として扱われる租税公課は、社外流出項目として調整します。こちらの記載箇所は、縦５欄にその合計額をまとめて記入します。

また、事業税は、損金として認められる税金になるので、支払い時の調整はありません。

◉別表四◉

所得の金額の計算に関する明細書（簡易様式）

事業年度	×1・4・1 ×2・3・31	法人名	YOTAX（株）

別表四（簡易様式）

区分			総額	処分		
				留保	社外流出	
			①	②	③	
当期利益又は当期欠損の額		1	円	円	配当	円
					その他	
加算	損金経理をした法人税及び地方法人税（附帯税を除く。）	2	100,000	100,000		
	損金経理をした道府県民税及び市町村民税	3	60,000	60,000		
	損金経理をした納税充当金	4				
	損金経理をした附帯税（利子税を除く。）、加算金、延滞金（延納分を除く。）及び過怠税	5	2,000		その他	2,000
	減価償却の償却超過額	6				
	役員給与の損金不算入額	7			その他	
	交際費等の損金不算入額	8			その他	
	通算法人に係る加算額（別表四付表「5」）	9			外※	
		10				
	小計	11			外※	
減算	減価償却超過額の当期認容額	12				
	納税充当金から支出した事業税等の金額	13				
	受取配当等の益金不算入額（別表八（一）「5」）	14			※	
	外国子会社から受ける剰余金の配当等の益金不算入額（別表八（二）「26」）	15			※	
	受贈益の益金不算入額	16			※	
	適格現物分配に係る益金不算入額	17			※	

納税充当金を取り崩して充てた場合の留意点

法人税や住民税の本税（附帯税を除く）を、納税充当金を取り崩して充てた場合の別表四の記載は、少し変わった処理を行なうことになります。たとえば、納税充当金を取り崩して次の租税を支払ったとします。

税目	税務調整	支払金額	経理方法	税務調整
法人税	加算留保	100,000円	納税充当金	減算留保
住民税	加算留保	60,000円	納税充当金	減算留保
事業税	損金	30,000円	納税充当金	減算留保

この場合、取り崩した納税充当金は合計で190,000円ですから、別表四で減算留保として調整すべき金額は190,000円です。それとは逆に、法人税と住民税を合わせた160,000円は損金不算入として加算留保項目として調整します。

つまり、160,000円部分は加算留保と減算留保を相互に行なうことになるので、それぞれを相殺したとしても、他に影響することはありません。したがって、結果的に法人税と住民税の本税に充てた金額以外の取り崩し額である190,000円－160,000円＝30,000円だけを別表四で減算留保として調整します。

◉別表四◉

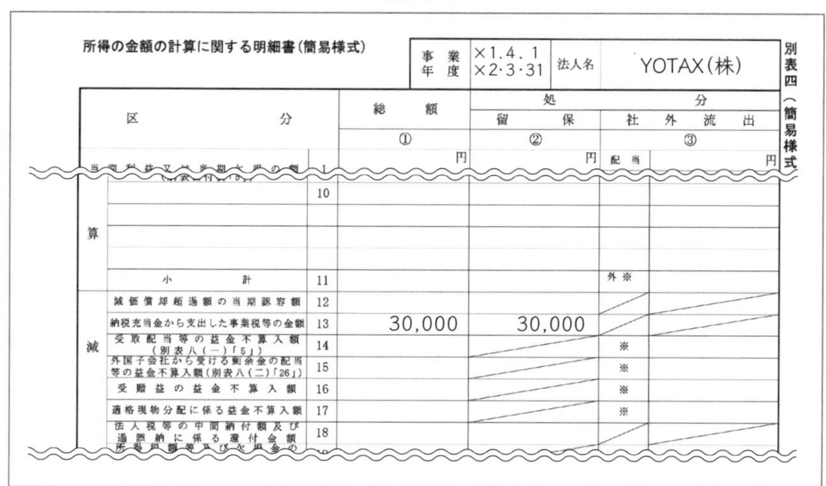

所得の金額の計算に関する明細書（簡易様式）

事業年度 ×1.4.1 ×2·3·31 法人名 YOTAX（株）

別表四（簡易様式）

区分			総額 ①	処分 留保 ②	社外流出 ③	
			円	円	配当	円
加算		10				
	小計	11			外※	
減算	減価償却超過額の当期認容額	12				
	納税充当金から支出した事業税等の金額	13	30,000	30,000		
	受取配当等の益金不算入額（別表八（一）「5」）	14			※	
	外国子会社から受ける剰余金の配当等の益金不算入額（別表八（二）「26」）	15			※	
	受贈益の益金不算入額	16			※	
	適格現物分配に係る益金不算入額	17			※	
	法人税等の中間納付額及び過誤納に係る還付金額	18				

租税公課のまとめ

ここで、租税公課の扱いについてまとめておきましょう。損金算入となる租税公課、損金不算入となる租税公課は次のとおりです。

◉損金算入となる租税公課◉

- 事業税、事業所税、登録免許税
- 自動車税、軽自動車税、自動車取得税、重量税、軽油引取税
- 固定資産税、都市計画税、不動産取得税
- 消費税（税込経理処理を採用している場合）
- 利子税、延滞金（申告期限の延長によるもの）
- 印紙税
- 法人税額から控除されない源泉所得税、復興特別所得税

◉損金不算入となる租税公課◉

- 法人税、法人住民税の本税
- 法人税などの国税にかかる延滞税及び各種の加算税
（過少申告加算税、無申告加算税、重加算税など）
- 住民税などの地方税にかかる延滞金及び各種の加算金
（過少申告加算金、不申告加算金、重加算金など）
- 罰金、科料、過料（外国で課されるものを除く）、交通反則金
- 印紙税にかかる過怠税
- 法人税額から控除される源泉所得税、復興特別所得税

●勘違いしやすい社会保険料の延滞金

労働保険や厚生年金保険などの社会保険料は税金ではないので、たとえ支払期限までに支払わなかったなどの理由により課された延滞金などがあっても、法人税では損金として扱います。

●罰金、科料、過料

外国における行政処分の対象となった過料は、法人税では損金として扱います。しかし、たとえ外国のものであっても刑事罰の対象となる罰

金、科料は損金不算入となります。

別表五（二）への記入

法人が負担すべき税金の納税義務が確定したり、税金を支払った場合には、別表五（二）への記載が必要になります。

記載箇所はそれぞれグループがありますので、次頁の該当枠へそれぞれ記載します。

【A枠に記載するグループの税金】

・法人税の本税　・復興特別法人税の本税　・地方法人税の本税

・法人住民税の本税

・事業税の本税

【B枠に記載するグループの税金】

・利子税、延滞金（申告期限の延長によるもの）

・事業所税、登録免許税、印紙税

・自動車税、軽自動車税、自動車取得税、重量税、軽油引取税

・固定資産税、都市計画税、不動産取得税

・法人税額から控除されない源泉所得税、復興特別所得税

【C枠に記載するグループの税金】

・法人税などの国税にかかる延滞税及び各種の加算税

（過少申告加算税、無申告加算税、重加算税など）

・住民税などの地方税にかかる延滞金及び各種の加算金

（過少申告加算金、不申告加算金、重加算金など）

・印紙税にかかる過怠税

・罰金、科料、過料（外国で課されるものを除く）、交通反則金

・法人税額から控除される源泉所得税、復興特別所得税

【別表五（二）への記載が不要な税金】

・消費税

・資産の取得価額に含めた税金

◉別表五（二）◉

租税公課の納付状況等に関する明細書

事業年度	・　・ ・　・	法人名	

別表五㈡

税目及び事業年度				期首現在未納税額 ①	当期発生税額 ②	当期中の納付税額 充当金取崩しによる納付 ③	仮払経理による納付 ④	損金経理による納付 ⑤	期末現在未納税額 ①+②−③−④−⑤ ⑥
A	法人税及び地方法人税	・　・	1	円		円	円	円	円
		・　・	2						
		当期分 中間	3						
		当期分 確定	4						
		計	5						
	道府県民税	・　・	6						
		・　・	7						
		当期分 中間	8						
		当期分 確定	9						
		計	10						
	市町村民税	・　・	11						
		・　・	12						
		当期分 中間	13						
		当期分 確定	14						
		計	15						
	事業税及び特別法人事業税	・　・	16						
		・　・	17						
		当期中間分	18						
		計	19						
B	その他 損金算入のもの	利子税	20						
		延滞金（延納に係るもの）	21						
			22						
			23						
C	その他 損金不算入のもの	加算税及び加算金	24						
		延滞税	25						
		延滞金（延納分を除く。）	26						
		過怠税	27						
			28						
			29						

納税充当金の計算

項目		番号	金額	項目		番号	金額
期首納税充当金		30	円	取崩額 その他	損金算入のもの	36	円
繰入額	損金経理をした納税充当金	31			損金不算入のもの	37	
		32				38	
	計 (31)＋(32)	33			仮払税金消却	39	
取崩額	法人税額等 (5の③)＋(10の③)＋(15の③)	34		計 (34)＋(35)＋(36)＋(37)＋(38)＋(39)		40	
	事業税及び特別法人事業税 (19の③)	35		期末納税充当金 (30)＋(33)−(40)		41	

通算法人の通算税効果額の発生状況等の明細

事業年度		期首現在未決済額 ①	当期発生額 ②	当期中の決済額 支払額 ③	受取額 ④	期末現在未決済額 ⑤
・　・	42	円		円	円	円
・　・	43					
当期分	44		中間　円 確定			
計	45					

3.2 固定資産取得の際の経理処理と税務調整

不動産取得税は取得価額に含めず、損金にできる

不動産を取得した場合には「不動産取得税」、自動車を取得した場合には「自動車取得税」など、資産の取得に伴って支払わなければならない税金があります。これらの税金は、その資産を取得するために必要不可欠な支出なので、原則としてその資産の取得価額に含めなければなりません。

しかし法人税ではこれらの税金を取得価額に含めずに、支払った事業年度の損金とすることが認められています。

この選択は、法人の確定した決算により損金経理か資産計上かを自由に選択することができます。

◎不動産取得税を 1,000,000 円支払った場合の仕訳◎

（土　　地）1,000,000 円　／　（現金預金）1,000,000 円
または
（租税公課）1,000,000 円　／　（現金預金）1,000,000 円
➡どちらでも選択可能だが、租税公課として処理するほうが得になる

固定資産税は取得価額に含め、損金にできない

しかし、外国から輸入した場合に課せられる関税については、必ずその資産の取得価額に含めなければならないので注意が必要です。

また、不動産を購入する場合に、前の所有者が負担した固定資産税を月割りにして購入者側が支払うケースがありますが、この場合に支払った固定資産税相当額も購入時の取得価額に含めなければなりません。

固定資産税は、毎年１月１日現在の所有者がその１年分の固定資産税を負担するというルールになっているので、たとえ年の中途で所有者が

変わったとしても、固定資産税の納税義務者は前の所有者であるという考えによるものです。前の所有者が負担した固定資産税を月割りで購入者が負担するのはあくまでも商慣行によるもので、法律に基づくものではありません。法人税ではその不動産の取得価額の支払額が単に増えたものとして取り扱われるのです。

固定資産を購入した場合

建物、土地、機械装置、自動車など、固定資産を購入したときに資産計上（貸借対照表に記載）する価額のことを**取得価額**といいますが、その取得価額の決定は税務計算においても大きな影響を与えます。

実際に自動車を購入した場合には、その車両の本体価格の料金を支払うだけでなく、自賠責保険料、自動車取得税、自動車重量税、自動車税、リサイクル料金、各種登録費用、納車費用など、様々な取得に付随する経費を支払います。これらの経費のことを**付随費用**といいますが、付随費用には大きく分けて次のものがあります。

(1) 取得経費

取得経費とは、資産が実際に手元に届くまで（自分のものになるまで）にかかった経費のことをいいます。具体的には次のようなものが該当します。

- 取得資産の運送に係る保険料、引取運賃など
- 購入手数料
- 関税、その他の租税公課
- 登録費用
- 資産稼働前の借入金利子
- 建物建設等のための調査、設計、住民対策費など
- 資産購入のための違約金
- 土地、建物取得のための立退き料など

(2) 事業供用費用

取得してからその資産を使い始めるまでにかかった経費のことをいい

ます。具体的には次のようなものが該当します。

- 改良費
- 機械装置などの据付費、試運転費
- 落成、操業開始等に伴って支出する記念品の費用など

◉取得経費と事業供用費用◉

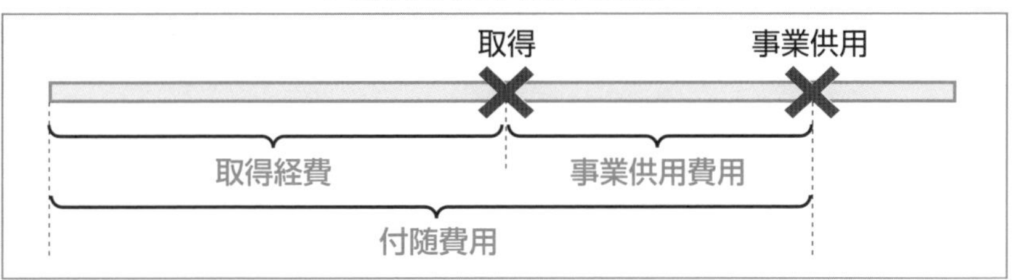

付随費用の取扱い

上記の付随費用は、法人税では原則として資産の取得価額に算入しなければいけません。

しかし特例などにより、取得価額に算入せずに費用に計上することができる付随費用もあります。経理などの事務処理が面倒でない限り、費用計上が認められている付随費用は取得価額に算入しないほうが結果的に法人税は少なくなるので、一般的にはそちらを選択します。

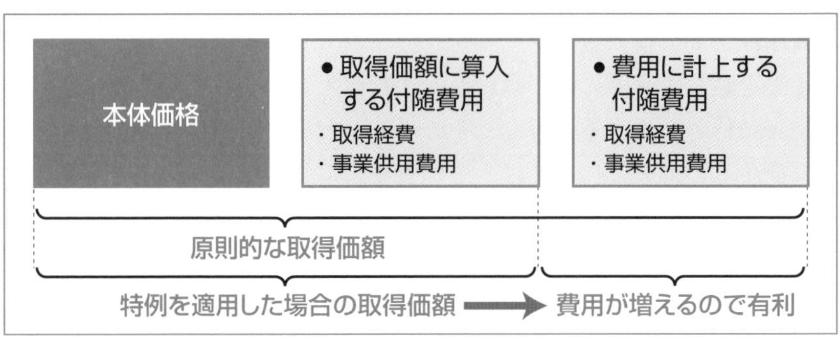

費用計上が認められるものについて、費用計上を選択するためには、確定した決算において損金経理をすることが要件となっています（損金経理とは、費用として計上する経理処理のことです）。

◉車両購入時の仕訳◉

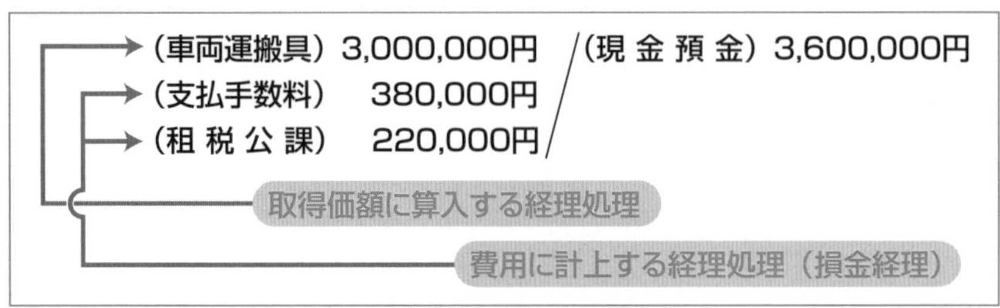

(車両運搬具) 3,000,000円
(支払手数料) 380,000円
(租 税 公 課) 220,000円
(現 金 預 金) 3,600,000円
取得価額に算入する経理処理
費用に計上する経理処理(損金経理)

取得価額に算入しないことができる費用

購入時に費用計上が認められる付随費用には次のものがあります。

●関税以外の租税公課

不動産取得税、各種自動車税など、登記や登録にかかる法定費用などがこれに該当します。資産を輸入したときに税関長に対して納付する関税は必ず取得価額に算入しなければいけませんが、それ以外の税金はすべて費用計上が選択できるのです。

●登録費用

登記や登録にかかる法定費用と一緒に、司法書士や行政書士への代行手数料などを支払いますが、それらの費用も上記に準じて同じ扱いとなります。

●資産稼働前の借入金利子

土地を購入する際には、銀行などから借入をすることがあります。その借入に伴い発生する利子で、その土地などを実際に事業で使用するまでに発生した部分については、その資産の取得価額に算入するか費用計上するかを選択することができます。

ただし、稼働後の借入金利子は費用計上しなければいけません。

●その他の経費

建物建設等のために支出した調査、設計等の費用でその建設計画を変更したことにより不要となったものにかかる費用、資産取得のために別の資産購入契約を解除した場合などに支出した違約金、落成、操業開始等に伴って支出する記念品などの費用も選択することができます。

リサイクル料金の取扱い

自動車などの資産を購入したときにかかる経費の中に、リサイクル料金があります。

このリサイクル料金の種類は次の表のとおりですが、それぞれのリサイクル料金の経理処理は、取得価額に算入するのではなく、預託金として資産計上するものと費用計上するものがあることに注意が必要です。

◉リサイクル料金の種類と取扱い◉

リサイクル料金の種類	経理区分
シュレッダーダスト料金	預託金
エアバック類料金	預託金
フロン類料金	預託金
情報管理料金	預託金
資金管理料金	費　用

固定資産の取得における税務調整

固定資産の取得に付随する費用のうち、取得価額に算入しなければいけない費用を会社が費用計上して決算を確定させた場合には、会計上の資産の取得価額と税務上の資産の取得価額にズレが生じるので、法人税の計算において調整が必要になります。

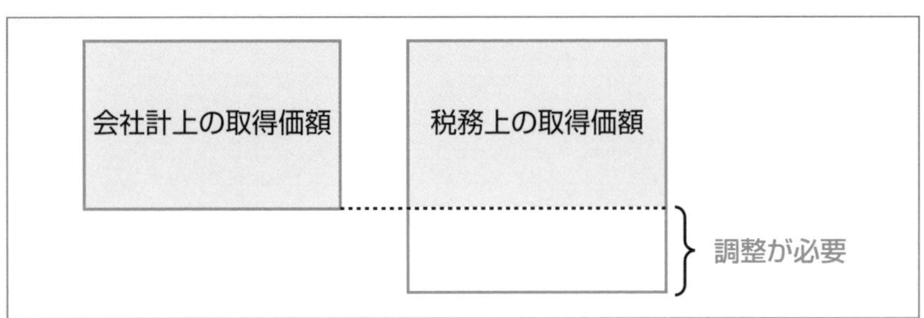

この場合、固定資産の種類によって、その調整方法が変わるので注意が必要です。

固定資産の種類と調整

固定資産は、土地などのように使用してもその価値が減らないと考えられる**非減価償却資産**と、自動車や建物のように使用するにつれてその価値が減耗すると考えられる**減価償却資産**とに分けることができます。

- 非減価償却資産……土地、電話加入権など
- 減価償却資産………上記以外の有形固定資産、工業所有権など

そして、その調整の方法は以下のように異なります。

(1) 非減価償却資産の場合の調整

たとえば、土地を取得する際に支払った立退料500,000円について、会社が確定した決算において費用計上した場合には、貸借対照表に計上した土地の取得価額は、税務上計上すべき金額より500,000円少ない金額で計上されています。税務上はその500,000円を費用とは認めていないので、損金不算入に関する次の調整が別表上で必要になります。

土地計上もれ　500,000円（加算留保）

この場合の別表四と別表五（一）Ｉへの記載は次のようになります。

◉別表四◉

所得の金額の計算に関する明細書（簡易様式）

事業年度	×1.4.1 ×2·3·31	法人名	YOTAX(株)

別表四（簡易様式）

区分			総額	処分		
				留保	社外流出	
			①	②	③	
当期利益又は当期欠損の額		1	円	円	配当	円
					その他	
加	損金経理をした法人税及び地方法人税（附帯税を除く。）	2				
	損金経理をした道府県民税及び市町村民税	3				
	損金経理をした納税充当金	4				
	損金経理をした附帯税（利子税を除く。）、加算金、延滞金（延納分を除く。）及び過怠税	5			その他	
	減価償却の償却超過額	6				
	役員給与の損金不算入額	7			その他	
	交際費等の損金不算入額	8			その他	
	通算法人に係る加算額（別表四付表「5」）	9			外※	
	土地計上もれ	10	500,000	500,000		
算						
	小計	11			外※	
	減価償却超過額の当期認容額	12				

◉別表五（一）◉

利益積立金額及び資本金等の額の計算に関する明細書

事業年度	×1・4・1 ×2・3・31	法人名	YOTAX（株）

別表五(一)

Ⅰ 利益積立金額の計算に関する明細書

区分		期首現在利益積立金額	当期の増減		差引翌期首現在利益積立金額 ①－②＋③
			減	増	
		①	②	③	④
利益準備金	1	円	円	円	円
積立金	2				
	3				
土地計上もれ	4			500,000	500,000
	5				
	6				
	7				
	8				
	9				
	10				
	11				
	12				
	13				
	14				

(2) 減価償却資産の場合の調整

該当する資産が減価償却資産だった場合には、非減価償却資産のように、単純に加算留保の申告調整をするのではなく、その付随費用を会社が計上した減価償却費に含めてから、減価償却計算を通じて間接的に申告調整をします。次の具体的事例をみてください。

会社経理で資産計上した建物の取得価額は5,000,000円です。そして、税務上の建物の取得価額の適正額は5,500,000円です。

◉減価償却資産の場合の具体的事例◉

会計上の経理

建物の取得価額　5,000,000円（資産計上）
付随費用　500,000円（費用計上）
減価償却費　250,000円（費用計上）

税務上の計算

建物の取得価額　5,500,000円（税務計算適正額）
償却限度額　275,000円（税務計算限度額）

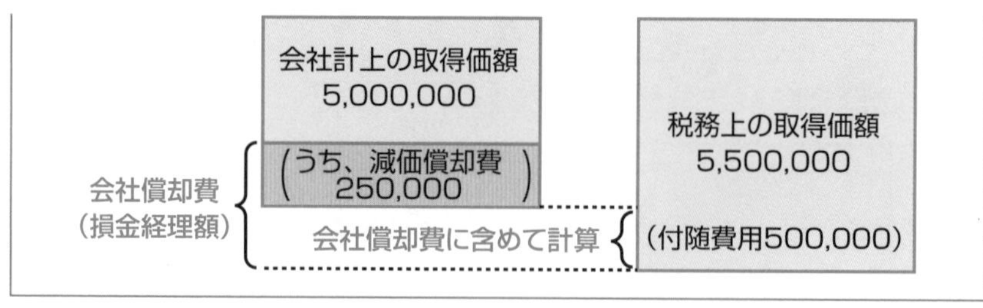

会社の減価償却費に付随費用を含めて計算する

減価償却資産の場合の申告調整では、会社計上の減価償却費（250,000円）と費用計上した付随費用（500,000円）を合わせた750,000円を損金経理した減価償却費として計算します。

これは、会計上は資産計上した建物の取得価額（5,000,000円）を前提に償却計算をしますが、税務上は適正額（5,500,000円）を前提に償却限度額の計算をします。つまり、会社が計算した減価償却費よりも必ず税務上の償却限度額が多くなってしまいますので、付随費用の全額を損金不算入としてしまうと、付随費用部分の償却費が損金算入できなくなってしまうためです。

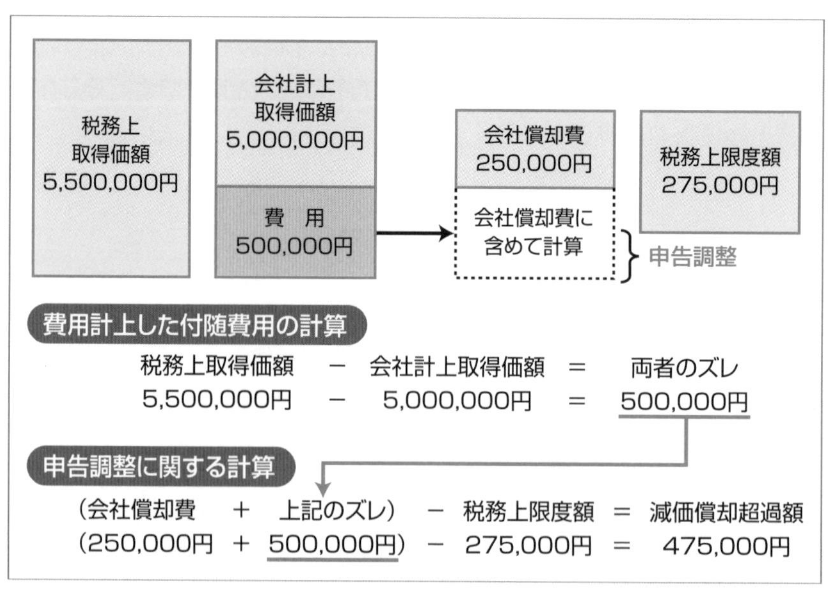

3.3 資本的支出と修繕費の処理

資本的支出と修繕費の区分

修理・改良のための支出をした場合、その支出が「**資本的支出**」なのか「**修繕費**」なのかはとても迷うところです。

しかし、その前にいつ支出したものなのか？　ということに着目しなければいけません。修理・改良といっても、取得した資産を使えるようにするために支出したものは、すべて取得価額に算入すべき付随費用となります。

法人税で規定している資本的支出と修繕費の区分は、すでに使用している（事業供用）資産という前提があってのことになります。

◉事業の用に供するために支出した費用は取得価額◉

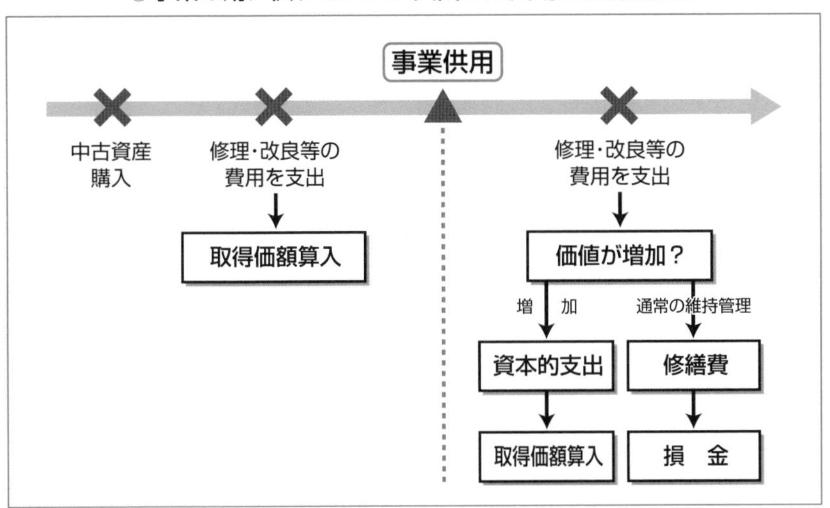

すでに事業供用している資産について修理・改良をした場合に、その支出した費用が通常の維持管理費用である場合は「修繕費」に、資産の価値を高める支出である場合は「資本的支出」となります。

◉資本的支出・修繕費のイメージ◉

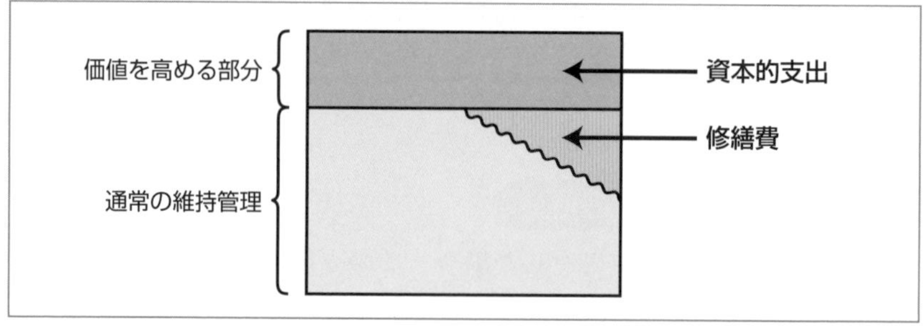

修繕費は損金算入、資本的支出は資産の取得価額を構成する

修繕費であればその支出は費用となりますので、「修繕費」として費用計上します。

資本的支出となる支出は、その資産の取得価額を構成する支出として考えるため費用計上は認められません。したがって資産取得としての経理処理をします。またその資産が減価償却資産だった場合には、決算整理時の減価償却費の計算は、その資産の取得価額に含めてその後の減価償却をするか、新しい資産の取得と考え、それぞれで減価償却をするかが選択できます。原則的な取扱いとしては、新しい資産の取得と考えて償却計算をすることになります。

資本的支出・修繕費の例

資本的支出となる費用の具体的な例には、次のようなものがあります。

- 建物の避難階段の取付費用
- 用途変更などのための模様替え、改造または改装に直接要した費用
- 高品質、高性能な部品に取り替えた場合の、通常の取替費用を超える部分の金額

修繕費となる費用の具体的な例には、次のようなものがあります。

- 建物の移えいまたは移築に要した費用
- 機械等の移設費用
- 地盤沈下した土地の原状回復のための地盛り費用など

少額な資本的支出の取扱い

資本的支出に該当する支出であっても、その費用の総額が20万円未満のものや、おおむね3年以内の期間を周期として行なわれる定期的な修繕のための費用は、修繕費として計上することができます。

資本的支出と修繕費の区分が不明な場合の形式基準

修理、改良等のために支出した金額について、資本的支出と修繕費の区分が不明確で、その金額が次のいずれかに該当するときは、修繕費として計上することができます。

- その支出額が60万円未満の場合
- その支出額がその修理、改良にかかる固定資産の前期末における取得価額のおおむね10％相当額以下である場合

資本的支出と修繕費の区分が不明確な場合には、上記以外にもさらに、継続適用を要件に支出額の30％相当額と前期末取得価額の10％相当額のいずれか少ない金額を修繕費として計上することができます。

◎資本的支出と修繕費のまとめ◎

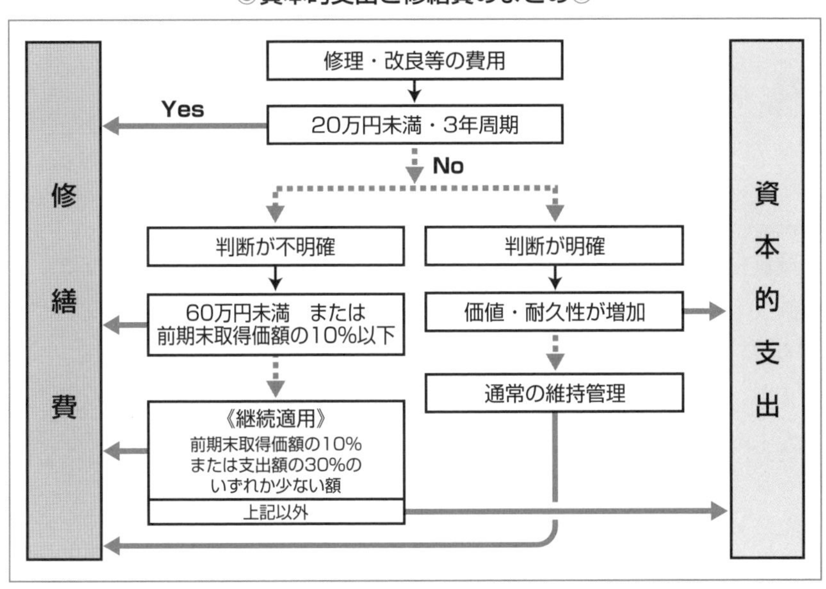

3.4 減価償却資産の経理処理

この項では、申告書の作成につなげる形で、減価償却資産について復習していきます。まずは減価償却資産の種類からです。

2つの減価償却資産

法人税法では、減価償却資産とは「時の経過によりその価値が減少するもの」と定義されています。具体的には次のものが減価償却資産に該当します。

◉減価償却資産の種類◉

有形減価償却資産

建物、建物附属設備、構築物、機械及び装置、船舶、航空機、車両及び運搬具、工具、器具及び備品、生物

無形減価償却資産

漁業権、ダム使用権、水利権、特許権、実用新案権、意匠権、商標権、ソフトウエア、育成者権、営業権、専用側線利用権、鉄道軌道連絡通行施設利用権、電気ガス供給施設利用権、水道施設利用権、工業用水道施設利用権、電気通信施設利用権

減価償却の計算の概要

減価償却資産は、時の経過によりその価値が減少するものなので、その減少した価値部分を金額にして計算して、費用として計上することが認められています。この計算のことを減価償却といいます。

また、減価償却資産は売上を獲得するために使用する資産なので、その売上高に対応するコスト部分のみをその事業年度の費用として認識していきます。

たとえば、3年間使用する資産であれば取得価額を3年分に分割した金額をそれぞれ、その事業年度の費用として認識します。

法人税法上は任意償却

法人税法上、減価償却費として損金算入が認められる金額は、その事業年度に会社が償却費として損金経理した金額のうち、法人税法上の償却限度額に達するまでの金額とされています。

つまり、税務上の限度額は定められていますが、会社が償却費として損金経理することが損金算入の要件となっていますので、会社が損金経理しなければ、償却費として損金算入されることはありません。所得税法では定められた償却費を必ず計上しなければいけませんが、法人税法では減価償却は任意償却とされています。

利益が出れば償却、赤字のときは未償却

毎事業年度の末日に決算整理として、１年分の減価償却費を計算します。一般的には、利益が出た事業年度の場合には税務上の限度額まで減価償却費を計上します。

しかし、逆に欠損（赤字）事業年度であって、これ以上欠損金を増やしたくないのであれば、減価償却費を計上しないでおくこともできます。会計上のルールでは、期間損益計算の適正化の見地から減価償却費の計上をしますが、法人税の規定では、税務上の限度額の範囲内であればいくらでもよいことになっています。

減価償却費を限度額まで計上しなかった場合

減価償却しなかった部分の減価償却費は、翌事業年度に足し入れてその分減価償却費をたくさん計上できるというわけではありません。しかし、たとえば10年間で償却を予定している資産であれば、11年目以降の償却費として計上が可能となります。

また、その資産を除却または譲渡する場合には、通常どおり償却していた資産と比べて、今までの償却費の累積が少ないため、原価部分の除却損や譲渡損の金額が多くなるという効果もあります。いずれにしても、当期に費用として計上しなかった部分の減価償却費は先延ばしとなるのです。

減価償却費を限度額より多く計上した場合

税務上の限度額を超える償却費を会社が計上していれば、その超える部分の金額は別表四で加算留保として申告調整をしなければなりません。この場合、減価償却費として計上した会社上の金額と税務上の限度額にズレが生じるので、期末現在の残存価額（取得価額から減価償却費の累積額を差し引いた残額）にもズレが生じ、別表五（一）Ⅰへも記載することになります。

137頁での例をもとに記載箇所の確認をしていきましょう。

◉137頁の例の前提◉

会計上の経理

建物の取得価額　5,000,000円（資産計上）
付　随　費　用　　500,000円（費用計上）
減 価 償 却 費　　250,000円（費用計上）

税務上の計算

建物の取得価額　5,500,000円（税務計算適正額）
償 却 限 度 額　　275,000円（税務計算限度額）

⑴　別表四への記載

上記の事例では、減価償却費として限度額を超える部分の金額は
（5,500,000円－5,000,000円）＋250,000円－275,000円＝475,000円
ですので、別表において次のような調整をします。

減価償却の償却超過額　475,000円（加算留保）

別表四には縦６欄に印字された記載箇所があるので、そちらに記入します（次頁参照）。

⑵　別表五（一）への記載

超過額によってズレが生じた資産は建物なので、その建物が何かを特定できるように区分欄に記載します。そして、発生項目として横③欄に金額を記入します（146頁参照）。

◉別表四の記載◉

所得の金額の計算に関する明細書（簡易様式）

事業年度	×1・4・1 ×2・3・31	法人名	YOTAX（株）

別表四（簡易様式）

区分			総額 ①	処分 留保 ②	社外流出 ③	
当期利益又は当期欠損の額		1	円	円	配当	円
					その他	
加算	損金経理をした法人税及び地方法人税（附帯税を除く。）	2				
	損金経理をした道府県民税及び市町村民税	3				
	損金経理をした納税充当金	4				
	損金経理をした附帯税（利子税を除く。）、加算金、延滞金（延納分を除く。）及び過怠税	5			その他	
	減価償却の償却超過額	6	475,000	475,000		
	役員給与の損金不算入額	7			その他	
	交際費等の損金不算入額	8			その他	
	通算法人に係る加算額（別表四付表「5」）	9			外※	
		10				
	小計	11			外※	
減算	減価償却超過額の当期認容額	12				
	納税充当金から支出した事業税等の金額	13				
	受取配当等の益金不算入額（別表八（一）「5」）	14			※	
	外国子会社から受ける剰余金の配当等の益金不算入額（別表八（二）「26」）	15			※	
	受贈益の益金不算入額	16			※	
	適格現物分配に係る益金不算入額	17			※	
	法人税等の中間納付額及び過誤納に係る還付金額	18				
	所得税額等及び欠損金の繰戻しによる還付金額等	19			※	
	通算法人に係る減算額（別表四付表「10」）	20			※	
		21				
	小計	22			外※	
仮計 (1)＋(11)－(22)		23			外※	
対象純支払利子等の損金不算入額（別表十七（二の二）「29」又は「34」）		24			その他	
超過利子額の損金算入額（別表十七（二の三）「10」）		25	△		※	△
仮計 ((23)から(25)までの計)		26			外※	
寄附金の損金不算入額（別表十四（二）「24」又は「40」）		27			その他	
法人税額から控除される所得税額（別表六（一）「6の③」）		29			その他	
税額控除の対象となる外国法人税の額（別表六（二の二）「7」）		30			その他	
分配時調整外国税相当額及び外国関係会社等に係る控除対象所得税額等相当額（別表六（五の二）「5の②」）＋（別表十七（三の六）「1」）		31			その他	
合計 (26)＋(27)＋(29)＋(30)＋(31)		34			外※	
中間申告における繰戻しによる還付に係る災害損失欠損金額の益金算入額		37			※	
非適格合併又は残余財産の全部分配等による移転資産等の譲渡利益額又は譲渡損失額		38			※	
差引計 (34)＋(37)＋(38)		39			外※	
更生欠損金又は民事再生等評価換えが行われる場合の再生等欠損金の損金算入額（別表七（三）「9」又は「21」）		40	△		※	△
通算対象欠損金額の損金算入額又は通算対象所得金額の益金算入額（別表七の二「5」又は「11」）		41			※	
差引計 (39)＋(40)±(41)		43			外※	
欠損金等の当期控除額（別表七（一）「4の計」）＋（別表七（四）「10」）		44	△		※	△
総計 (43)＋(44)		45			外※	
残余財産の確定の日の属する事業年度に係る事業税及び特別法人事業税の損金算入額		51	△	△		
所得金額又は欠損金額		52			外※	

㊎

第3章 申告に必要な経理処理と税務調整

◉別表五（一）の記載◉

利益積立金額及び資本金等の額の計算に関する明細書

事業年度	×1．4．1 ×2・3・31	法人名	YOTAX(株)

別表五(一)

Ⅰ　利益積立金額の計算に関する明細書

区分		期首現在利益積立金額 ①	当期の増減 減 ②	当期の増減 増 ③	差引翌期首現在利益積立金額 ①－②＋③ ④
利益準備金	1	円	円	円	円
積立金	2				
	3				
	4				
倉庫用建物	5			475,000	475,000
	6				
	7				
	8				
	9				
	10				
	11				
	12				
	13				
	14				
	15				
	16				
	17				
	18				
	19				
	20				
	21				
	22				
	23				
	24				
繰越損益金（損は赤）	25				
納税充当金	26				
未納法人税等（退職年金等積立金に対するものを除く。） 未納法人税及び未納地方法人税（附帯税を除く。）	27	△	△	中間 △ 確定 △	△
未払通算税効果額（附帯税の額に係る部分の金額を除く。）	28			中間 確定	
未納道府県民税（均等割額を含む。）	29	△	△	中間 △ 確定 △	△
未納市町村民税（均等割額を含む。）	30	△	△	中間 △ 確定 △	△
差引合計額	31				

Ⅱ　資本金等の額の計算に関する明細書

区分		期首現在資本金等の額 ①	当期の増減 減 ②	当期の増減 増 ③	差引翌期首現在資本金等の額 ①－②＋③ ④
資本金又は出資金	32	円	円	円	円
資本準備金	33				
	34				
	35				
差引合計額	36				

減価償却の方法

法人税法上、減価償却費として損金算入できる金額は、償却限度額までの範囲として定められているので、それぞれの資産ごとに個別にその限度額を計算する必要があります。また、償却方法も法定化されているので、そのルールに則して計算しなければいけません。

減価償却の償却方法には一般的に次のものがあります。それぞれの減価償却資産の種類によって、採用できるものとできないものがあります。また、取替法など特別な償却方法を採用したい場合には、税務署長の許可が必要になります。

- **定額法**

適用：すべての減価償却資産について適用可能な方法。

内容：償却期間にわたり、毎期一定額を償却費とします。

- **定率法**

適用：平成10年４月１日以後に取得した建物、平成28年４月１日以後に取得した建物附属設備・構築物、無形減価償却資産、生物などは適用不可。

内容：最初の事業年度はもっとも償却費が多く、中盤以降少なくなります。途中から定額法に切り替えて残りの償却計算をします。

- **生産高比例法**

適用：鉱業用の有形減価償却資産と鉱業権が採用できる方法。

内容：採掘の量に応じて計算した金額が償却費となります。

- **リース期間定額法**

適用：一定のリース契約による賃借物件についての償却方法。

内容：リース期間を償却期間として毎期一定額を償却費とします。

償却期間（耐用年数）の決定

減価償却の計算をするうえで、その資産を何年間使用するのかということはとても重要な要素になります。仮に、この年数を法人が自由に決めることができれば、耐用年数を不当に短くして償却費を多くするなどの租税回避が懸念されます。そういった不公平をなくすため、その使用可能期間は「減価償却資産の耐用年数等に関する省令」によって資産ごとに細かく定められています。

減価償却資産を取得した場合には、まず、この「減価償却資産の耐用年数等に関する省令」を確認し、その資産に該当する耐用年数を決定しなければいけません。

届け出ない場合は法定償却方法となる

複数の償却方法が選定できる資産を取得した場合には、採用する償却方法を選定し、「減価償却資産の償却方法の届出書」を税務署長に提出しなければいけません。なお、この届出書を提出しなかった場合には、次の法定償却方法で計算したものとされます。

- 鉱業用減価償却資産…………生産高比例法
- 上記以外の減価償却資産……定率法

償却費の計算方法

平成19年度税制改正により、減価償却資産の償却計算は大きく変わりました。改正前から営業を続けている会社では、⑴改正前の旧償却計算の適用を受ける資産と、⑵改正後の新償却計算の適用を受ける資産とが混在しているので、その償却計算に注意が必要です。本書では、どちらの計算方法も必要最低限の概略を説明しておきます。

なお、定額法と定率法が通常ほとんどの会社で採用されている償却方法なので、これらの方法を説明しています。

⑴　平成19年３月31日以前に取得した減価償却資産の計算方法

●定額法の計算

（取得価額－残存価額）×旧定額法償却率＝償却限度額

取得価額は、資産を購入したときの取得価額（圧縮記帳の適用を受ける場合にはその金額を差し引いた金額）を使用します。

●定率法の計算

未償却残額 × 旧定率法償却率 ＝ 償却限度額

未償却残額とは、取得価額から既償却額で損金算入された金額を控除した残額をいいます。

● 5％未満の償却の判定

① 取得価額×5％ ＜ 税務上の期首帳簿価額
② 取得価額×5％ ≧ 税務上の期首帳簿価額

判定結果が②になった資産については、次の方法により計算した金額がその後の償却限度額となります。

（取得価額 × 5％ － 1円）× 12／60 ＝ 償却限度額

(2) 平成19年4月1日以後に取得した減価償却資産の計算方法

●定額法の計算

取得価額 × 定額法償却率 ＝ 償却限度額

●定率法の計算

未償却残額 × 定率法償却率 ＝ 償却限度額

償却限度額が償却保証額に満たなくなった最初の事業年度から、上記の計算は次の計算方法に替わります。償却保証額は減価償却資産の取得価額に保証率を乗じて計算します。

改定取得価額 × 改定償却率 ＝ 償却限度額

※改定償却率と保証率の計算は160頁を参照してください。

改定取得価額はこの計算方法に切り替わる最初の事業年度の期首帳簿価額となります。

● 平成23年12月改正

平成23年12月改正により、定率法の償却率が変更されました。

平成19年４月１日から平成24年３月31日までに取得した減価償却資産については、250％定率法による償却率、改定償却率、保証率を使用して定率法の計算をしますが、平成24年４月１日以後に取得する減価償却資産については、原則として200％定率法による償却率、改定償却率、保証率を使用して定率法の計算をすることになります。取得の時期によって使用する償却率などの数値が変わりますので、注意が必要です。

取得日	償却方法
～平成19年3月31日	旧定率法
平成19年4月1日～平成24年3月31日	250%定率法
平成24年4月1日～	200%定率法

※各償却率は215頁参照

● 事業年度の中途で取得した場合

事業年度の中途で取得して事業供用した場合には、上記で計算した償却限度額を、次の算式で按分して当期の償却限度額を計算します。

$$償却限度額 \times \frac{事業供用日から事業年度末日までの月数}{その事業年度の月数（12）}$$

※１か月未満の月数は１月とします

● 未償却残額 ＜ 償却限度額となった場合

未償却残額から１円を控除した金額が償却限度額となります。

別表十六への記載

減価償却資産の償却限度額の計算は、別表十六を使って各記載箇所へ記入していきます。減価償却の計算はその償却方法により全部で５種類ありますが、定額法の計算に関する明細書は別表十六（一）、定率法の計算に関する明細書は別表十六（二）です。

まずは、どちらの別表にも共通する項目の記載について説明します。

資産区分：A枠の記載

種類、構造、細目を資産ごとに記入します。記載項目は、減価償却資産の耐用年数等に関する省令別表第一から第六であてはまる項目に記載されている種類等を記載します。

◉別表十六（一）◉

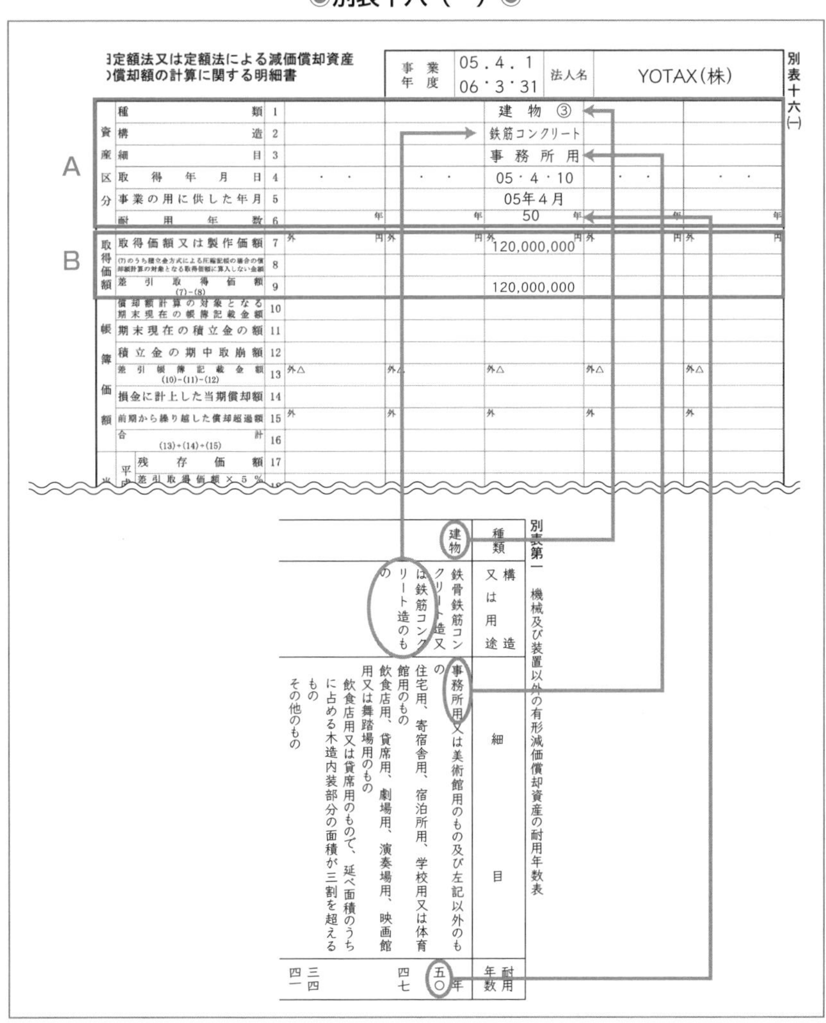
定額法又は定額法による減価償却資産の償却額の計算に関する明細書

事業年度	05.4.1 06・3・31	法人名	YOTAX（株）

別表十六(一)

資産区分	種類	1			建物 ③		
	構造	2			鉄筋コンクリート		
	細目	3			事務所用		
	取得年月日	4	・ ・	・ ・	05・4・10	・ ・	・ ・
	事業の用に供した年月	5			05年4月		
	耐用年数	6	年	年	50 年	年	年
取得価額	取得価額又は製作価額	7	外 円	外 円	外 120,000,000 円	外 円	外 円
	(7)のうち積立金方式による圧縮記帳の場合の償却額計算の対象となる取得価額に算入しない金額	8					
	差引取得価額 (7)-(8)	9			120,000,000		
帳簿価額	償却額計算の対象となる期末現在の帳簿記載金額	10					
	期末現在の積立金の額	11					
	積立金の期中取崩額	12					
	差引帳簿記載金額 (10)-(11)-(12)	13	外△	外△	外△	外△	外△
	損金に計上した当期償却額	14					
	前期から繰り越した償却超過額	15	外	外	外	外	外
	合計 (13)+(14)+(15)	16					
平成…	残存価額	17					
	差引取得価額×5%	18					

別表第一　機械及び装置以外の有形減価償却資産の耐用年数表

種類	構造又は用途	細目	耐用年数
建物	鉄骨鉄筋コンクリート造又は鉄筋コンクリート造のもの	事務所用又は美術館用のもの及び左記以外のもの	五〇年
		住宅用、寄宿舎用、宿泊所用、学校用又は体育館用のもの	四七
		飲食店用、貸席用、劇場用、演奏場用、映画館用又は舞踏場用のもの	
		飲食店用又は貸席用のもので、延べ面積のうちに占める木造内装部分の面積が三割を超えるもの	三四
		その他のもの	四一

「取得年月日」は、資産の取得日を記載します。縦５欄の「事業の用に供した年月」は、実際にその資産を使い始めた年月（事業供用日）を記入します。ここに記入した日から減価償却が始まります。

縦６欄の「耐用年数」は、該当資産について採用する耐用年数を記載します。新品の取得資産である場合には、減価償却資産の耐用年数等に関する省令別表第一から第六で該当する資産の耐用年数を使用します。

取得価額：前頁Ｂ枠の記載

縦７欄の「取得価額又は製作価額」には、取得価額に算入すべき付随費用などがあればそれを含めた税務上の金額を記載します。

「圧縮記帳による積立金計上額」は、圧縮記帳の適用を受ける場合など、特殊な場合に記入する欄です。

通常は、縦９欄には縦７欄の金額をそのまま転記します。

当期分の償却限度額：次頁Ｃ枠の記載

定額法または定率法などで計算した税務上の償却限度額を、「当期分の普通償却限度額等」へ記載します。

特別償却などの適用を受ける場合には、その下の欄にも適用金額などを記載しますが、通常の場合は「当期分の普通償却限度額等」へ記入した金額をそのまま「合計」へ転記します。

当期償却額：Ｄ枠の記載

「当期償却額」には、会社が確定した決算において計上した減価償却費の額を記入します。通常は、総勘定元帳から、該当する資産について計上したものを拾い出します。

差引：Ｅ枠の記載

税務上の限度額（Ｃ枠に記入した金額）から、会社の計上額（Ｄ枠に記入した金額）を差し引いてプラスになる場合には、償却不足額の欄にその金額を記入します。

逆に、会社の計上額（Ｄ枠に記入した金額）から税務上の限度額（Ｃ

枠に記入した金額）を差し引いてプラスになる場合には、償却超過額の欄にその金額を記入します。

償却超過額に金額を記載する必要が生じた場合には、別表四、別表五（一）Ｉへの加算留保の申告調整をしなければならないので注意が必要です。税務上の償却限度額を損金経理している場合には、Ｅ枠への記載は必要ありません。

償却超過額：Ｆ枠の記載

記載する資産について、別表五（一）Ｉの①欄（期首現在利益積立金額）にその資産に関する減価償却超過額等の繰越額の記載がある（前期から償却超過額が繰り越されている）場合には、こちらの記載が必要になります。Ｅ枠の記載で償却超過額への記入が必要になったときは、「差

◉別表十六（一）◉

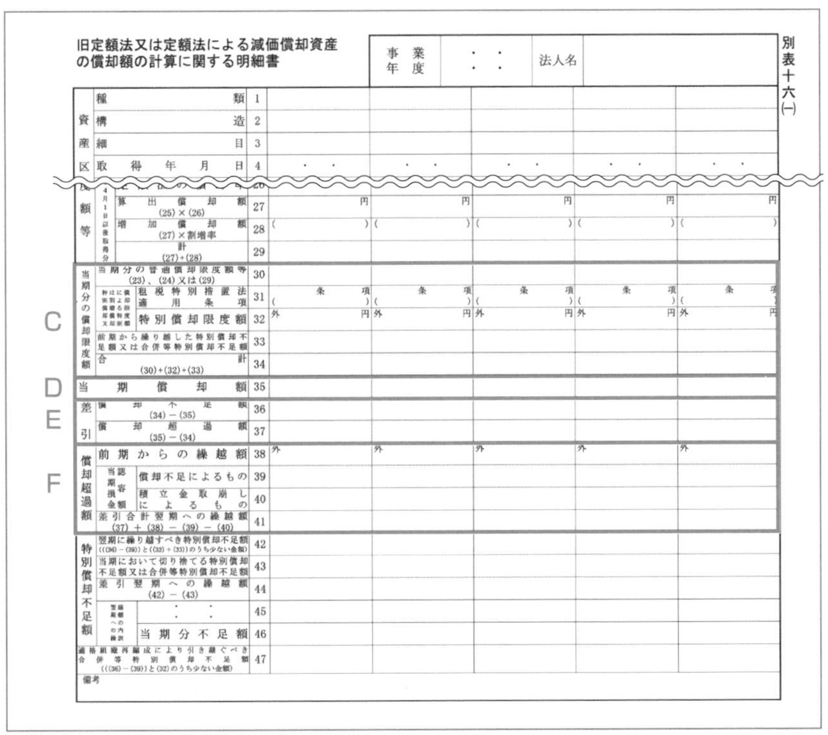

旧定額法又は定額法による減価償却資産の償却額の計算に関する明細書　事業年度 ・・ ・・　法人名　別表十六(一)

区分	項目	番号					
資産区分	種類	1					
	構造	2					
	細目	3					
	取得年月日	4	・・	・・	・・	・・	・・
度額等（4月1日以後取得分）	算出償却額 (25)×(26)	27	円	円	円	円	円
	増加償却額 (27)×割増率	28	（　）	（　）	（　）	（　）	（　）
	計 (27)+(28)	29					
当期分の償却限度額	当期分の普通償却限度額等 (23)、(24)又は(29)	30					
	特はに償却よる限度額 租税特別措置法適用条項	31	条　項 （　）	条　項 （　）	条　項 （　）	条　項 （　）	条　項 （　）
	特別償却限度額	32	外　円	外　円	外　円	外　円	外　円
	前期から繰り越した特別償却不足額又は合併等特別償却不足額	33					
	合計 (30)+(32)+(33)	34					
当期償却額		35					
差引	償却不足額 (34)−(35)	36					
	償却超過額 (35)−(34)	37					
償却超過額	前期からの繰越額	38	外	外	外	外	外
	当期損金認容額 償却不足によるもの	39					
	当期損金認容額 積立金取崩しによるもの	40					
	差引合計翌期への繰越額 (37)+(38)−(39)−(40)	41					
特別償却不足額	翌期に繰り越すべき特別償却不足額 (((36)−(39))と((32)+(33))のうち少ない金額)	42					
	当期において切り捨てる特別償却不足額又は合併等特別償却不足額	43					
	差引翌期への繰越額 (42)−(43)	44					
	翌期への繰越額の内訳 ・：・	45					
	翌期への繰越額の内訳 当期分不足額	46					
適格組織再編成により引き継ぐべき合併等特別償却不足額 (((36)−(39))と(32)のうち少ない金額)		47					
備考							

引合計翌期への繰越額」にその金額を転記します。

定額法の場合の記載

定額法を採用している減価償却資産がある場合には、別表十六（一）「旧定額法又は定額法による減価償却資産の償却額の計算に関する明細書」への記載が必要になります。

他の減価償却に関する明細書への記載と違う箇所は、次頁のＡ枠からＣ枠の部分になります。

帳簿価額：次頁Ａ枠の記載

縦10欄に、貸借対照表に計上されている減価償却資産の帳簿価額を資産ごとに記載します。

縦11欄から12欄は、圧縮記帳の適用を受けている場合に記載する箇所なので、通常は空欄となります。そして縦13欄に、縦10欄に記載した金額を転記します。

縦14欄は、会社が計上した金額を記載する欄です。ここには確定決算で会社が計上した減価償却費の損金経理額（138頁参照）を記載します。

前期以前に申告調整をした減価償却超過額がある場合には、縦15欄へその金額を記載します。具体的には、別表五（一）Ⅰの①欄（期首現在利益積立金額）に、その資産に関する減価償却超過額等の繰越額の記載がある場合には、必ずその金額を転記してください。

縦16欄に上記13欄、14欄、15欄の合計額を記載しますが、この金額が税務上の期首帳簿価額または取得価額となります。

Ａ枠には、決算書や総勘定元帳など、決算が確定している会計上の帳簿書類と特別な場合に限り別表五（一）Ⅰ①欄から金額を拾い出して記載します。

◉別表十六（一）◉

旧定額法又は定額法による減価償却資産の償却額の計算に関する明細書

事業年度	05・4・1 06・3・31	法人名	YOTAX(株)

別表十六(一)

資産区分	種類	1	建物①	建物②	建物③		
	構造	2	簡易建物	金属造	鉄筋コンクリート		
	細目	3	仮設のもの	倉庫用	事務所用		
	取得年月日	4	H17・7・10	H18・3・5	05・4・10	・・	・・
	事業の用に供した年月	5	H17年8月	H18年4月	05年4月		
	耐用年数	6	7年	24年	50年	年	年
取得価額	取得価額又は製作価額	7	外 3,500,000円	外 50,000,000円	外 120,000,000円	外 円	外 円
	(7)のうち積立金方式による圧縮記帳の場合の償却額計算の対象となる取得価額に算入しない金額	8					
	差引取得価額 (7)－(8)	9	3,500,000	50,000,000	120,000,000		
A 帳簿価額	償却額計算の対象となる期末現在の帳簿記載金額	10	140,001	46,220,000	117,600,000		
	期末現在の積立金の額	11					
	積立金の期中取崩額	12					
	差引帳簿記載金額 (10)－(11)－(12)	13	外△ 140,001	外△ 46,220,000	外△ 117,600,000	外△	外△
	損金に計上した当期償却額	14	34,999	1,890,000	2,400,000		
	前期から繰り越した償却超過額	15	外	外	外	外	外
	合計 (13)＋(14)＋(15)	16	175,000	48,110,000	120,000,000		
B 当期分の普通償却限度額等（平成19年3月31日以前取得分）	残存価額	17					
	差引取得価額×5％ (9)×5/100	18					
	(16)＞(18)の場合 旧定額法の償却額計算の基礎となる金額 (9)－(17)	19					
	(16)＞(18)の場合 旧定額法の償却率	20					
	(16)＞(18)の場合 算出償却額 (19)×(20)	21	円	円	円	円	円
	(16)＞(18)の場合 増加償却額 (21)×割増率	22	（　）	（　）	（　）	（　）	（　）
	(16)＞(18)の場合 計 ((21)＋(22))又は((16)－(18))	23					
	(16)≦(18)の場合 算出償却額 ((18)－1円)×1/60	24					
C（平成19年4月1日以後取得分）	定額法の償却額計算の基礎となる金額 (9)	25					
	定額法の償却率	26					
	算出償却額 (25)×(26)	27	円	円	円	円	円
	増加償却額 (27)×割増率	28	（　）	（　）	（　）	（　）	（　）
	計 (27)＋(28)	29					
当期分の償却限度額	当期分の普通償却限度額等 (23)、(24)又は(29)	30					
	特別償却又は割増償却による特別償却限度額 租税特別措置法適用条項	31	条 項（　）	条 項（　）	条 項（　）	条 項（　）	条 項（　）
	特別償却限度額	32	外 円	外 円	外 円	外 円	外 円
	前期から繰り越した特別償却不足額又は合併等特別償却不足額	33					
	合計 (30)＋(32)＋(33)	34					
当期償却額		35					
差引	償却不足額 (34)－(35)	36					
	償却超過額 (35)－(34)	37					
償却超過額	前期からの繰越額	38	外	外	外	外	外
	当期損金認容額 償却不足によるもの	39					
	当期損金認容額 積立金取崩しによるもの	40					
	差引合計翌期への繰越額 (37)＋(38)－(39)－(40)	41					
特別償却不足額	翌期に繰り越すべき特別償却不足額 (((36)－(39))と((32)＋(33))のうち少ない金額)	42					
	当期において切り捨てる特別償却不足額又は合併等特別償却不足額	43					
	差引翌期への繰越額 (42)－(43)	44					
	翌期への繰越額の内訳 ・・	45					
	翌期への繰越額の内訳 当期分不足額	46					
適格組織再編成により引き継ぐべき合併等特別償却不足額 (((36)－(39))と(32)のうち少ない金額)		47					
備考							

当期分の普通償却限度額等①：次頁Ｂ枠の記載

次頁Ｂ枠は平成19年３月31日以前に取得した資産の記載箇所です。まず、縦17欄にはその資産の残存価額を記入します。

残存価額は取得価額に残存割合を乗じて算出しますが、残存割合は資産の種類によってそれぞれ異なるので、減価償却資産の耐用年数等に関する省令別表第十一で確認してください。次頁の場合は、資産の種類はそれぞれ建物で別表第一に掲げる資産に該当するので、残存割合は10%です。そして、建物①の取得価額は3,500,000円（縦９欄）なので、3,500,000円×10%＝350,000円を縦17欄に記載します。

縦18欄は、差引取得価額（縦９欄）の５%に達するまで償却費を損金算入した後、縦24欄によりその残存価額について、５年間で均等償却を行なうための判定に用いるので、その判定のための金額を記載します。建物①の場合は、3,500,000円×５%＝175,000円と記載します。なお、計算結果で１円未満の端数が生じた場合にはその端数は切り捨てます。

次に16欄と18欄を見比べて、16欄＞18欄の関係にある場合（建物②が該当します）には、19欄から23欄に必要な金額等を記載します。また16欄≦18欄の関係にある場合（建物①が該当します）には、24欄に算出した金額を記載します。

なお、縦20欄は減価償却資産の耐用年数等に関する省令別表第七記載の旧定額法の償却率（215頁参照）を確認して記載します。

当期分の普通償却限度額等②：Ｃ枠の記載

Ｃ枠は、平成19年４月１日以後に取得した資産についての記載箇所です。次頁では建物③が該当します。

縦25欄に上記９欄の差引取得価額を転記して、26欄から29欄までの記載をします。縦26欄は減価償却資産の耐用年数等に関する省令別表第八に記載されている定額法の償却率（215頁参照）を確認して記載します。また、仮に当期に使用を開始した資産で事業供用日が令和05年６月であれば、事業供用の月数は10か月（令和05年６月～令和06年３月）となるので、27欄には2,000,000円（2,400,000円×10／12＝2,000,000円）を記載します。

◉別表十六（一）◉

旧定額法又は定額法による減価償却資産の償却額の計算に関する明細書

事業年度	05・4・1 06・3・31	法人名	YOTAX(株)

別表十六(一)

資産区分	種類	1	建物①	建物②	建物③		
資産区分	構造	2	簡易建物	金属造	鉄筋コンクリート		
資産区分	細目	3	仮設のもの	倉庫用	事務所用		
資産区分	取得年月日	4	H17・7・10	H18・3・5	05・4・10	・・	・・
資産区分	事業の用に供した年月	5	H17年8月	H18年4月	05年4月		
資産区分	耐用年数	6	7 年	24 年	50 年	年	年
取得価額	取得価額又は製作価額	7	外 3,500,000 円	外 50,000,000 円	外 120,000,000 円	外 円	外 円
取得価額	(7)のうち積立金方式による圧縮記帳の場合の償却額計算の対象となる取得価額に算入しない金額	8					
取得価額	差引取得価額 (7)－(8)	9	3,500,000	50,000,000	120,000,000		
帳簿価額	償却額計算の対象となる期末現在の帳簿記載金額	10	140,001	46,220,000	117,600,000		
帳簿価額	期末現在の積立金の額	11					
帳簿価額	積立金の期中取崩額	12					
帳簿価額	差引帳簿記載金額 (10)－(11)－(12)	13	外△ 140,001	外△ 46,220,000	外△ 117,600,000	外△	外△
帳簿価額	損金に計上した当期償却額	14	34,999	1,890,000	2,400,000		
帳簿価額	前期から繰り越した償却超過額	15	外	外	外	外	外
帳簿価額	合計 (13)＋(14)＋(15)	16	175,000	48,110,000	120,000,000		
B 当期分の普通償却限度額等 平成19年3月31日以前取得分	残存価額	17	350,000	5,000,000			
	差引取得価額×5％ (9)×5/100	18	175,000	2,500,000			
	(16)＞(18)の場合 旧定額法の償却額計算の基礎となる金額 (9)－(17)	19		45,000,000			
	(16)＞(18)の場合 旧定額法の償却率	20		0.042			
	(16)＞(18)の場合 算出償却額 (19)×(20)	21	円	1,890,000 円	円	円	円
	(16)＞(18)の場合 増加償却額 (21)×割増率	22	( )	( )	( )	( )	( )
	(16)＞(18)の場合 計 ((21)＋(22))又は((16)－(18))	23		1,890,000			
	(16)≦(18)の場合 算出償却額 ((18)－1円)×12/60	24	34,999				
C 平成19年4月1日以後取得分	定額法の償却額計算の基礎となる金額 (9)	25			120,000,000		
	定額法の償却率	26			0.020		
	算出償却額 (25)×(26)	27	円	円	2,400,000 円	円	円
	増加償却額 (27)×割増率	28	( )	( )	( )	( )	( )
	計 (27)＋(28)	29			2,400,000		
当期分の償却限度額	当期分の普通償却限度額等 (23)、(24)又は(29)	30	34,999	1,890,000	2,400,000		
	特別償却又は割増償却による特別償却限度額 租税特別措置法適用条項	31	条 項 ( )	条 項 ( )	条 項 ( )	条 項 ( )	条 項 ( )
	特別償却限度額	32	外 円	外 円	外 円	外 円	外 円
	前期から繰り越した特別償却不足額又は合併等特別償却不足額	33					
	合計 (30)＋(32)＋(33)	34	34,999	1,890,000	2,400,000		
当期償却額		35	34,999	1,890,000	2,400,000		
差引	償却不足額 (34)－(35)	36					
差引	償却超過額 (35)－(34)	37					
償却超過額	前期からの繰越額	38	外	外	外	外	外
償却超過額	当期損金認容額 償却不足によるもの	39					
償却超過額	当期損金認容額 積立金取崩しによるもの	40					
償却超過額	差引合計翌期への繰越額 (37)＋(38)－(39)－(40)	41					
特別償却不足額	翌期に繰り越すべき特別償却不足額 (((36)－(39))と((32)＋(33))のうち少ない金額)	42					
特別償却不足額	当期において切り捨てる特別償却不足額又は合併等特別償却不足額	43					
特別償却不足額	差引翌期への繰越額 (42)－(43)	44					
特別償却不足額	翌期への繰越額の内訳 ・ ・	45					
特別償却不足額	翌期への繰越額の内訳 当期分不足額	46					
適格組織再編成により引き継ぐべき合併等特別償却不足額 (((36)－(39))と(32)のうち少ない金額)		47					

備考

定率法の場合の記載

定率法を採用している減価償却資産がある場合には、別表十六（二）「旧定率法又は定率法による減価償却資産の償却額の計算に関する明細書」への記載が必要になります。こちらについても、他の減価償却に関する明細書の記載と違う箇所は次頁のＡ枠からＣ枠の部分になります。

償却額計算の基礎となる額：次頁Ａ枠の記載

基本的な記載は、定額法の場合と変わりありません。

縦10欄に、貸借対照表に計上されている減価償却資産の帳簿価額を資産ごとに記載します。貸借対照表で減価償却累計額を使用している場合には、その金額を帳簿価額から差し引いた金額を記載します。

そして縦13欄に縦10欄に記載した金額を転記します。

縦14欄は、当期に会社が減価償却費として計上した金額を記載する欄です。

前期以前に申告調整をした減価償却超過額がある場合には、縦15欄へその金額を記載します。

縦16欄に13欄、14欄、15欄の合計額を記載しますが、この金額が税務上の期首帳簿価額または取得価額となります。

このＡ枠への記載は、定額法の場合と同様に決算書や総勘定元帳など、決算が確定している会計上の帳簿書類と、特別な場合に限り別表五（一）Ⅰ①欄から金額を拾い出します。

定額法の計算ではなかった欄が17欄と18欄です。これらは、特別償却が適用できる資産が償却不足の場合に記載する欄なので、通常の資産については記入する必要はありません。縦18欄には、16欄に記載した金額をそのまま転記します。

◉別表十六（二）◉

旧定率法又は定率法による減価償却資産の償却額の計算に関する明細書

事業年度	05・4・1 06・3・31	法人名	YOTAX（株）

別表十六(二)

区分	項目	番号					
資産区分	種類	1	車両①	車両②			
	構造	2					
	細目	3	その他の自動車	その他の自動車			
	取得年月日	4	H18・4・1	05・6・1	・ ・	・ ・	・ ・
	事業の用に供した年月	5	H18年4月	05年6月			
	耐用年数	6	6 年	6 年	年	年	年
取得価額	取得価額又は製作価額	7	外 3,000,000 円	外 5,000,000 円	外 円	外 円	外 円
	(7)のうち積立金方式による圧縮記帳の場合の償却額計算の対象となる取得価額に算入しない金額	8					
	差引取得価額 (7)－(8)	9	3,000,000	5,000,000			
A 償却額計算の基礎となる額	償却額計算の対象となる期末現在の帳簿記載金額	10	1,391,283	3,612,500			
	期末現在の積立金の額	11					
	積立金の期中取崩額	12					
	差引帳簿記載金額 (10)－(11)－(12)	13	外△ 1,391,283	外△ 3,612,500	外△	外△	外△
	損金に計上した当期償却額	14	651,717	1,387,500			
	前期から繰り越した償却超過額	15	外	外	外	外	外
	合計 (13)＋(14)＋(15)	16	2,043,000	5,000,000			
	前期から繰り越した特別償却不足額又は合併等特別償却不足額	17					
	償却額計算の基礎となる金額 (16)－(17)	18	2,043,000	5,000,000			
B 当期分の普通償却限度額等 平成19年3月31日以前取得分	差引取得価額×5％ (9)×5/100	19					
	(16)＞(19)の場合 旧定率法の償却率	20					
	算出償却額 (18)×(20)	21	円	円	円	円	円
	増加償却額 (21)×割増率	22	(　)	(　)	(　)	(　)	(　)
	計 ((21)＋(22))又は((18)－(19))	23					
	(16)≦(19)の場合 算出償却額 ((19)－1円)×1/60	24					
C 平成19年4月1日以後取得分	定率法の償却率	25					
	調整前償却額 (18)×(25)	26	円	円	円	円	円
	保証率	27					
	償却保証額 (9)×(27)	28	円	円	円	円	円
	(26)＜(28)の場合 改定取得価額	29					
	改定償却率	30					
	改定償却額 (29)×(30)	31	円	円	円	円	円
	増加償却額 ((26)又は(31))×割増率	32	(　)	(　)	(　)	(　)	(　)
	計 ((26)又は(31))＋(32)	33					
当期分の償却限度額	当期分の普通償却限度額等 (23)、(24)又は(33)	34					
	特別償却又は割増償却による特別償却限度額 租税特別措置法適用条項	35	条 項 (　)	条 項 (　)	条 項 (　)	条 項 (　)	条 項 (　)
	特別償却限度額	36	外 円	外 円	外 円	外 円	外 円
	前期から繰り越した特別償却不足額又は合併等特別償却不足額	37					
	合計 (34)＋(36)＋(37)	38					
当期償却額		39					
差引	償却不足額 (38)－(39)	40					
	償却超過額 (39)－(38)	41					
償却超過額	前期からの繰越額	42	外	外	外	外	外
	当期損金容認額 償却不足によるもの	43					
	積立金取崩しによるもの	44					
	差引合計翌期への繰越額 (41)＋(42)－(43)－(44)	45					
特別償却不足額	翌期に繰り越すべき特別償却不足額 (((40)－(43))と((36)＋(37))のうち少ない金額)	46					
	当期において切り捨てる特別償却不足額又は合併等特別償却不足額	47					
	差引翌期への繰越額 (46)－(47)	48					
	翌期への繰越額の内訳 ・ ・	49					
	当期分不足額	50					
適格組織再編成により引き継ぐべき合併等特別償却不足額 (((40)－(43))と(36)のうち少ない金額)		51					

備考

当期分の普通償却限度額等：次頁Ｂ枠の記載

次頁Ｂ枠は、平成19年３月31日以前に取得した資産の記載箇所です。

縦19欄では定額法の場合の縦18欄（157頁参照）と同様に、「差引取得価額」（縦９欄）の５％に達するまで償却費を損金算入した後、縦24欄によりその残存価額について、５年間で均等償却を行なうための判定に用いるので、その判定のための金額を記載します。

次に16欄と19欄を見比べて、16欄＞19欄の関係にある場合（車両①が該当します）には、20欄から23欄までに必要な金額等を記載します。また、16欄≦19欄の関係にある場合には、24欄に算出した金額を記載します。

なお、縦20欄は減価償却資産の耐用年数等に関する省令別表第七に記載されている旧定率法の償却率（215頁参照）を確認して記載します。

当期分の普通償却限度額等：Ｃ枠の記載

Ｃ枠は、平成19年４月１日以後に取得した資産についての記載箇所です。

縦25欄に減価償却資産の耐用年数等に関する省令別表第十に記載されている200％定率法の償却率（215頁参照）を確認して記載します。

そして、縦18欄に記載した税務上の未償却残額に、25欄に記載した償却率を乗じて当期の償却限度額を算出します。

また、当期に使用を開始した資産（車両②が該当します）で事業供用日が令和05年６月であれば、事業供用の月数は10か月（令和05年６月～令和06年３月）となるので、26欄には1,387,500円（5,000,000円×0.333＝1,665,000円、1,665,000円×10／12＝1,387,500円）を記載します。

縦27欄は、耐用年数等に関する省令別表第十記載の200％定率法の保証率（215頁参照）を確認して記載します。

縦26欄に記載した金額が縦28欄の保証額以上であれば、縦26欄に記載した金額をそのまま縦33欄へ転記します。

もし、上記に記載した金額の関係が、縦26欄＜縦28欄となった場合には、縦29欄から縦31欄で改定償却額の計算をします。

◉別表十六（二）◉

旧定率法又は定率法による減価償却資産の償却額の計算に関する明細書

事業年度	05・4・1 06・3・31	法人名	YOTAX（株）

別表十六(二)

	資産区分	種類	1	車両①	車両②			
		構造	2					
		細目	3	その他の自動車	その他の自動車			
		取得年月日	4	H18・4・1	05・6・1	・・	・・	・・
		事業の用に供した年月	5	H18年4月	05年6月			
		耐用年数	6	6年	6年	年	年	年
	取得価額	取得価額又は製作価額	7	外 3,000,000円	外 5,000,000円	外 円	外 円	外 円
		(7)のうち積立金方式による圧縮記帳の場合の償却額計算の対象となる取得価額に算入しない金額	8					
		差引取得価額 (7)−(8)	9	3,000,000	5,000,000			
	償却額計算の基礎となる額	償却額計算の対象となる期末現在の帳簿記載金額	10	1,391,283	3,612,500			
		期末現在の積立金の額	11					
		積立金の期中取崩額	12					
		差引帳簿記載金額 (10)−(11)−(12)	13	外△ 1,391,283	外△ 3,612,500	外△	外△	外△
		損金に計上した当期償却額	14	651,717	1,387,500			
		前期から繰り越した償却超過額	15	外	外	外	外	外
		合計 (13)+(14)+(15)	16	2,043,000	5,000,000			
		前期から繰り越した特別償却不足額又は合併等特別償却不足額	17					
		償却額計算の基礎となる金額 (16)−(17)	18	2,043,000	5,000,000			
	当期分の普通償却限度額等 平成19年3月31日以前取得分	差引取得価額×5% (9)×5/100	19	150,000				
		(16)>(19)の場合 旧定率法の償却率	20	0.319				
B		(16)>(19)の場合 算出償却額 (18)×(20)	21	651,717円	円	円	円	円
		(16)>(19)の場合 増加償却額 (21)×割増率	22	( )	( )	( )	( )	( )
		(16)>(19)の場合 計 ((21)+(22))又は((18)−(19))	23	651,717				
		(16)≦(19)の場合 算出償却額 ((19)−1円)×1/60	24					
	当期分の普通償却限度額等 平成19年4月1日以後取得分	定率法の償却率	25		0.333			
		調整前償却額 (18)×(25)	26	円	1,387,500円	円	円	円
		保証率	27		0.09911			
C		償却保証額 (9)×(27)	28	円	495,550円	円	円	円
		(26)<(28)の場合 改定取得価額	29					
		(26)<(28)の場合 改定償却率	30					
		(26)<(28)の場合 改定償却額 (29)×(30)	31	円	円	円	円	円
		増加償却額 ((26)又は(31))×割増率	32	( )	( )	( )	( )	( )
		計 ((26)又は(31))+(32)	33		1,387,500			
	当期分の償却限度額	当期分の普通償却限度額等 (23)、(24)又は(33)	34	651,717	1,387,500			
		特別償却又は割増償却による償却限度額 租税特別措置法適用条項	35	条 項 ( )	条 項 ( )	条 項 ( )	条 項 ( )	条 項 ( )
		特別償却限度額	36	外 円	外 円	外 円	外 円	外 円
		前期から繰り越した特別償却不足額又は合併等特別償却不足額	37					
		合計 (34)+(36)+(37)	38	651,717	1,387,500			
	当期償却額		39	651,717	1,387,500			
	差引	償却不足額 (38)−(39)	40					
		償却超過額 (39)−(38)	41					
	償却超過額	前期からの繰越額	42	外	外	外	外	外
		当期損金認容額 償却不足によるもの	43					
		当期損金認容額 積立金取崩しによるもの	44					
		差引合計翌期への繰越額 (41)+(42)−(43)−(44)	45					
	特別償却不足額	翌期に繰り越すべき特別償却不足額 (((40)−(43))と((36)+(37))のうち少ない金額)	46					
		当期において切り捨てる特別償却不足額又は合併等特別償却不足額	47					
		差引翌期への繰越額 (46)−(47)	48					
		翌期への繰越額の内訳 ・ ・	49					
		翌期への繰越額の内訳 当期分不足額	50					
	適格組織再編成により引き継ぐべき合併等特別償却不足額 (((40)−(43))と(36)のうち少ない金額)		51					
	備考							

3.5 少額な減価償却資産の特例

10万円未満または1年未満の少額の減価償却資産の取扱い

減価償却資産の使用可能期間が１年未満であったり、その取得価額が少額の場合には、法人税ではその取得価額の全額を損金算入することができます。この損金算入の適用を受けるためには、次の要件を満たしていなければいけません。

◉少額の減価償却資産の特例を受ける要件◉

金額等の要件

取得価額が10万円未満であること。
または
使用可能期間が1年未満であること。

経 理 要 件

その資産を事業の用に供した事業年度においてその全額を損金経理すること。

⑴ 適用できない資産

令和４年４月１日以後に取得した減価償却資産で、貸付け（主要な事業として行われるものを除く。）の用に供したものは、この規定の適用を受けられません。

⑵ 金額判定の単位

取得価額の判定は、機械装置については１台または１基ごとに、工具・器具および備品については１個、１組または１揃いごとに判定します。

たとえば応接セットを購入した場合に、その内訳が８万円の椅子３つと６万円のテーブルの合計で30万円だった場合においても、その応接セットは１組として判定するので、たとえ個別に購入した金額が10万円未満であっても、合計額の30万円で判定しなければいけません。

また、圧縮記帳の適用を受けた資産である場合には、圧縮記帳適用前の取得価額により判定します。

(3) 付随費用がある場合

固定資産の取得価額には付随費用も含まれます。たとえば、88,000円のエアコンを購入した場合でも、その取付費が12,000円であった場合には、その取得価額は100,000円（＝88,000円＋12,000円）になるので、少額の減価償却資産の適用は受けられません。

(4) 消費税の経理処理

消費税の経理処理について税抜経理処理を選択している場合には、税抜価格により判定し、税込経理処理を選択している場合には税込価格により判定します。

たとえば、100,000円の備品を購入した場合でも、税込経理処理を選択している場合には100,000円以上の購入価額となり少額の減価償却資産には該当しませんが、税抜経理処理を選択している場合には、その資産の取得価額は90,910円（＝100,000円－100,000円×10／110）になり、少額の減価償却資産の適用が受けられる資産となります。

(5) 経理要件の注意点

その資産の使用を開始した事業年度（事業供用年度）に、その取得価額の全額を損金経理しなければいけません。たとえば２万円の観葉植物を購入し、取得事業年度において償却費を計上せず、翌事業年度にその取得価額の全額を損金経理したとしても認められません。

ただし、８万円のパソコンを購入し、箱から出さない状態で取得事業年度において償却費を計上せず、翌事業年度に箱から出して使用を開始し、その取得価額の全額を損金経理した場合には認められることになります。

(6) 使用開始日（事業供用日）

減価償却の計算においては「事業供用」という言葉がよく出てきます

が、これは「使用を開始した」という意味です。厳密には実際に使い始めたという意味ではなく、使用をする準備ができた状態をさします。実際に使用しなくても、いつでも稼働しうる状態になっていれば、事業供用したものとして扱われます。

たとえば、火災報知器などであれば、それを実際に使用するのは火事になったときですが、法人税での事業供用はそれを使った瞬間ではなく、稼働しうる状態になったときとなります。少額減価償却資産の場合も当然、同様の扱いとなります。

20万円未満の減価償却資産の取扱い

取得価額が20万円未満の減価償却資産は、通常の減価償却に代えて一括償却（3年間の均等償却）をすることができます。一括償却の適用を受けるには、一括償却資産を事業の用に供した事業年度の確定申告書に一括償却対象額の記載をしなければいけません。具体的には、次頁の別表十六（八）「一括償却資産の損金算入に関する明細書」の記載が必要になります。

(1) 適用できない資産

一括償却の適用は、取得価額が20万円未満の減価償却資産がその対象となりますが、少額の減価償却資産（取得価額が10万円未満の減価償却資産）の特例の適用を受けた資産についてはこの規定の適用を受けることはできません。また、令和4年4月1日以後に取得した減価償却資産で、貸付け（主要な事業として行われるものを除く。）の用に供したものも同様です。

(2) 償却限度額

一括償却限度額の計算は次の算式により計算した金額となります。

$$\text{一括償却対象額} \times \frac{\text{その事業年度の月数（12）}}{36}$$

(3) 一括償却対象額

一括償却資産の償却対象額は、その事業年度において取得し事業供用した減価償却資産でその取得価額が20万円未満のものについて一括償却の適用を受けようとするものの合計額となります。

一括償却の適用を受ける資産は、個々の減価償却資産として計上するのではなく、一括償却資産としてまとめて計上しておくとわかりやすく便利です。

(4) 損金算入額

一括償却として損金算入される金額は、減価償却と同様に会社が損金

◉別表十六（八）◉

一括償却資産の損金算入に関する明細書　　事業年度 ×2・4・1 ×3・3・31　法人名 YOTAX(株)　　別表十六(八)

事業の用に供した事業年度	1	・・ ・・	・・ ・・	・・ ・・	・・ ・・	×1・4・1 ×2・3・31	（当期分）
同上の事業年度において事業の用に供した一括償却資産の取得価額の合計額	2	円	円	円	円	円 540,000	円 420,000
当期の月数 （事業の用に供した事業年度の中間申告の場合は、当該事業年度の月数）	3	月	月	月	月	月 12	月 12
当期分の損金算入限度額 $(2)\times\frac{(3)}{36}$	4	円	円	円	円	円 180,000	円 140,000
当期損金経理額	5					180,000	140,000
差引　損金算入不足額 (4)－(5)	6						
差引　損金算入限度超過額 (5)－(4)	7						
損金算入限度超過額　前期からの繰越額	8						
損金算入限度超過額　同上のうち当期損金認容額 ((6)と(8)のうち少ない金額)	9						
損金算入限度超過額　翌期への繰越額 (7)＋(8)－(9)	10						

経理した金額のうち償却限度額に達するまでの金額とされています。

30万円未満の減価償却資産の取扱い

常時使用する従業員の数が1,000人以下の中小企業者（適用除外事業者を除きます。28頁参照）又は農業協同組合等で青色申告書を提出する法人が取得した資産のうち、その取得価額が30万円未満の減価償却資産については、全額の損金算入が認められます。この適用を受けるには、その対象資産を事業の用に供した事業年度の確定申告書にその明細書を添付しなければいけません。具体的には、次頁の別表十六（七）「少額減価償却資産の取得価額の損金算入の特例に関する明細書」の記載が必要になります。この規定の適用を受けるためのその他の要件は次のとおりです。

◉損金算入の要件◉

金額の要件

取得価額が30万円未満の減価償却資産で、その合計額は300万円まで。

損金経理要件

事業供用した事業年度に、取得価額の全額を損金経理する。

(1) 適用できない資産

少額の減価償却資産（取得価額が10万円未満の減価償却資産）、または一括償却の適用を受けた減価償却資産は、この規定の適用を受けられません。また、令和４年４月１日以後に取得した減価償却資産で、貸付け（主要な事業として行われるものを除く。）の用に供したものも同様です。

(2) 別表十六（七）の記載

次頁Ａ枠の縦１欄～７欄に記載します。１枚の別表に記載できる資産の数は15個ですが、これ以上ある場合には、2枚目に記入してください。

B枠にそれぞれの取得価額の合計額を記載します。300万円を超えていないか確認してください。もし超えるようであれば、いずれかの資産

◉別表十六（七）◉

	少額減価償却資産の取得価額の損金算入の特例に関する明細書			事業年度	×2・4・1 ×3・3・31	法人名	YOTAX(株)	別表十六(七)
A	資産区分	種類	1	器具及び備品				
		構造	2	事務機器				
		細目	3	電子計算機				
		事業の用に供した年月	4	×2年５月				
	取得価額	取得価額又は製作価額	5	円 280,000	円	円	円	円
		法人税法上の圧縮記帳による積立金計上額	6					
		差引改定取得価額 (5)－(6)	7	280,000				
	資産区分	種類	1					
		構造	2					
		細目	3					
		事業の用に供した年月	4					
	取得価額	取得価額又は製作価額	5	円	円	円	円	円
		法人税法上の圧縮記帳による積立金計上額	6					
		差引改定取得価額 (5)－(6)	7					
	資産区分	種類	1					
		構造	2					
		細目	3					
		事業の用に供した年月	4					
	取得価額	取得価額又は製作価額	5	円	円	円	円	円
		法人税法上の圧縮記帳による積立金計上額	6					
		差引改定取得価額 (5)－(6)	7					
B	当期の少額減価償却資産の取得価額の合計額 ((7)の計)		8		円 280,000			

を通常償却にする必要があります。

30万円未満の減価償却資産のまとめ

少額減価償却資産、一括償却資産などの特例に関する適用関係をまとめると次のようになります。

	少額の減価償却資産（10万円未満）	一括償却資産（20万円未満）	少額減価償却資産（30万円未満）
10万円未満の資産	可	可	×
10万円以上20万円未満の資産	—	可	可
20万円以上30万円未満の資産	—	—	可
適用区分	すべての法人	すべての法人	青色申告の中小企業者等
別表記載	不要	必要	必要
経理要件	全額を損金経理	損金経理	全額を損金経理

(1) 償却資産税の特例に関する注意点

法人税で、10万円未満の少額の減価償却資産および一括償却の適用を受けた償却資産については、地方税の特例で償却資産税は免税とされています。しかし、30万円未満の少額減価償却資産の適用を受ける資産については、その免税の特例は適用されないので注意が必要です。

(2) 10万円未満の資産の選択肢

10万円未満の資産については、全額損金経理、一括償却、通常償却の3種類の選択肢があります。当期の利益を少なくしたいのであれば全額損金経理を選択すれば節税になります。

(3) 10万円以上20万円未満の資産の選択肢

20万円未満の資産については、当社が青色申告書を提出する中小企業者等であれば、全額損金経理、一括償却、通常償却の３種類の選択肢があります。青色申告書を提出する中小企業者等以外の法人であれば、一括償却または通常償却の２種類の選択肢があります。

●青色申告書を提出する中小企業者等の場合

当期の利益を少なくしたい場合、全額損金経理を選択すれば法人税は節税になりますが、地方税の償却資産税は免税になりません。

償却資産税申告等の事務手数が面倒であれば一括償却を選択します。

また、30万円未満の少額減価償却資産について、全額損金の適用を受ける資産の合計額が300万円を超えるような場合には、20万円未満の資産を一括償却として選択すれば、ほとんどのケースで節税額は大きくなります。

●青色申告書を提出する中小企業者等以外の法人の場合

通常償却と一括償却の選択は、対象資産の耐用年数や使用する償却率で節税を考えます。

たとえば、18万円の取得価額で耐用年数が２年の減価償却資産であれば、一括償却を選択した場合には、３年間で均等償却すると１年分の償却費は６万円となりますが、２年で償却すれば定額法を選定している場合でも、１年分の償却費は９万円になります。

この場合には通常償却を選択したほうが法人税は節税になります。しかし通常償却を選択した場合には、償却資産税の免税特例はないので注意が必要です。さらに、対象資産が期中事業供用資産であれば、通常償却は事業供用日から償却計算が開始されるので、その事業供用月数により一括償却のほうが有利となる場合もあります。

上記のように、30万円未満の減価償却資産を取得した場合には、様々な組合せにより節税額も多様に変化します。いろいろとシミュレーションをしてみて、もっとも節税になる組合せを検討しなければいけません。

3.6 繰延資産の経理処理

繰延資産とは

建物を賃借する場合に権利金などを支払いますが、その権利金のうち将来こちらに返還されないものは、会計上では長期前払費用として計上され、法人税では繰延資産として扱います。

法人税では、会計上の繰延資産の他にも各種の繰延資産を定義しています。法人税上で他に繰延資産として扱われる支出には次のようなものがあります。

なお、平成12年３月31日以前に取得したソフトウエアは繰延資産として扱われていましたが、平成12年４月１日以降は無形減価償却資産となります。

◉繰延資産の種類◉

会計上の繰延資産

- 創立費、開業費、開発費、株式交付費、社債等発行費

法人税上の繰延資産

- 公共的施設の設置または改良のために支出する費用
- 共同的施設の設置または改良のために支出する費用
- 建物を賃借するために支出する権利金等
- 電子計算機その他の機器の賃借に伴う支出費用
- 役務提供の権利金等
- 広告宣伝用資産の贈与費用
- その他便益を受ける費用

無形減価償却資産との違い

繰延資産は無形減価償却資産によく似ていますが、かんたんに見分ける方法は、減価償却資産の耐用年数等に関する省令別表第三（無形減価償却資産の耐用年数表）に列挙されているものが無形減価償却資産（142頁参照）で、それ以外のものが繰延資産となります。

前払費用との違い

前払費用と繰延資産は、ともに「その支出の効果が将来にわたって及ぶもの」とされていますが、支出した時点において、すでにその支出による役務の提供が終了しているものは繰延資産、役務の提供が終了していないものが前払費用となります。

建物を賃借するための権利金などの支払いは、その建物を借りる権利を取得するために支出しますが、その「借りる権利」を手に入れることになり、その時点で権利を手にするという役務提供は終了しているものと考えられます。一方、翌月分の家賃を支払った場合には、まだ翌月の家賃を支払ったことに対する翌月分の役務提供は終了していないので、前払費用となります。

損金算入の要件

繰延資産として支出した金額は、その支出の効果の及ぶ期間にわたって分割して損金算入することができます。この損金算入の要件は減価償却と同様に、会社が損金経理をした金額のうち税務上の償却限度額に達するまでの金額がその事業年度の損金として認められます。

少額の繰延資産の取扱い

繰延資産に該当しても、その支出額が20万円未満のものについては、その支出額のすべてを損金経理することができます。

会計上の繰延資産の取扱い

会計上の繰延資産（創立費、開業費、開発費、株式交付費、社債等発行費）については、法人税法ではその支出額を一時に償却することが認められています。

その他損金とされるものの取扱い

街路の簡易舗装、街灯、がんぎなどで一般公衆の便益に供されるものはその支出額のすべてを損金経理することができます。

支出の効果の及ぶ期間

税務上の繰延資産は、その支出をすることによりその対象である固定資産を使用または利用することができるようになるというような性質のもの、プロ野球選手の契約金などのようにその契約期間が定められているような性質のもの、または加入金という性質のものなどがあります。

このうち、対象が有形固定資産であるものは、その資産の法定耐用年数に10分の７や10分の４を乗じて算出した年数（１年未満の端数は切り捨てます）が支出の効果の及ぶ期間（償却期間）となります。

また契約期間が定められているようなものについては、その契約期間となり、加入金などの性質のものは５年が支出の効果の及ぶ期間（償却期間）となっています。

上記の性質のうち複数にあてはまるものは、そのうち短い期間がその支出の効果の及ぶ期間となっています。税務上の繰延資産のほとんどの

◉繰延資産の償却期間◉

繰延資産	償却期間	
公共的 （一般の人も利用）	耐用年数× $\frac{4}{10}$	
共同的 （本来の用、〇〇会館）	10年	
無形のもの 名称がカタカナのもの （ノウハウなど） 借家権利金	5年	利用可能期間（賃借期間等）のほうが短ければその期間
上記以外 有形のもの	耐用年数× $\frac{7}{10}$	

※広告宣伝用資産の贈与についての贈与費用は下記のいずれか短い期間を支出の効果の及ぶ期間とします。

5年 or 耐用年数 × $\frac{7}{10}$

ものが、前頁の表にあてはまるので償却期間を算出するときの参考にしてください。

償却限度額の計算

次の算式により計算した金額が、税務上の償却限度額となります。

$$\text{支出額} \times \frac{\text{その事業年度の月数}}{\text{支出の効果の及ぶ期間の月数}} = \text{償却限度額}$$

その事業年度において支出したものである場合には、上記式における「その事業年度の月数」は、その支出日からその事業年度終了の日までの月数とします。なお、1か月未満の期間の端数がある場合には、その端数の期間を1か月として計算します。

償却限度額の計算単位

種類・区分・償却期間の同じ支出は、すべて合計して計算することができます。

固定資産を利用するための繰延資産の償却開始時期

固定資産を建設するための負担金については、その負担金の支出日と建設着手日のいずれか遅い日がその支出日とされます。

借家権利金については、その支出日と入居日のいずれか遅い日がその支出日とされます。

対象の固定資産等が滅失した場合又は契約を解除した場合

その繰延資産の未償却残高を、その事業年度の損金の額に算入します。

別表十六（六）への記載

繰延資産がある場合には、別表十六（六）「繰延資産の償却額の計算に関する明細書」に記載をしなければなりません。

⑴　均等償却を行う繰延資産の償却額の計算に関する明細書：次頁Ａ枠の記載

税務上の繰延資産の償却額の計算を記載します。

次頁Ａ枠の縦１欄に繰延資産の種類を、「公共的施設負担金」「建物賃借権利金」のように、その支出の費目を記載します。縦２欄にはその支出日を記載しますが、その償却開始日が支出日と違う場合には償却開始日を記載します。

縦４欄には支出の効果の及ぶ期間の月数を記載しますが、自分で算出した月数について不安があれば、税務署へ確認すればよいでしょう。縦11欄は、総勘定元帳の減価償却費勘定などから会社が損金経理した金額を拾い出します。このとき会社の償却費の金額（縦11欄）と税務上の当期分の償却限度額（縦10欄）の金額が違う場合には、縦12欄、13欄への記載が必要になります。

⑵　一時償却が認められる繰延資産の償却額の計算に関する明細書：次頁Ｂ枠の記載

会計上の繰延資産（創立費、開業費、開発費、株式交付費、社債等発行費）がある場合に記載が必要です。この枠に記載するものについては税務上の限度額などはないので、申告調整に関する記載項目はありません。

縦23欄に上記の費目を記載し、縦24欄には最初に支出した金額を記載します。前期以前に支出した繰延資産である場合には、当期の貸借対照表に計上されている金額ではないので注意が必要です。

縦25欄には前期までに償却した金額を記載しますが、24欄に記載した金額から期首帳簿価額を差し引いた金額と同額になります。

縦26欄は、総勘定元帳の減価償却費勘定などから損金経理した金額を拾い出します。また縦27欄は、期末現在において貸借対照表に計上した金額と一致するか必ずチェックをして確認してください。

別表上での検算は、24欄－25欄－26欄＝27欄（2,400,000円－2,000,000円－100,000円＝300,000円）となります。

◉別表十六（六）◉

繰延資産の償却額の計算に関する明細書

事業年度	×1．4．1 ×2．3．31	法人名	YOTAX(株)

別表十六(六)

Ⅰ 均等償却を行う繰延資産の償却額の計算に関する明細書

A

繰延資産の種類		1	建物賃借権利金				
支出した年月		2	X1・6				
支出した金額		3	円 1,200,000	円	円	円	円
償却期間の月数		4	月 60	月	月	月	月
当期の期間のうちに含まれる償却期間の月数		5	10				
当期分の償却限度額	当期分の普通償却限度額 $(3)\times\frac{(5)}{(4)}$	6	円 200,000	円	円	円	円
	租税特別措置法適用条項	7	条 項 ( )	条 項 ( )	条 項 ( )	条 項 ( )	条 項 ( )
	特別償却限度額	8	外 円	外 円	外 円	外 円	外 円
	前期から繰り越した特別償却不足額又は合併等特別償却不足額	9					
	合計 (6)＋(8)＋(9)	10	200,000				
当期償却額		11	200,000				
差引	償却不足額 (10)－(11)	12					
	償却超過額 (11)－(10)	13					
償却超過額	前期からの繰越額	14					
	同上のうち当期損金認容額 ((12)と(14)のうち少ない金額)	15					
	差引合計翌期への繰越額 (13)＋(14)－(15)	16					
特別償却不足額	翌期に繰り越すべき特別償却不足額 ((12)と((8)＋(9))のうち少ない金額)	17					
	当期において切り捨てる特別償却不足額又は合併等特別償却不足額	18					
	差引翌期への繰越額 (17)－(18)	19					
	翌期への繰越額の内訳 ・ ・	20					
	翌期への繰越額の内訳 当期分不足額	21					
適格組織再編成により引き継ぐべき合併等特別償却不足額 ((12)と(8)のうち少ない金額)		22					

Ⅱ 一時償却が認められる繰延資産の償却額の計算に関する明細書

B

繰延資産の種類	23	創立費				
支出した金額	24	円 2,400,000	円	円	円	円
前期までに償却した金額	25	2,000,000				
当期償却額	26	100,000				
期末現在の帳簿価額	27	300,000				

3.7 債権の経理処理

会計では事業年度の終了時に債権がある場合には、将来の貸倒れの危険に備え、貸倒引当金の計上をすることができます。

法人税でも同様に貸倒引当金の計上は認められますが、確定した決算において一定額を損金経理することが要件とされています。また貸倒引当金を計上した場合には、確定申告書にその計算に関する明細書を添付しなければなりません。

なお、現在、貸倒引当金の規定の適用が受けられる法人は、非中小法人等（28頁参照）に該当しない期末資本金1億円以下の法人（中小法人）、銀行法に規定する銀行、保険業法に規定する保険会社、その他一定の法人に限られています。

貸倒引当金が設定できる債権の種類

貸倒引当金が設定できる債権の種類は、金銭債権のうち一定のものに限られます。「一定のもの」とは、将来お金で返されることが予定される債権で、貸倒れの危険性があるものであり、銀行預金や銀行に対する未収利息、未収配当金、前払費用などの債権は除かれます。通常は売掛金、受取手形、貸付金、立替金などが対象になります。

◉債権の種類◉

貸倒引当金の設定対象となる債権（一括評価金銭債権）	貸倒引当金の設定対象とならない債権
●売掛金 ●受取手形 ●割引手形 ●裏書手形 ●貸付金 ●上記貸付金の未収利子 ●先日付小切手 ●譲渡に係る未収金 ●未収損害賠償金　など	●預貯金、公社債の元本 ●上記の未収利子 ●未収配当金 ●保証金、敷金、預け金 ●手付金、前払費用 ●仮払旅費、仮払交際費等 ●既存債権のない割引手形 ●既存債権のない裏書手形 ●個別評価の対象債権　など

このような設定対象となる債権を**一括評価金銭債権**といいます。

一括評価金銭債権は税務上の金額で計算する

税務上、貸倒損失を計上することができない債権について会社が貸倒損失の計上をしてしまった場合には、その貸倒損失に関する債権は会社の貸借対照表から消滅しています。

そのような場合、税務上では別表四で加算留保として申告調整をし、別表五（一）Ｉにおいてもその債権額に関する調整を記載します。

貸倒引当金の計算に用いる一括評価金銭債権の額は、会社の貸借対照表に計上された債権の金額ではなく、税務上の債権の金額を用いて計算するので、そのような場合には注意が必要です。

具体的には、181頁で説明する別表十一（一の二）の記載で会計上の金額に加える項目がありますので、そちらを参考にしてください。

損金算入できるのは税務上の繰入限度額まで

会社が確定した決算において、貸倒引当金として繰り入れた金額のうち、税務上の繰入限度額に達するまでの金額は損金算入が認められます。

繰入限度額を超える会社の繰入れがあった場合には、その超える金額は別表四で加算留保の申告調整をしなければいけません。このとき会社で繰り入れた貸倒引当金と税務上の貸倒引当金との金額にズレが生じるので、別表五（一）Ｉへの記載が必要になります。

通常は、他の決算調整項目と同様に、税務上の繰入限度額以下の金額を損金経理することによって、別表四や別表五（一）Ｉへの記載をしないようにして申告します。

損金算入のための仕訳

損金算入のための仕訳は次のようにします。

（貸倒引当金繰入）160,000円 ／（貸倒引当金）160,000円

左側の（貸倒引当金繰入）は損益計算書で費用として計上され、右側の（貸倒引当金）は貸借対照表の負債または債権のマイナスとして計上

されます。

前期に繰り入れた貸倒引当金の洗替え

税務上では、前期に繰り入れた貸倒引当金は、その翌期において必ず戻入れの処理を行なったと考えます。

戻入れの処理とは、次の仕訳のことをいいます。

（貸倒引当金）160,000円 ／（貸倒引当金戻入）160,000円

右側の（貸倒引当金戻入）は損益計算書で収益として計上されます。

会社が戻入れの経理処理をしていなくても、税務上は会社が必要な戻入処理を行なってから新たに繰り入れたと考えるので、結果的には次のように決算整理後の貸借対照表で計上された貸倒引当金勘定の金額が、当期の会社繰入額となることに注意してください。

◉貸倒引当金の繰入れ◉

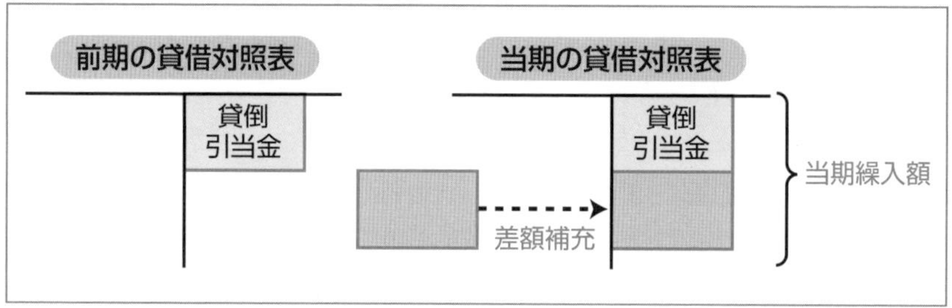

繰入限度額の計算

当社が中小法人等である場合には、次の方法のうちいずれかの方法により計算した繰入限度額を選択することができます。通常は⑴⑵両方の計算をして、税務上の繰入限度額が大きくなるほうを選択します。

どちらの方法を選択するかを決めるための実際の繰入限度額の計算は、別表十一（一の二）への記載をしながら行なうほうが簡単なので、別表の記載方法（182頁参照）を参考にして選択してください。なお、平成31年4月1日以降に開始する事業年度から、適用除外事業者（28頁参照）に該当する法人は、⑵の法定繰入率を用いる方法は適用できません。

(1) 貸倒実績率を用いる方法

次の計算により税務上の繰入限度額を計算します。

一括評価金銭債権　×　貸倒実績率　＝　繰入限度額

(2) 法定繰入率を用いる方法

次の計算により税務上の繰入限度額を計算します。

（一括評価金銭債権 － 債務のうち一定のもの）× 法定繰入率 ＝ 繰入限度額

「債務のうち一定のもの」とは、実質的に債権とみられないものとして計算された金額をいいます。具体的には184頁を参照してください。

「法定繰入率」は、次の表のように業種ごとにその繰入率が決まっています。複数の事業を営んでいる場合には、主たる事業の率を使用します。なお、建設業はその他の事業に含まれるので注意が必要です。

◉事業別の法定繰入率◉

主たる事業	法定繰入率
製造業	8／1000
卸売・小売業	10／1000
金融・保険業	3／1000
割賦販売業	13／1000
その他の事業	6／1000

別表十一（一の二）の記載が必要になる

貸倒引当金を設定した場合には、別表十一（一の二）「一括評価金銭債権に係る貸倒引当金の損金算入に関する明細書」への記載が必要になります。

当社が期末資本金１億円以下の法人である場合には２種類の繰入限度額を選択できましたが、この別表には当社が選択した方法に関する明細のみ記載すればそれでよいことになっています。

次頁Ａ枠は、すべての法人が記載すべき箇所になります。基本的には貸借対照表から金額を拾い出して17欄へ順次記載します。

17欄から22欄まで該当する箇所へ金額を記入し、次の計算をして23欄に記入します。

（17）＋（18）－（19）－（20）－（21）－（22）＝（23）

この23欄の金額（期末一括評価金銭債権の額）が２種類の繰入限度額を計算するための基礎的な数値になります。

17欄は貸借対照表に記載した債権の金額を各債権ごとに記載します。

18欄は貸借対照表に記載していない債権の金額を記載します。会計上は債権として計上していないが、税務上は債権と認識するものがあればその金額を記載しますので、別表五（一）Ⅰにプラスの記載がある債権がこれに該当します。

逆に、税務上は認識しないが会計上は債権として計上しているものがあれば19欄に記載します。18欄のものとは逆に、別表五（一）Ⅰではマイナス表示されている債権がこれに該当します。

いずれも、通常の場合にはこれらの欄に記載する金額はありませんが、別表五（一）Ⅰにおいて債権に関する調整項目の記載がある場合には特に注意が必要です。

20欄は、個別評価金銭債権（274頁参照）となった債権が17欄の金額に含まれている場合に記載します。

21欄、22欄は、特殊な法人の場合に記載が必要となる欄ですので、本書での説明は省略します。

◉別表十一（一の二）◉

一括評価金銭債権に係る貸倒引当金の損金算入に関する明細書

事業年度	×1・4・1 ×2・3・31	法人名	YOTAX(株)

別表十一（一の二）

区分	項目	番号	金額	区分	項目	番号	金額
	当期繰入額	1	円	貸倒実績率の計算	前３年内事業年度（設立事業年度である場合には当該事業年度）の(2)の合計額	9	円
繰入限度額の計算	期末一括評価金銭債権の帳簿価額の合計額（23の計）	2			(9) / 前３年内事業年度における事業年度の数	10	
	貸倒実績率（16）	3		前３年内事業年度（設立事業年度である場合には当該事業年度）	売掛債権等の貸倒れによる損失の額の合計額	11	
	実質的に債権とみられないものの額を控除した期末一括評価金銭債権の帳簿価額の合計額（25の計）	4	円		別表十一（一）「19の計」の合計額	12	
	法定の繰入率	5	―― 1,000		別表十一（一）「24の計」の合計額	13	
	繰入限度額	6	円		貸倒れによる損失の額等の合計額 (11)＋(12)－(13)	14	
	公…組…	7			12 / 前３年内事業年度における事業年度の月数の合計	15	
繰…		8			実績率 (15)/(10)（小数点以下４位未満切上げ）	16	

別表五(一)Ｉ記載の貸倒損失否認額（プラス記載のもの）などがあればここに記載します。

別表五(一)Ｉ記載の貸倒損失認定損（マイナス記載のもの）などがあればここに記載します。

一括評価金銭債権の明細

勘定科目	期末残高	売掛債権等とみなされる額及び貸倒否認額	(17)のうち税務上貸倒れがあったものとみなされる額及び売掛債権等に該当しないものの額	個別評価の対象となった売掛債権等の額及び非適格合併等により合併法人等に移転する売掛債権等の額	法第52条第1項第3号に該当する法人の令第96条第9項各号の金銭債権以外の金銭債権の額	完全支配関係がある他の法人に対する売掛債権等の額	期末一括評価金銭債権の額 (17)＋(18)－(19)－(20)－(21)－(22)	実質的に債権とみられないものの額	差引期末一括評価金銭債権の額 (23)－(24)
	17	18	19	20	21	22	23	24	25
	円	円	円	円	円	円	円	円	円
売掛金	13,600,000						13,600,000		
貸付金	2,000,000						2,000,000		
立替金	500,000						500,000		
計	16,100,000						16,100,000		

A

基準年度の実績により実質的に債権とみられないものの額を計算する場合の明細

項目	番号	金額	項目	番号	金額
平成27年4月1日から平成29年3月31日までの間に開始した各事業年度末の一括評価金銭債権の額の合計額	26	円	債権からの控除割合 (27)/(26)（小数点以下３位未満切捨て）	28	
同上の各事業年度末の実質的に債権とみられないものの額の合計額	27		実質的に債権とみられないものの額 (23の計)×(28)	29	円

第3章 申告に必要な経理処理と税務調整

貸倒実績率を用いる方法を採用した場合の別表への記載

この方法は、過去３年間のうちに貸倒損失の発生、もしくは個別貸倒引当金の発生がある場合に繰入限度額が生じる計算方法です。

なお、この方法を採用する場合には、次頁のＡ枠からＣ枠への過去の数値に基づく記載が必要になります。

⑴ 前３年内事業年度末における一括評価金銭債権の帳簿価額の合計額：Ａ枠の記載

過去３年間の一括評価金銭債権の額の合計額を記載します。実際にはこの別表の過去３年分の24欄の合計額を記載してください。その合計額を通常は３で除して10欄に記載します。過去の事業年度が１または２事業年度しかない場合には、１または２で除します。また、半年決算法人であれば、６事業年度あるので６で除すことになります。

⑵ 前３年内事業年度の貸倒れによる損失の額等の合計額：Ｂ枠の記載

11欄から14欄までの記載は、過去３年間において次の事実がある場合にそれぞれの金額を記載します。

- 一括評価金銭債権に係る貸倒損失の発生があった
- 一括評価金銭債権に係る個別貸倒引当金の繰入れを行なった
- 一括評価金銭債権に係る個別貸倒引当金の戻入れを行なった

次頁の事例は、過去に貸倒損失の発生があったものとして記載しています。

⑶ Ｃ枠の記載

15欄は、14欄の金額に12を乗じて36（過去３年間の月数となりますので、通常は36ヶ月となります）で除した金額を記載します。

16欄は、小数点以下４位までの数値を記載するので、次頁の事例の場合には、「0.00269…　→　0.0027」となっています。

◉別表十一（一の二）◉

一括評価金銭債権に係る貸倒引当金の損金算入に関する明細書

事業年度	×1・4・1 ×2・3・31	法人名	YOTAX(株)

別表十一(一の二)

当期繰入額		1	円	貸倒実績率の計算	前3年内事業年度（設立事業年度である場合には当該事業年度）の(2)の合計額	9	円 48,060,000
繰入限度額の計算	期末一括評価金銭債権の帳簿価額の合計額 (23の計)	2		A	(9) / 前3年内事業年度における事業年度の数	10	16,020,000
	貸倒実績率 (16)	3		前3年内事業年度（設立事業年度である場合には当該事業年度）の	売掛債権等の貸倒れによる損失の額の合計額	11	129,600
	実質的に債権とみられないものの額を控除した期末一括評価金銭債権の帳簿価額の合計額 (25の計)	4	円		別表十一(一)「19の計」の合計額	12	
	法定の繰入率	5	―― / 1,000	B	別表十一(一)「24の計」の合計額	13	
	繰入限度額 ((2)×(3))又は((4)×(5))	6	円		貸倒れによる損失の額等の合計額 (11)＋(12)－(13)	14	129,600
	公益法人等・協同組合等の繰入限度額 (6)×102/100	7			(14)×12 / 前3年内事業年度における事業年度の月数の合計	15	43,200
繰入限度超過額 (1)－((6)又は(7))		8		C	貸倒実績率 (15)/(10) (小数点以下4位未満切上げ)	16	0.0027

一括評価金銭債権の明細

勘定科目	期末残高	売掛債権等とみなされる額及び貸倒否認額	(17)のうち税務上貸倒れがあったものとみなされる額及び売掛債権等に該当しないものの額	個別評価の対象となった売掛債権等の額及び非適格合併等により合併法人等に移転する売掛債権等の額	法第52条第1項第3号に該当する法人の令第96条第9項各号の金銭債権以外の金銭債権の額	完全支配関係がある他の法人に対する売掛債権等の額	期末一括評価金銭債権の額 (17)＋(18)－(19)－(20)－(21)－(22)	実質的に債権とみられないものの額	差引期末一括評価金銭債権の額 (23)－(24)
	17	18	19	20	21	22	23	24	25
	円	円	円	円	円	円	円	円	円
計									

基準年度の実績により実質的に債権とみられないものの額を計算する場合の明細

平成27年4月1日から平成29年3月31日までの間に開始した各事業年度末の一括評価金銭債権の額の合計額	26	円	債権からの控除割合 (27)/(26) (小数点以下3位未満切捨て)	28	
同上の各事業年度末の実質的に債権とみられないものの額の合計額	27		実質的に債権とみられないものの額 (23の計)×(28)	29	円

法定繰入率を用いる方法を採用した場合の別表への記入

この方法は、事業別の法定繰入率により繰入限度額の計算をする方法ですが、その計算方法はさらに２種類の方法から選択して繰入限度額を計算します。この方法を採用する場合には、次頁のＡ枠とＢ枠への記載が必要になります。

Ａ枠の★印の箇所は少し特殊な記載をするので注意が必要です。

⑴　実質的に債権とみられないものの額：Ａ枠の記載

23欄に記載した期末一括評価金銭債権の額に含まれる金額のうち、相手先が同一の債務を24欄へ記載します。次の図のような場合には、それぞれの金額を比べて、小額となるグレーの部分に相当する金額を記載します。

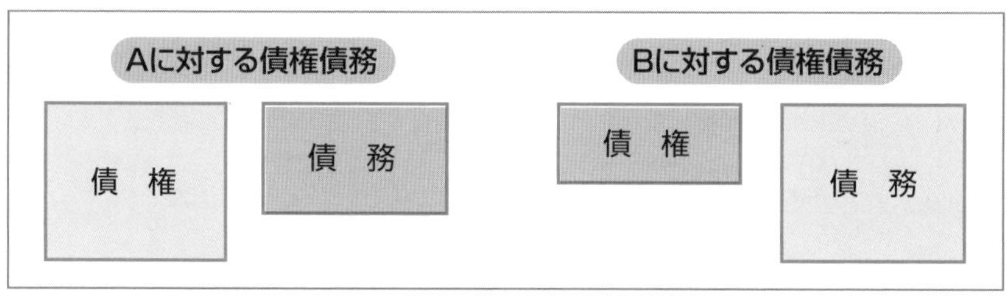

この計算は、同一人に対して債権と債務が両方ある場合に行ないます。

⑵　基準年度の実績により実質的に債権とみられないものの額を計算する場合の明細：Ｂ枠の記載

上記の個別計算が面倒な場合には、26欄から29欄で計算する過去の実績により上記の計算を簡便にした方法を選択することができます。

しかし、実際にはＡ枠24欄に記載すべき金額の合計額とＢ枠29欄の金額を比べて小さいほうを選択したほうが税務上の繰入限度額は大きくなるので、会社にとって有利なほうを選択します。

29欄が有利になる場合には、24欄はＡ枠の★印の箇所のみに29欄の金額を転記します。なお、この簡便計算は平成27年４月１日において存在している法人でなければ適用できません。

◉別表十一（一の二）◉

一括評価金銭債権に係る貸倒引当金の損金算入に関する明細書

事業年度	×1・4・1 ×2・3・31	法人名	YOTAX(株)

別表十一（一の二）

当期繰入額	1	円	貸倒実績率の計算	前3年内事業年度（設立事業年度である場合には当該事業年度）の(2)の合計額	9	円
繰入限度額の計算	期末一括評価金銭債権の帳簿価額の合計額 (23の計)	2		(9) / 前3年内事業年度における事業年度の数	10	
	貸倒実績率 (16)	3		前3年内事業年度（設立事業年度である場合には当該事業年度）における事業年度の数 売掛債権等の貸倒れによる損失の額の合計額	11	
	実質的に債権とみられないものの額を控除した期末一括評価金銭債権の帳簿価額の合計額 (25の計)	4	円	別表十一(一)「19の計」の合計額	12	
	法定の繰入率	5	―― 1,000	別表十一(一)「24の計」の合計額	13	
	繰入限度額 ((2)×(3))又は((4)×(5))	6	円	貸倒れによる損失の額等の合計額 (11)＋(12)－(13)	14	
	公益法人等・協同組合等の繰入限度額 (6)×102/100	7		(14)× 12 / 前3年内事業年度における事業年度の月数の合計	15	
繰入限度超過額 (1)－((6)又は(7))	8			貸倒実績率 (15)/(10) (小数点以下4位未満切上げ)	16	

一括評価金銭債権の明細

勘定科目	期末残高	売掛債権等とみなされる額及び貸倒否認額	(17)のうち税務上貸倒れがあったものとみなされる額及び売掛債権等に該当しないものの額	個別評価の対象となった売掛債権等の額及び非適格合併等により合併法人等に移転する売掛債権等の額	法第52条第1項第3号に該当する法人の令第96条第9項各号の金銭債権以外の金銭債権の額	完全支配関係がある他の法人に対する売掛債権等の額	期末一括評価金銭債権の額 (17)＋(18)－(19)－(20)－(21)－(22)	実質的に債権とみられないものの額	差引期末一括評価金銭債権の額 (23)－(24)
	17	18	19	20	21	22	23	24	25
売掛金	円 13,600,000	円	円	円	円	円	円 13,600,000	円 100,000	円 13,500,000
貸付金	2,000,000						2,000,000		2,000,000
立替金	500,000						500,000		500,000
計	16,100,000						16,100,000	★	16,000,000

A

基準年度の実績により実質的に債権とみられないものの額を計算する場合の明細

平成27年4月1日から平成29年3月31日までの間に開始した各事業年度末の一括評価金銭債権の額の合計額	26	円 28,000,000	債権からの控除割合 (27)/(26) (小数点以下3位未満切捨て)	28	0.009
同上の各事業年度末の実質的に債権とみられないものの額の合計額	27	260,000	実質的に債権とみられないものの額 (23の計)×(28)	29	円 144,900

B

B枠の注意事項

※平成27年4月1日以後開始事業年度は、新基準年度「平成27年4月1日から平成29年3月31日」に開始する事業年度の実績を使用する。
※平成27年4月1日以後開始の最初の事業年度分の控除割合は、その事業年度の実績により計算した控除割合となる。

当期繰入額の記載：次頁Ａ枠の記載

ここからは、貸倒実績率を用いる方法、法定繰入率を用いる方法のどちらにも共通する記載箇所です。

次頁Ａ枠には、会社が確定した決算において繰り入れた貸倒引当金の金額を記載します。総勘定元帳から貸倒引当金繰入勘定の金額を拾い出しますが、その金額が貸借対照表に計上されている貸倒引当金勘定の金額と同額になっているか、必ず確認してください。

通常この欄は、Ｂ枠の記載をしながら税務上の繰入限度額を先に計算し、その後会社繰入額と税務上の繰入限度額が同額になるように決算整理仕訳を行ない、その金額を記載します。

繰入限度額の計算：Ｂ枠の記載

２欄と３欄は貸倒実績率による限度額の計算をする場合に記載します。４欄と５欄は法定繰入率による限度額の計算をする場合に記載します。

179頁の表から、当社が小売業を営む法人であれば、５欄には「10/1000」を記載します。

両者の限度額計算を比べると、実績繰入率を用いる方法では「16,100,000円×0.0027」で43,470円となり、法定繰入率を用いる方法では「16,000,000円×0.01」で160,000円となるので、法定繰入率を用いて計算した160,000円のほうが繰入限度額は大きくなります。

したがって、160,000円を選択して６欄に記載します。

両方の計算を記載するのがお薦め

別表十一（一の二）には、採用した方法に関する計算過程のみを記載して申告しても差し支えありません。しかし次頁のように、双方の計算をした場合には、それぞれの計算過程を記載して申告しておけば翌事業年度の計算もやりやすくなるので、すべてを記載した状態で申告することをお勧めします。

◉別表十一（一の二）◉

一括評価金銭債権に係る貸倒引当金の損金算入に関する明細書

事業年度	×1・4・1 ×2・3・31	法人名	YOTAX(株)

別表十一（一の二）

A	当期繰入額	1	160,000円	貸倒実績率の計算	前3年内事業年度（設立事業年度である場合には当該事業年度）の(2)の合計額	9	48,060,000円
B 繰入限度額の計算	期末一括評価金銭債権の帳簿価額の合計額（23の計）	2	16,100,000		(9) / 前3年内事業年度における事業年度の数	10	16,020,000
	貸倒実績率（16）	3	0.0027		前3年内事業年度（設立事業年度である場合には当該事業年度）における：売掛債権等の貸倒れによる損失の額の合計額	11	129,600
	実質的に債権とみられないものの額を控除した期末一括評価金銭債権の帳簿価額の合計額（25の計）	4	16,000,000円		別表十一(一)「19の計」の合計額	12	
	法定の繰入率	5	10 / 1,000		別表十一(一)「24の計」の合計額	13	
	繰入限度額 ((2)×(3))又は((4)×(5))	6	160,000円		貸倒れによる損失の額等の合計額 (11)＋(12)－(13)	14	129,600
	公益法人等・協同組合等の繰入限度額 (6)×102/100	7			(14)× 12 / 前3年内事業年度における事業年度の月数の合計	15	43,200
C	繰入限度超過額 (1)－((6)又は(7))	8	0		貸倒実績率 (15)/(10)（小数点以下4位未満切上げ）	16	0.0027

一括評価金銭債権の明細

勘定科目	期末残高	売掛債権等とみなされる額及び貸倒否認額	(17)のうち税務上貸倒れがあったものとみなされる額及び売掛債権等に該当しないものの額	個別評価の対象となった売掛債権等の額及び非適格合併等により合併法人等に移転する売掛債権等の額	法第52条第1項第3号に該当する法人の令第96条第9項各号の金銭債権以外の金銭債権の額	完全支配関係がある他の法人に対する売掛債権等の額	期末一括評価金銭債権の額 (17)＋(18)－(19)－(20)－(21)－(22)	実質的に債権とみられないものの額	差引期末一括評価金銭債権の額 (23)－(24)
	17	18	19	20	21	22	23	24	25
売掛金	13,600,000円	円	円	円	円	円	13,600,000円	100,000円	13,500,000円
貸付金	2,000,000						2,000,000		2,000,000
立替金	500,000						500,000		500,000
計	16,100,000						16,100,000	100,000	16,000,000

基準年度の実績により実質的に債権とみられないものの額を計算する場合の明細

平成27年4月1日から平成29年3月31日までの間に開始した各事業年度末の一括評価金銭債権の額の合計額	26	28,000,000円	債権からの控除割合 (27)/(26)（小数点以下3位未満切捨て）	28	0.009
同上の各事業年度末の実質的に債権とみられないものの額の合計額	27	260,000	実質的に債権とみられないものの額 (23の計)×(28)	29	144,900円

第3章 申告に必要な経理処理と税務調整

3.8 債権の回収ができなくなった場合の経理処理

子供の頃から、お金の貸し借りは極力してはいけないなど、親や学校からよく教育を受けたのを思い出します。しかし、通常の営業活動をしている以上、取引を常に現金で決済するにも限度があります。ビジネスを円滑に進めるためには債権はどうしても発生してしまいます。

債権があればその債権が期日までに決済されず、再三の督促にも応じてもらえず、事実上貸し倒れてしまうことも頻繁に起こります。

このような実態に反し、法人税ではわずかでも債権の回収の見込みがあると、貸倒損失の計上をなかなか認めてくれません。どのような場合に貸倒損失の計上が可能になるのかをしっかり知っておきましょう。

厳格な「貸倒れ」の要件

法人税における貸倒れの認識は、基本通達において厳格に要件が定められています。

◉「貸倒れ」を認識する要件◉

【基本通達】9−6−1
金銭債権の全部又は一部の切捨てをした場合

【基本通達】9−6−2
回収不能の金銭債権

【基本通達】9−6−3
一定期間取引停止後弁済がない場合

上記に定められたところによらない経理を行なった場合や、事実要件を満たさないものを会社が損金経理したときは、別表四において「貸倒損失否認（加算留保）」の申告調整が必要になります。

逆に、税務上貸倒損失と認識されたものについて会社が損金経理をしていなければ、その金額は別表四において「貸倒損失認定損（減算留保)」の申告調整を行ないます。

(1) **【基本通達】 9－6－1**

「金銭債権の全部又は一部の切捨てをした場合」です。

- 更生計画認可の決定があった
- 再生計画認可の決定があった
- 特別清算に係る協定の認可の決定があった
- その他、債権者集会などの協議決定で合理的基準による整理があった

上記の場合において、当社が有する債権のうち切り捨てることが決定された部分の金額は、会社の経理にかかわらず法人税では損金として認識します。

● 書面による債務免除

債務者の債務超過の状態が相当期間継続し、その金銭債権の弁済を受けることができないと認められる場合において、その債務者に対して書面により債務免除をした場合にも上記と同様に取り扱われます。

この場合、債務超過の状態が相当期間継続していないにもかかわらず当社から一方的に債務免除をした場合には、その処理は寄附金として認定されてしまうこともあるので注意が必要です。「認められる場合」ということですから、債務免除には税務署側の客観的な判断が必要になります。

● 別表記入の際の注意点

基本通達9－6－1においては、税務上貸倒損失が認められるものにつき会社が損金経理していなければ、その損金経理をしていない部分の金額について別表四で「貸倒損失認定損（減算留保)」の申告調整をしなければならないと定めています。

また、その債権額について会社で計上した金額と税務上で認識される金額にズレが生じるので、別表五（一）Ⅰにおいても調整が必要になります。また、一括評価の貸倒引当金の計算をするうえでも、別表十一（一

の二）においてその旨の記載（181頁参照）が必要になります。

⑵【基本通達】9－6－2

「回収不能の金銭債権」です。

法人の有する金銭債権について、相手方の資産状況や支払能力等からみてその全額が回収できないことが明らかである場合には、その明らかになった事業年度に貸倒れとして損金経理することができます。

ただし、貸倒れとして損金経理することができるのは、「全額が回収できないことが明らかとなった場合」ですから、その債務者に対する債権額の全額を損金経理する必要があります。

また、担保物がある場合はそれを処分して回収不能額が確定するまでは、この要件を満たしたことにはなりません。

もし、その債務者に対する債権で、損金経理していない部分（債権が会社の貸借対照表に残っている状態）があれば、それは客観的にみても全額回収不能であると判断された処理とはいえないことになってしまいますので、そのようなことになっていないかどうか注意が必要です。

⑶【基本通達】9－6－3

「一定期間取引停止後弁済がない場合」です。

法人が有する売掛債権について、次の事実が発生した場合には、備忘価額を残した残額を損金経理することができます。

- 取引停止時以後１年以上経過した場合
- 同一地域の債務者について有するその売掛債権の総額がその取立費用（旅費等）に満たない場合において督促をしたにもかかわらず弁済がないとき

「取引停止時」とは、取引停止時、最後の弁済期、最後の弁済時のうちもっとも遅い時を指します。また、担保物を有する場合は取引を停止しているとはいえないので除かれます。

当期末の時点で１年以上取引がない状態を指すので、いずれかの取引が当期首よりも前の時点が最後になっていることが条件になります。

◉1年以上の取引停止とは◉

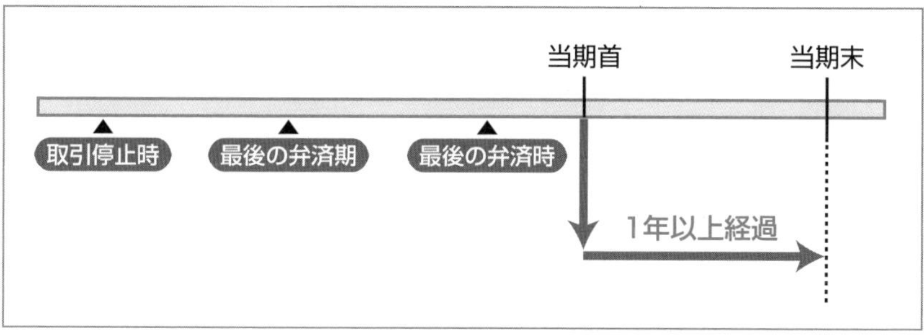

この通達で定められている債権は「売掛債権」と限定されているので、具体的には「売掛金」がこれに該当します。この売掛金は継続取引を前提とした売掛債権のことをいうので、不動産業者が建売住宅を個人にたまたま1回だけ販売したような場合は該当しません。

3.9 役員給与の取扱い

役員給与の原則

役員に対する給与は、実質的にはその役員自身が自分の給与を決定しているということもあり、とかく租税回避に使われやすい項目でもあります。しかし、役員給与のすべてを税務上費用として認めないとなると、費用収益対応の原則（売上を獲得するための経費は費用として認識するという会計上の原則）を大きく無視した規定となってしまいます。

法人税では、役員給与について租税回避を防止する一方、必要最低限のルールを定めて損金算入を認めていますが、逆に、このルールを知らずに支払った給与は損金不算入となる危険性もあり、予期せぬ高額な税負担を強いられることにもなりかねません。

役員給与を損金として取り扱うために、法人税の経理上のルールをしっかり押さえておきましょう。

損金算入が認められるための支給形態

法人税において、損金として認められる役員給与の支給形態は次の3種類に限られます。

⑴　**定期同額給与**

⑵　**事前確定届出給与**

⑶　**業績連動給与**

ただし、同種同規模法人に比べ不相当に高額な給与を支払っている場合には、その不相当に高額な部分の給与については損金算入が認められないので、社会通念上、相当な金額の範囲内での支給でなければいけません。

支給した事実を隠したり、実際支給額よりも少なく支給したように見せかけるなど仮装の経理をした場合には、たとえ定期同額給与等として損金算入が認められるべき部分の給与がある場合でも、そのすべてが損金不算入として扱われるので注意が必要です。あくまで、事実どおりの経理をしなければ思わぬしっぺ返しが待っています。

(1) 定期同額給与

定期同額給与とは、支給時期が1か月以下の期間ごとに定期に支払われる同額の給与のことをいいます。この定期同額給与は多くの会社で採用されている支給方法です。この方法は、毎月同じ金額を支給しなければならないので、たとえば下図のような支給をした場合には、そのすべてが損金不算入となる可能性があります。

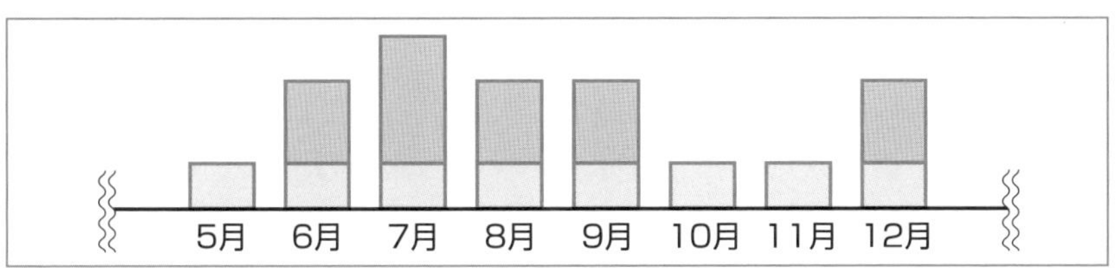

しかし、出来高に応じて給与の金額を決定するような歩合の給与を役員に対して支給している場合には、固定給とされる部分のみが定期同額給与とされ、歩合に相当する部分はすべて損金不算入となってしまいます。上記の青い部分が固定給として区分されるものであれば、グレーの部分だけが損金不算入となります。

(2) 事前確定届出給与

所定の時期に確定額を支給する旨の定めに基づいて支給する給与のことをいいます。他の使用人給与と同様、盆暮れなどに賞与を支給したい場合には、事前に税務署長に対して「事前確定届出給与に関する届出書」(195頁参照)を届け出なければいけません。

役員が自分1人だけであったり、夫婦で会社を経営しているような場合には、定期同額給与のみでも問題はないでしょう。しかし、従前から使用人として働いてくれた従業員を役員に昇格させた場合には、その従業員にも住宅ローンがあったり盆暮れに入り用があるなど、それぞれの都合があると思います。そのような各自の都合を考慮して用意されているのが、この事前確定届出給与になります。

使用人と異なり、役員には会社の株主から経営を依頼されているという責任や義務があり、通常は事前に掲示された年俸で委任されています。つまり、本来は役員に委任する時点でその役員に対して支払う給与はあらかじめ決まっているでしょうから、その金額と支給時期を事前に税務署長に届け出ているのであれば、その役員に対する給与は定額支給でなくてもその損金算入を認めるというのが、「事前確定届出」の趣旨です。

事前確定届出給与は、事前に届け出た給与と実際の支給額が違う場合には、そのすべてが損金不算入になるという厳しい措置があるので注意が必要です。

たとえば、下図のように7月と12月に給与を多めに支給することを事前に届け出ている場合には、そのすべての支給給与について損金算入が認められますが、それ以外に届け出ていない臨時のボーナスなどを支給した事実があれば、その金額の大小にかかわらず、届け出た給与を含めすべての支給額が損金不算入になる可能性があります。

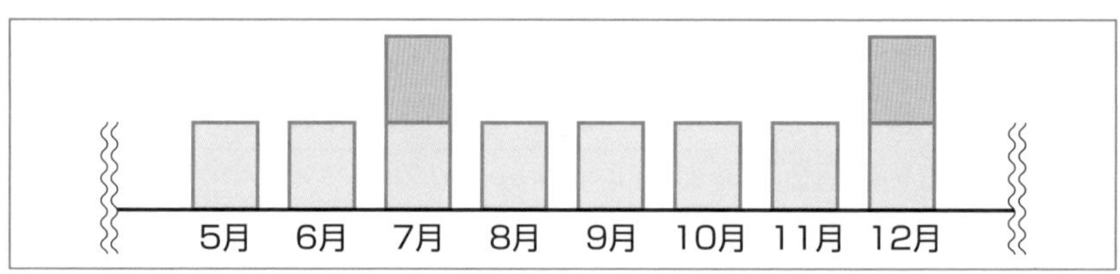

⑶　業績連動給与

法人（同族会社にあっては非同族法人の完全子会社に限る）の業務執行役員について、所定の指標を基礎として算定される一定の給与をいいます。この役員給与の取扱いは通常の会社ではあまり使用しないので、本書での説明は省略します。

臨時給与が想定されるなら定期同額給与で

役員や使用人が頑張ったことにより思った以上に業績が伸び、そのご褒美に臨時ボーナスを支給したいということがあっても、「事前確定届出給与」を採用している役員に対しては、そのような臨時ボーナスの支

◉事前確定届出給与の提出書類◉

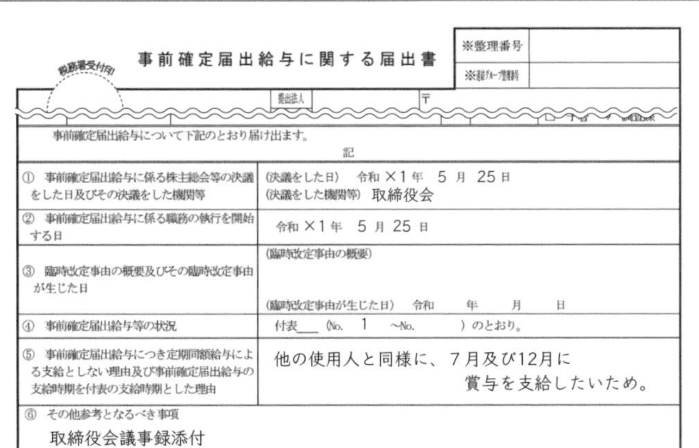

事前確定届出給与に関する届出書

※整理番号	
※通算グループ整理番号	

税務署受付印

提出法人　〒

事前確定届出給与について下記のとおり届け出ます。

記

① 事前確定届出給与に係る株主総会等の決議をした日及びその決議をした機関等	(決議をした日) 令和 ×1 年 5 月 25 日 (決議をした機関等) 取締役会
② 事前確定届出給与に係る職務の執行を開始する日	令和 ×1 年 5 月 25 日
③ 臨時改定事由の概要及びその臨時改定事由が生じた日	(臨時改定事由の概要) (臨時改定事由が生じた日) 令和 年 月 日
④ 事前確定届出給与等の状況	付表___ (No. 1 ～No.) のとおり。
⑤ 事前確定届出給与につき定期同額給与による支給としない理由及び事前確定届出給与の支給時期を付表の支給時期とした理由	他の使用人と同様に、7月及び12月に賞与を支給したいため。

⑥ その他参考となるべき事項

取締役会議事録添付

届出期限　イ 次 (イ) (ロ)　ロ 設　ハ 臨

付表 1 （事前確定届出給与等の状況（金銭交付用））

No.

事前確定届出給与対象者の氏名（役職名）	小谷公明（常務取締役）
事前確定届出給与に係る職務の執行の開始の日（職務執行期間）	令和 ×1 年 5 月 25 日 （令和 ×1 年 5 月 25 日 ～ 令和 ×2 年 5 月 24 日）
当該（連結）事業年度	令和 ×1 年 4 月 1 日 ～ 令和 ×2 年 3 月 31 日
職務執行期間開始の日の属する会計期間	令和 ×1 年 4 月 1 日 ～ 令和 ×2 年 3 月 31 日

事前確定届出給与に関する事項

	区分	支給時期（年月日）	支給額（円）
職務執行期間開始の日の属する会計期間	届出額	・　・	
	支給額	・　・	
	今回の届出額	×1・7・10	600,000
	今回の届出額	×1・12・10	600,000
	今回の届出額	・　・	
	今回の届出額	・　・	
翌会計期間以後	今回の届出額	・　・	
	今回の届出額	・　・	

事前確定届出給与以外の給与（金銭による給与（業績連動給与を除く））の事項

	支給時期（年月日）	支給額（円）
職務執行期間開始の日の属する会計期間	×1・4・25	400,000
	×1・5・25	400,000
	×1・6・25	450,000
	×1・7・25	450,000
	×1・8・25	450,000
	×1・9・25	450,000
	×1・10・25	450,000
	×1・11・25	450,000
	×1・12・25	450,000
	×2・1・25	450,000
	×2・2・25	450,000
	×2・3・25	450,000
翌会計期間以後	×2・4・25	450,000
	×2・5・25	450,000
	・　・	

給は難しくなります。なぜならば、もしそこで事前に届け出た給与以外のものを支給している事実があれば、その届け出た給与がすべて損金不算入となってしまうからです。役員１人分に支給した給与のすべてが損金不算入になるということは、その支給額が仮に800万円であれば、法人税の負担だけでもおよそ185.6万円増加することになってしまいます（800万円×23.2％＝185.6万円）。

しかし、定期同額給与を採用している会社であれば、そのような臨時ボーナスを支給したとしても、定期同額給与として支給した給与は損金算入したうえで、その臨時ボーナスのみを損金不算入として扱うことができます。この場合には、その臨時ボーナスについてはいったん会社では役員給与として費用に計上しますが、別表四においては加算社外流出として申告調整が必要になります。申告書別表四では縦７欄において記載箇所が印字されているので、そちらに損金不算入となった役員給与の合計額を記載します。

◉別表四◉

所得の金額の計算に関する明細書（簡易様式）

事業年度	×1・4・1 ×2・3・31	法人名	YOTAX（株）

別表四（簡易様式）

区分			総額	処分		
				留保	社外流出	
			①	②	③	
当期利益又は当期欠損の額		1	円	円	配当	円
					その他	
加算	損金経理をした法人税及び地方法人税（附帯税を除く。）	2				
	損金経理をした道府県民税及び市町村民税	3				
	損金経理をした納税充当金	4				
	損金経理をした附帯税（利子税を除く。）、加算金、延滞金（延納分を除く。）及び過怠税	5			その他	
	減価償却の償却超過額	6				
	役員給与の損金不算入額	7	2,000,000		その他	2,000,000
	交際費等の損金不算入額	8			その他	
	通算法人に係る加算額（別表四付表「5」）	9			外※	
		10				
	小計	11			外※	
減算	減価償却超過額の当期認容額	12				
	納税充当金から支出した事業税等の金額	13				
	受取配当等の益金不算入額（別表八（一）「5」）	14			※	
	外国子会社から受ける剰余金の配当等の益金不算入額（別表八（二）「26」）	15			※	
	受贈益の益金不算入額	16			※	
	適格現物分配に係る益金不算入額	17			※	
	法人税等の中間納付額及び	18				

定期同額給与の改定をする場合

一度支給を始めた役員給与は、ずっと同じ金額でなければならないのかというと、そういうわけでもありません。

役員給与は、毎期の株主総会で次期の報酬が承認されることによって確定するので、その後の給与については改定が認められています。ただし、そ及（過去に遡る）した改定額の増加部分を一度に支給するようなことは認められません。

役員給与の改定のタイミングは事業年度開始日から３か月以内とされているので、増額改定をするのであればその点に注意してください。

減額支給をした場合

会社の経営状況が著しく悪化したこと、その他の理由により役員給与を減額せざるを得ない状況にある場合には、たとえそれが期中であってもその減額後の支給額が同額である場合に限り認められます。ただし、経営状況が好転したからといってその期中に元に戻すことはできないので注意が必要です。

経済的な利益の供与

たとえば、役員が居住している住宅の家賃を会社が負担している場合などは、その毎月の負担額はその役員に対する経済的な利益の供与にあたり、法人税や所得税ではその役員に対する給与として扱われます。

このような継続的に供与される経済的な利益は、毎月おおむね一定額である場合に限り定期同額給与として扱われます。

同額を支給しているという証拠は振り込みが確実

役員給与について税務否認などをされると、大きな税負担となる危険性があります。ですから、支給に関する証拠資料は特にしっかりとっておきたいものです。現金支給で領収書などを保存しているだけでは改ざんしたと疑われる余地があります。個人口座への振り込みなど、客観的な証拠を残すように心がけましょう。

3.10 保険料の取扱い

保険料の取扱いの概要

会社では将来に備えるため、様々な保険料を支払っています。保険料には、自動車保険、火災保険などの損害保険と従業員などのための生命保険などがあります。

保険料の支払いと法人税の取扱いは、まずその保険契約が誰のためのものであるのかによって変わりますし、損金として認められる掛捨て保険料でも、それを一時に支払った場合には、各事業年度に分割して費用を認識していかなければいけません。

保険料の損金算入時期

火災保険料などの損害保険で掛捨て保険に該当するものは、法人税では損金算入が認められますが、その保険料を支払う場合、5年・10年など長期間の保険料を一括で支払う場合があります。

ここで注意すべきことは、その支払った保険料のうち前払費用に該当する部分は翌期に繰り越す経理処理をしなければいけません。

◉保険料の経理処理◉

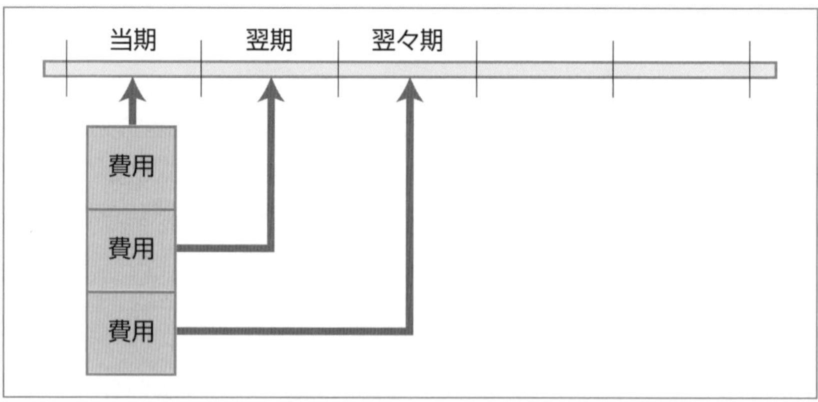

たとえば、３年契約の火災保険料300,000円を当期首に支払ったとします。この場合、１年分の保険料は当期の費用ですが、残り２年分の保険料は翌期と翌々期の分ですから、当期の費用としては認められません。

前払費用の計上をする

前頁の例の場合には、次の決算整理仕訳によって前払費用を繰り越す経理をします。

借方		貸方	
（短期前払費用）	100,000円	（保　険　料）	200,000円
（長期前払費用）	100,000円		

翌事業年度中に役務提供を受ける部分は、短期前払費用として貸借対照表に計上しますが、翌事業年度中に役務提供を受けない部分については長期前払費用として貸借対照表に計上します。

満期返戻金がある損害保険

保険期間が３年以上の長期損害保険で、その保険期間満了時に満期返戻金が支払われることになっているものの場合は、支払った保険料のうち、その満期返戻金に充てるための部分にかかる保険料は損金算入ができません。満期返戻金に充てるための部分は、会社経理の段階で積立金として資産計上します（下記の仕訳を参照）。

◉支払保険料の取扱い◉

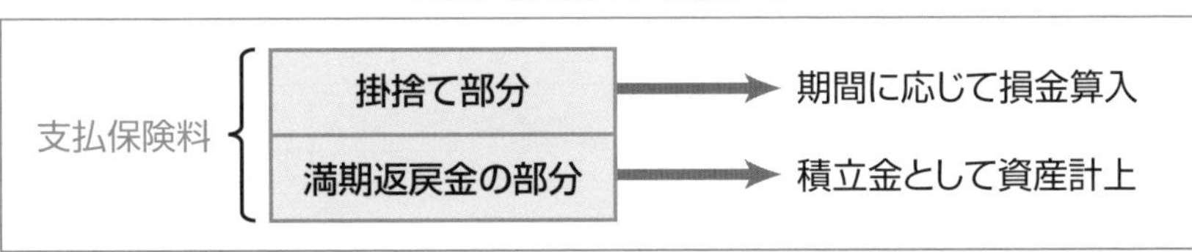

◉支払時の仕訳◉

借方		貸方	
（保　険　料）	20,000円	（現 金 預 金）	30,000円
（保険積立金）	10,000円		

なお、確定した決算において会社がその全額を損金経理している場合には、法人税の申告では、別表四で加算留保の申告調整をするとともに、別表五（一）Ⅰでも保険積立金としての調整が必要になります。

給与になる保険料

会社では、自動車保険、火災保険など様々な保険料の支払いがありますが、誰のための保険料なのか？　ということにも注意しなければいけません。

たとえば、社長が個人的に所有する住居の火災保険料や、社長が個人的に所有する自動車の保険料などを会社が負担した場合には、その保険料は社長に対する経済的な利益の供与となり、その負担した保険料は給与として扱われます。

養老保険の経理区分

一般に養老保険とは、満期保険金などに充てる積立保険料と保険期間中に保険事故が生じた場合の保険に充てる危険保険料などからなっています。つまり、貯蓄と保証の両面をもっているので、その保険金の受取人が誰なのかによって税務上の取扱いも次のように変わります。

◉養老保険の取扱い◉

生存保険金の受取人	死亡保険金の受取人	経理区分
法　　人	法　　人	資産計上
法　　人	被保険者の遺族	1／2　損　金※ 1／2　資産計上
被保険者	被保険者の遺族	被保険者の給与

※生存保険金の受取人が法人で、死亡保険金の受取人が被保険者の遺族の契約で、その保険契約が役員等のみのときには、損金とされる部分は、その役員等の給与になります。

定期保険の取扱い

定期保険は、契約期間内に死亡した場合のみ死亡保険料が支払われる生命保険契約で、掛捨て保険に該当します。この保険料の支払いは期間の経過に応じて損金算入されます。

ただし、保険金の受取人が被保険者の遺族で、保険契約が役員等の一定の者に限られている場合には、その被保険者の給与になります。

パンフレットや契約書で確認する

保険料の支払いでも、生命保険に関するものは、その受取人や保険の種類によって税務上の取扱いも変わってきます。必ずその保険がどのような種類のものなのか？　保険金の受取人は誰なのか？　などを契約書やパンフレットなどでよく確認するようにしてください。

税理士の確認方法

保険料の取扱いについては、本書で説明したものの他にも様々なものがあります。その契約内容によってはもっと難しい計算が必要なものもありますし、損金算入が認められていたものが、法律の改正によって翌事業年度から認められなくなったりするものもあります。

私は、難しそうな内容の保険契約が出てきた場合には、クライアントが契約している保険会社や外交員に、その保険契約の税務上の取扱いを直接確認するようにしています。特に保険外交員の方は、自分が取り扱っている保険契約の税務上の取扱いについてはもっとも神経質に調べて理解しているので、その保険契約に関してはどこの税理士よりも詳しかったりします。「餅は餅屋に……」ということです。

3.11

前払費用や仮払金の経理処理

前払費用などがある場合

決算を確定する前に会社経理でしておかなければいけないことは、前払費用や前受金の整理、債務が確定している仮払金の振替処理などです。

たとえば、前項で説明した保険料なら、費用計上した項目について、翌事業年度以降で役務の提供を受けるものは翌事業年度以降の費用にするために繰越しの処理をしておかなければなりません。

もし、会社が資産や負債に計上しなければいけないものを費用に計上して、決算を確定させていれば、法人税の計算では、別表四において加算留保や減算留保の申告調整をするとともに、別表五（一）Ⅰにおいても、資産負債のズレを調整しなければならなくなります。通常は申告調整せずに決算整理の段階で、その計上時期に見合った経理処理をすることになります。

前払費用の修正経理

決算整理前において、会社が費用計上した項目でその役務提供がまだ完了していないものがあれば、短期前払費用や長期前払費用に振替処理をしなければなりません。

結果的に、長期間にわたって役務提供を受ける費用を当期に一時払いで支払った場合には、その支払額を次のように振り替えます。

費　　用	当事業年度に役務提供を受けた費用
短期前払費用	翌事業年度に役務提供を受ける費用
長期前払費用	翌々事業年度以降に役務提供を受ける費用

よく使われる「短期前払費用の特例」

本来は前払費用であっても、法人税では短期前払費用に該当するもののうち一定のものについて、継続してその支払い時の費用に計上している場合に限りその経理処理を認めるという通達があります。これがいわゆる「**短期前払費用の特例**」です。

この規定の適用を受けるには、次の要件をすべて満たしていなければなりません。

- 毎期継続して支払い時の損金として経理すること
- 支払日から１年以内に役務提供を受ける対価であること

これは実務的によく使われる特例ですが、具体的には、事務所の家賃、自転車駐輪場の賃借料、短期契約の保険料などがあげられます。

ここで注意していただきたいのは、この特例は「支払日から１年以内に役務提供を受ける対価」ですから、３年契約の保険料などの一時払いについては、翌事業年度に提供を受ける部分も含めて、すべて適用できないということです。

また、前払費用の特例ですから、未払金として向こう１年分の経費を計上した場合にも適用はありません。さらに、翌期の５月分からの１年分を当期の３月に支払った場合にも、支払日から１年を超えて提供を受ける対価となるので、この特例の要件にはあてはまらないことになります。

あれもこれもというわけにはいきませんが、上記に掲げた費用項目であれば通常は要件にあてはまる契約となっているでしょうから、参考にしてください。

申告書作成のポイント

短期前払費用の特例の適用が受けられる前払費用を支出したときは、積極的にこの適用を受けるべきです。

会社で仕訳をするとき、摘要欄に「短期前払費用の特例」と付記しておけば、申告書作成時に迷ったり調べ直したりする手間が省けます。

仮払金の確定

試しに、決算整理前の総勘定元帳を開いて、仮払金勘定の頁を確認してみてください。もし、ここに計上されているもので、債務が確定しているにもかかわらず、仮払金として計上されたままになっているものがあれば、それぞれ適当な科目に振り替えなければなりません。

よく忘れているものとしては、仮払い概算旅費や仮払い交際費などがあります。

従業員が出張に行く前にその出張先で必要になるであろう旅費や宿泊費などを仮払金としていったん払い出し、出張から帰ってきたときに、領収書などを受け取り、精算すると思います。従業員の仮払金であれば、その時にしっかりと精算は終了しているものですが、それが社長となれば、ついつい後で……と忘れてしまっているケースがよくあります。法人税の申告書を作成する段階で、このような仮払金はその明細を勘定科目内訳明細書（35頁参照）において記載する必要があるので、債務が確定しているものは決算整理の段階で精算をしておいてください。

もし、精算をしないまま決算を確定させてしまうと、法人税の計算では別表四において減算留保として申告調整が必要になり、別表五（一）においても、その仮払金の会社計上額と税務上の金額のズレを調整しなければならなくなります（次頁参照）。

未払費用（未払金）の確定

たとえば３月決算法人が、３月30日に行きつけのスナックで得意先を接待したとします。このときの支払いをツケで済ませていればその請求書は早くても４月に到着することになります。ところが、税務上は４月に支払う金額でも、３月分の交際費として計上しなければならないので、こういった未払費用も決算整理の段階で計上する必要があります。

このような費用を計上しないまま決算を確定させてしまうと、法人税の計算では仮払金と同様、別表四において減算留保としての申告調整が必要になり、別表五（一）Ⅰにおいても会社未計上額と税務上の金額のズレを調整しなければならなくなります（次頁参照）。

◉別表四◉

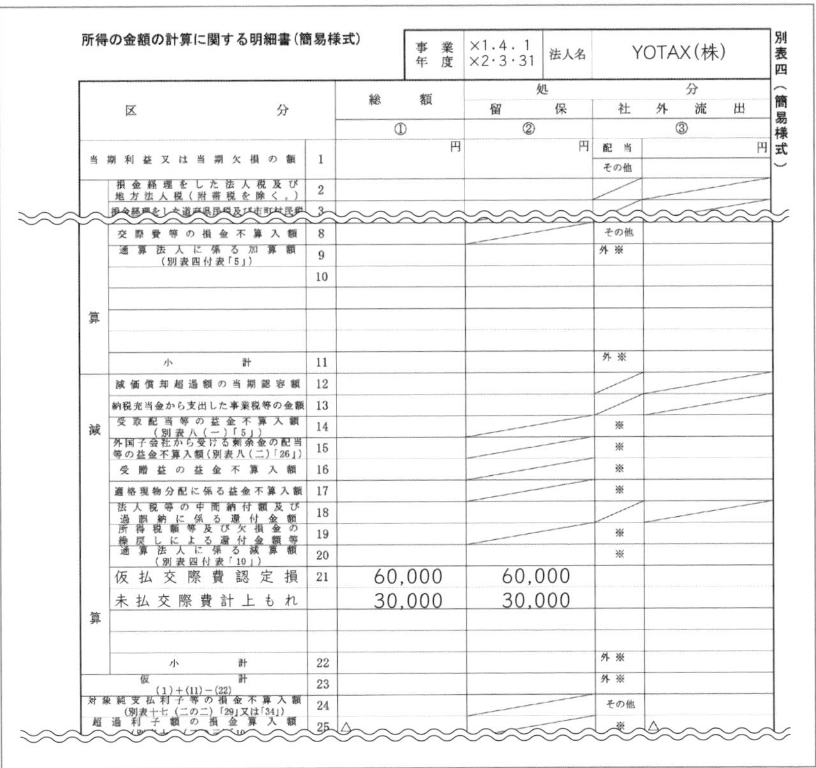

所得の金額の計算に関する明細書（簡易様式）

事業年度	×1・4・1 ×2・3・31	法人名	YOTAX(株)

別表四（簡易様式）

区分			総額	処分		
				留保	社外流出	
			①	②	③	
当期利益又は当期欠損の額		1	円	円	配当	円
					その他	
加算	損金経理をした法人税及び地方法人税（附帯税を除く。）	2				
	損金経理をした道府県民税及び市町村民税	3				
	交際費等の損金不算入額	8			その他	
	通算法人に係る加算額（別表四付表「5」）	9			外※	
		10				
	小計	11			外※	
減算	減価償却超過額の当期認容額	12				
	納税充当金から支出した事業税等の金額	13				
	受取配当等の益金不算入額（別表八（一）「5」）	14			※	
	外国子会社から受ける剰余金の配当等の益金不算入額（別表八（二）「26」）	15			※	
	受贈益の益金不算入額	16			※	
	適格現物分配に係る益金不算入額	17			※	
	法人税等の中間納付額及び過誤納に係る還付金額	18				
	所得税額等及び欠損金の繰戻しによる還付金額等	19			※	
	通算法人に係る減算額（別表四付表「10」）	20			※	
	仮払交際費認定損	21	60,000	60,000		
	未払交際費計上もれ		30,000	30,000		
	小計	22			外※	
仮計 (1)＋(11)－(22)		23			外※	
対象純支払利子等の損金不算入額（別表十七（二の二）「29」又は「34」）		24			その他	
超過利子額の損金算入額		25	△		※	△

◉別表五（一）◉

利益積立金額及び資本金等の額の計算に関する明細書

事業年度	×1．4．1 ×2・3・31	法人名	YOTAX(株)

別表五(一)

I 利益積立金額の計算に関する明細書

区分		期首現在利益積立金額	当期の増減		差引翌期首現在利益積立金額 ①－②＋③
			減	増	
		①	②	③	④
利益準備金	1	円	円	円	円
積立金	2				
	3				
	4				
	5				
	6				
仮払金	7			△ 60,000	△ 60,000
	8				
未払費用	9			△ 30,000	△ 30,000
	10				
	11				

3.12 仮想通貨（暗号資産）の経理処理

仮想通貨を保有している場合の経理処理

令和元年５月、資金決済法と金融商品取引法の改正により、「仮想通貨」の法律上の名称は「暗号資産」に変更されました。

この暗号資産（仮想通貨）については、所得税法での取扱いと法人税法での取扱いについて、若干違いがありますので注意が必要です。

暗号資産は、基本的に決済手段の１つとして認識しますので、外貨を所有している場合と同じような取扱いとなります。つまり、一般の普通法人が所有する仮想通貨は、「暗号資産」として流動資産に計上するのが一般的です。なお、仮想通貨の取引所や販売所である法人等が、仮想通貨をその販売目的や商品などとして保有する場合には、そこで保有する仮想通貨は棚卸資産である「商品」として計上することになります。

また、活発な市場を有しない暗号資産を長期保有目的で保有する場合には、その暗号資産は、投資その他の資産に計上しても差し支えありません。他にも自己が発行して保有している暗号資産については、その発行に要した費用の額を取得価額とするなど、特殊な取扱いがあります。

本書では、仮想通貨を一般の会社が、決済取引や通常の場合での保有、売買や投資をする目的などで所有する場合の一般的な取扱いを説明しています。なお、「暗号資産」と「仮想通貨」の各名称はわかりやすいようにそれぞれを区別して使用していますが、基本的にどちらも同じ意味となります。法律上や会計用語として説明したいときは「暗号資産」、一般的な言葉として説明したいときは「仮想通貨」を使用しています。

仮想通貨 ＝ 暗号資産

仮想通貨を売却したときの取扱い

仮想通貨を売却した場合には、税務上は仮想通貨を日本円に換金したものとして取り扱います。つまり、そのときに生ずる換算差額があれば、その金額はその事業年度の益金の額または損金の額として認識します。

売却の計上時期

仮想通貨を売却した場合のその計上時期は、売却に係る契約をした約定日の属する事業年度となります。

その事業年度の益金の額、もしくは損金の額となる金額は、その仮想通貨の売却価額から売却した仮想通貨の取得価額を控除した額となります。

◉仮想通貨を売却したときの損益◉

【例１】売却益が出たとき

①	5,000,000円で５ビットコインを購入した。
②	１ビットコインを1,040,000円で売却した。 1,040,000円－(5,000,000円÷5BTC)×1BTC＝40,000円(益金)

● **購入時の仕訳**

借方			貸方
（暗号資産BTC）	5,000,000円	（現　金　預　金）	5,000,000円

● **決済時の仕訳**

借方		貸方	
（現　金　預　金）	1,040,000円	（暗号資産BTC）	1,000,000円
		（雑　　収　　入）	40,000円

【例２】売却損が出たとき

①　5,000,000円で５ビットコインを購入した。 ②　１ビットコインを980,000円で売却した。 980,000円－(5,000,000円÷5BTC)×1BTC＝△20,000円(損金)

● **購入時の仕訳**

(暗号資産BTC)	5,000,000円	(現　金　預　金)	5,000,000円

● **決済時の仕訳**

(現　金　預　金)	980,000円	(暗号資産BTC)	1,000,000円
(雑　　損　　失)	20,000円		

商品等を購入する際に仮想通貨で決済したとき

商品等の購入代金を、法人が保有している仮想通貨で決済したときは、その決済時点での購入した商品等の購入価額と仮想通貨の取得価額との差額がその取引における換算差損益となります。

◉代金を仮想通貨で決済したときの損益◉

【例３】

①　5,000,000円で５ビットコインを購入した ②　商品等の仕入価額2,100,000円を２ビットコインで決済した。 2,100,000円－(5,000,000円÷5BTC)×2BTC＝100,000円

※商品等の取得価額は2,100,000円となります。

●ビットコイン購入時の仕訳

（暗号資産BTC）5,000,000円 ／（現　金　預　金）5,000,000円

●決済時の仕訳

借方	金額	貸方	金額
（商　　品　　等）	2,100,000円	（暗号資産BTC）	2,000,000円
（雑　　収　　入）	100,000円		

仮想通貨を取得したときの取扱い

仮想通貨の取得価額は、その支払対価に手数料等の付随費用を加算した金額となります。

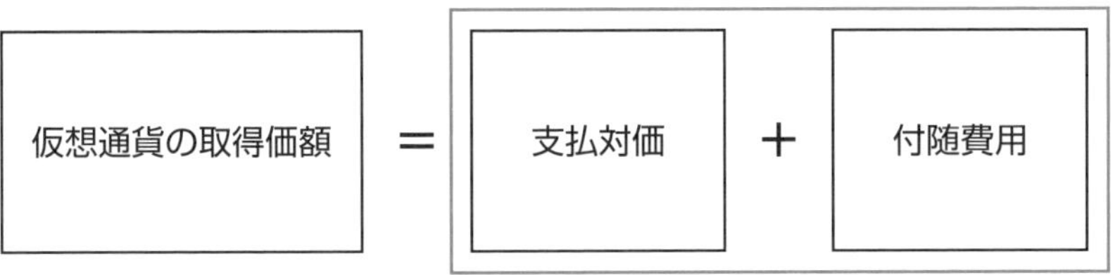

【例４】手数料を円で支払ったとき

① 5,000,000円で５ビットコインを購入した

② 購入手数料として１ビットコインあたり0.3%の現金を支払った。
5,000,000円×0.3%＝15,000円

●ビットコイン購入時の仕訳

借方	金額	貸方	金額
（暗号資産BTC）	5,000,000円	（現　金　預　金）	5,000,000円
（暗号資産BTC）	15,000円	（現　金　預　金）	15,000円

※取引後のビットコインの数量は5BTCで、1BTCあたりの単価は1,003,000円となります。購入手数料として日本円を支払っていますのでその支払った金額は付随費用として５ビットコインの取得価額に加算します。このとき購入手数料として支払った金額は消費税の課税対象取引となり、仕入税額控除の対象となりますので注意が必要です。

【例５】手数料をビットコインで支払った

①　5,000,000円で５ビットコインを購入した。 ②　購入手数料として1ビットコインあたり0.3％のビットコイン（0.015BTC）を支払った。

●ビットコイン購入時の仕訳

（暗号資産BTC）5,000,000円 ／（現　金　預　金）5,000,000円

※取引後のビットコインの数量は4.985BTCで、結果的に1BTCあたりの単価は1,003,009円となります。手数料としてビットコインを支払ったときは、基本的に購入したビットコインを同時に売却して手数料を支払うこととなりますが、その手数料の金額は購入したビットコインの取得価額に加算しますので、結果的に5BTCの取得価額は5,000,000円となります。ただし、手元に残るビットコインの数量は、手数料として支払ったビットコイン（0.015BTC）の分減少しますので、その処理を忘れないように注意が必要です。このとき購入手数料として支払った金額に対応する金額（15,045円）は消費税の課税対象取引となり、仕入税額控除の対象となります。

同じ仮想通貨を２回以上にわたって取得したとき

同一種類の仮想通貨を２回以上にわたって取得した場合の仮想通貨の取得価額の算定方法は、原則としてその都度、取得価額の計算が必要な「移動平均法」による方法を用います。ただし、税務署長への届出により、事業年度末で一度に計算することができる「総平均法」による方法を用いることができます。

【例６】

①　5,000,000円で５ビットコインを購入した ②　１ビットコインを1,005,000円で売却した ③　2,850,000円で３ビットコインを購入した

●移動平均法（1BTCあたりの単価計算）による方法

①取得の１ビットコインあたりの取得価額

5,000,000円 ÷ 5BTC ＝ 1,000,000円

②売却後の１ビットコインあたりの取得価額

1,000,000円 ×（5BTC － 1BTC）＝ 4,000,000円

③の購入直後に保有する１ビットコインあたりの取得価額

（4,000,000円 ＋ 2,850,000円）÷（4BTC ＋ 3BTC）＝ 978,571円

※取得価額の計算上発生する１円未満の端数は、切り上げても差し支えありません。

● **総平均法（1BTCあたりの単価計算）による方法**

（5,000,000円 ＋ 2,850,000円）÷（5BTC ＋ 3BTC）＝ 981,250円

法定評価方法

法人税法上の暗号資産の法定評価方法は、移動平均法となります。総平均法を採用したい場合には、その旨を所轄税務署長に届け出ます。

個人から法人へ仮想通貨を引き継いだ場合

個人から法人へ仮想通貨を引き継いだ場合には、その引き継ぎと同時に、その仮想通貨は法人に売却されたものとして取り扱います。

ウォレット間の移動

個人で取得した仮想通貨を、個人名義口座（個人使用ウォレット）から法人名義口座（法人使用ウォレット）へ移行した場合には、それが貸付けによるものであっても、個人で所有している暗号資産を売却し、法人では、その暗号資産を取得したこととして認識されてしまうことがあります。それらの移動が貸し借りによるものなのか売却や取得によるものかなど、それぞれの取引を裏づける書類は、しっかり整備するなど、工夫が必要です。

誤解を与えないための対策は重要

暗号資産の計算は同一種類の資産であっても取得や売却の回数が多かったり、複数の暗号資産を所有するだけでも、それらの計算はとても複雑になります。各種の取引自体も実務的な計算ではかなり複雑なものが

多いのが現状ですので、現在法整備されている計算方法であったり、現存する計算システムでは、これらをきっちりと計算していくことは非常に困難なものとなっています。

各種取引の信憑性などを判断する側（税理士や課税庁）に少しでも誤解を与えないような取引履歴にしておくことは、納税者にとっては重要な対策となります。いつでも取引内容は明確に説明できるようにしておく必要があります。

期末で保有する暗号資産の評価替え

法人税では、期末において保有する暗号資産のうち、活発な市場が存在する暗号資産は時価評価をして、時価をもって貸借対照表価額とし、帳簿価格と時価との差額は当期の損益として処理します。

期末評価替えの処理をしない暗号資産

逆に活発な市場が存在しない暗号資産は、取得原価をもって貸借対照表価額となります。個人の所得計算においては期末における評価替えの処理はしません。

法人で所有する暗号資産は、その性質上個人で所有しているそれよりもさらに複雑な取引が想定されます。暗号資産の計算のかなめは、取得価額の算定にありますので、その計算をより簡素化するために、各期末で保有する暗号資産について時価評価することは制度上必要なことといえます。つまり、期末評価を強制することによって、それらの複雑な計算による誤差額を期末時点で一掃することが可能となります。

洗替えにより処理をする

活発な市場が存在する暗号資産は、毎期、期末評価額を洗替えにより評価し直します。なお、期末評価に用いる時価は、次のいずれかにより計算した価格に仮想通貨の数量を乗じた金額となります。

①価格等公表者によって公表されたその事業年度終了の日における市場仮想通貨の最終売買価格（同日における最終売買価格がない場合には、

同日前の最終売買価格が公表された日でその事業年度終了の日の最も近い日におけるその最終売買価格となります。)

②価格等公表者によって公表されたその事業年度終了の日における市場仮想通貨の最終交換比率×その交換比率により交換される他の市場仮想通貨に係る上記①の価格（同日における最終交換比率がない場合には、同日前の最終公表比率が公表された日でその事業年度終了の日に最も近い日におけるその最終交換比率に、その交換比率により交換される他の市場仮想通貨に係る上記①の価格を乗じて計算した価格となります。)

◉洗替えによる評価◉

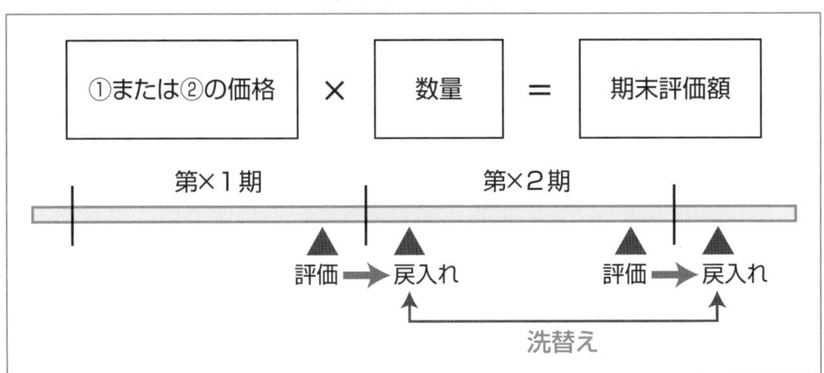

事業年度終了時に保有しているビットコインがあれば、そのビットコインの期末評価をしなければなりません。次の設例のように、保有しているビットコインの取得価額が5,000,000円で、期末評価額が4,925,000円であれば、その差額はその事業年度の損金の額に算入します。仮に期末評価額が取得価額を上回っている場合には、その差額は益金の額に算入します。通常は決算整理によって、その差額を雑損失として計上しますが、会社経理による計上が決算においてなかった場合には、別表四において減算調整の申告調整をすることになります。

【第×１期】

① 5,000,000円で５ビットコインを購入した。

② 期末時におけるビットコインの最終売買価格は１ビットコイン

985,000円。期末時点のビットコインの数量は5BTCであった。

● ビットコイン購入時の仕訳

（暗号資産BTC）5,000,000円 ／（現　金　預　金）5,000,000円

● 決算時の仕訳（期末評価）

（985,000円 × 5BTC） − 5,000,000円 ＝ △75,000円

（雑　　損　　失）　75,000円 ／（暗号資産BTC）　75,000円

第×２期では、前期に雑損失として計上した75,000円は、洗替えの処理として、同額を雑収入に計上します。

そして、再び期末時点において保有しているビットコインがあれば、そのビットコインについて期末評価を行ない、その期末時点において保有しているビットコインの取得価額との差額について、その事業年度の益金の額もしくは損金の額に算入します。

【第×２期】

①期末時におけるビットコインの最終売買価格は1ビットコイン1,200,000円、期首から期末までの間におけるビットコインの増減はなかった。なお、期末時点のビットコインの数量は5BTCであった。

● 戻入時の仕訳（戻入処理）

（暗号資産BTC）　75,000円 ／（雑　　収　　入）　75,000円

● 決算時の仕訳（期末評価）

（1,200,000円 × 5BTC）− 5,000,000円 ＝ 1,000,000円

（暗号資産BTC）1,000,000円 ／（雑　　収　　入）1,000,000円

〔参考資料〕減価償却資産の耐用年数等に関する省令・別表第七～十抜粋

減価償却資産の償却率、改定償却率及び保証率の表

耐用年数	平成19年4月1日以後取得				平成24年4月1日以後取得			耐用年数	平成19年3月31日以前取得	
	定額法償却率	定率法			定率法				旧定額法償却率	旧定率法償却率
		償却率	改定償却率	保証率	償却率	改定償却率	保証率			
2	0.500	1.000	—	—	1.000	—	—	2	0.500	0.684
3	0.334	0.833	1.000	0.02789	0.667	1.000	0.11089	3	0.333	0.536
4	0.250	0.625	1.000	0.05274	0.500	1.000	0.12499	4	0.250	0.438
5	0.200	0.500	1.000	0.06249	0.400	0.500	0.10800	5	0.200	0.369
6	0.167	0.417	0.500	0.05776	0.333	0.334	0.09911	6	0.166	0.319
7	0.143	0.357	0.500	0.05496	0.286	0.334	0.08680	7	0.142	0.280
8	0.125	0.313	0.334	0.05111	0.250	0.334	0.07909	8	0.125	0.250
9	0.112	0.278	0.334	0.04731	0.222	0.250	0.07126	9	0.111	0.226
10	0.100	0.250	0.334	0.04448	0.200	0.250	0.06552	10	0.100	0.206
11	0.091	0.227	0.250	0.04123	0.182	0.200	0.05992	11	0.090	0.189
12	0.084	0.208	0.250	0.03870	0.167	0.200	0.05566	12	0.083	0.175
13	0.077	0.192	0.200	0.03633	0.154	0.167	0.05180	13	0.076	0.162
14	0.072	0.179	0.200	0.03389	0.143	0.167	0.04854	14	0.071	0.152
15	0.067	0.167	0.200	0.03217	0.133	0.143	0.04565	15	0.066	0.142
16	0.063	0.156	0.167	0.03063	0.125	0.143	0.04294	16	0.062	0.134
17	0.059	0.147	0.167	0.02905	0.118	0.125	0.04038	17	0.058	0.127
18	0.056	0.139	0.143	0.02757	0.111	0.112	0.03884	18	0.055	0.120
19	0.053	0.132	0.143	0.02616	0.105	0.112	0.03693	19	0.052	0.114
20	0.050	0.125	0.143	0.02517	0.100	0.112	0.03486	20	0.050	0.109
21	0.048	0.119	0.125	0.02408	0.095	0.100	0.03335	21	0.048	0.104
22	0.046	0.114	0.125	0.02296	0.091	0.100	0.03182	22	0.046	0.099
23	0.044	0.109	0.112	0.02226	0.087	0.091	0.03052	23	0.044	0.095
24	0.042	0.104	0.112	0.02157	0.083	0.084	0.02969	24	0.042	0.092
25	0.040	0.100	0.112	0.02058	0.080	0.084	0.02841	25	0.040	0.088
26	0.039	0.096	0.100	0.01989	0.077	0.084	0.02716	26	0.039	0.085
27	0.038	0.093	0.100	0.01902	0.074	0.077	0.02624	27	0.037	0.082
28	0.036	0.089	0.091	0.01866	0.071	0.072	0.02568	28	0.036	0.079
29	0.035	0.086	0.091	0.01803	0.069	0.072	0.02463	29	0.035	0.076
30	0.034	0.083	0.084	0.01766	0.067	0.072	0.02366	30	0.034	0.074
31	0.033	0.081	0.084	0.01688	0.065	0.067	0.02286	31	0.033	0.072
32	0.032	0.078	0.084	0.01655	0.063	0.067	0.02216	32	0.032	0.069
33	0.031	0.076	0.077	0.01585	0.061	0.063	0.02161	33	0.031	0.067
34	0.030	0.074	0.077	0.01532	0.059	0.063	0.02097	34	0.030	0.066
35	0.029	0.071	0.072	0.01532	0.057	0.059	0.02051	35	0.029	0.064
36	0.028	0.069	0.072	0.01494	0.056	0.059	0.01974	36	0.028	0.062
37	0.028	0.068	0.072	0.01425	0.054	0.056	0.01950	37	0.027	0.060
38	0.027	0.066	0.067	0.01393	0.053	0.056	0.01882	38	0.027	0.059
39	0.026	0.064	0.067	0.01370	0.051	0.053	0.01860	39	0.026	0.057
40	0.025	0.063	0.067	0.01317	0.050	0.053	0.01791	40	0.025	0.056
41	0.025	0.061	0.063	0.01306	0.049	0.050	0.01741	41	0.025	0.055
42	0.024	0.060	0.063	0.01261	0.048	0.050	0.01694	42	0.024	0.053
43	0.024	0.058	0.059	0.01248	0.047	0.048	0.01664	43	0.024	0.052
44	0.023	0.057	0.059	0.01210	0.045	0.046	0.01664	44	0.023	0.051
45	0.023	0.056	0.059	0.01175	0.044	0.046	0.01634	45	0.023	0.050
46	0.022	0.054	0.056	0.01175	0.043	0.044	0.01601	46	0.022	0.049
47	0.022	0.053	0.056	0.01153	0.043	0.044	0.01532	47	0.022	0.048
48	0.021	0.052	0.053	0.01126	0.042	0.044	0.01499	48	0.021	0.047
49	0.021	0.051	0.053	0.01102	0.041	0.042	0.01475	49	0.021	0.046
50	0.020	0.050	0.053	0.01072	0.040	0.042	0.01440	50	0.020	0.045

（注）耐用年数省令別表第七～十には、耐用年数100年までの計数が規定されています。

第4章

ケースごとに必要にな

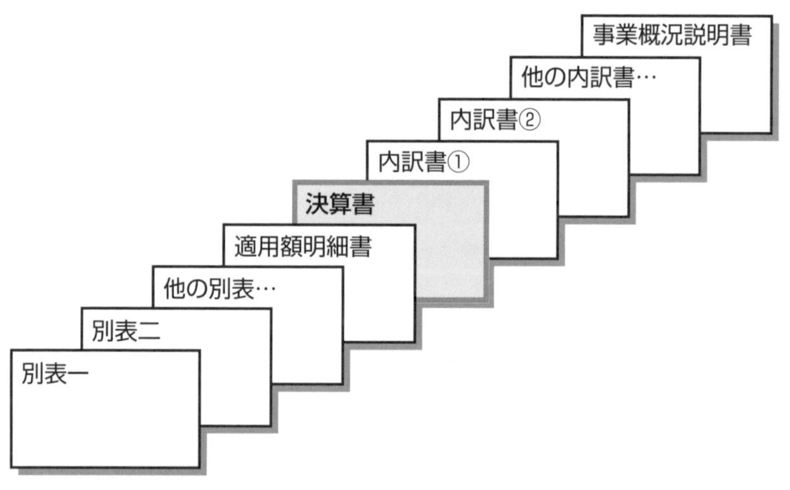

る別表の書き方

4.1 交際費の支出がある場合の別表

法人税における交際費の取扱い

交際費の支出は、それが事業に関係する経費であっても、法人税では必ず限度額計算が必要な支出となります（所得税の計算ではその金額が必要経費となります）。

当期に交際費の支出があれば、別表十五でその課税対象となる金額を計算して、損金不算入額があれば、別表四で加算社外流出として申告調整をします。

別表の書き方はさほど難しいものではありませんが、どのような支出が交際費になり、どのような支出が交際費にならないか、ということは法人税の負担に直接かかわってくる内容となるので、法人にとっては深刻な問題となります。また、税務調査でも交際費に該当するかしないかは指摘を受けやすい箇所にもなっています。

福利厚生費や雑費でも交際費となる支出がある

法人税の計算をするうえで交際費とされる支出は、その費目や名称にはこだわりません。たとえ会社経理で福利厚生費や雑費として経理処理していても、その内容が実質的に法人税に規定する交際費としての性質をもっている支出であれば、交際費としてカウントされます。

逆に、接待交際費として経理処理していても、法人税で交際費として認識されないものならば、単なる損金（単純損益）として認められます。

交際費の定義

交際費とは、交際費・接待費・機密費その他の費用で、得意先、仕入先その他事業に関係のある者等に対する接待・供応・慰安・贈答その他これらに類する行為のために支出する費用をいいます。

通常イメージされる交際費として、料亭やクラブで得意先を接待する姿があるかもしれませんが、法人税の定義に含まれる交際費は、そのような接待だけではありません。

たとえば、上記にもある「機密費」とは当社の秘密を知っている人に対する口止め料のことです。そして接待の相手を定めた、「その他事業に関係のある者等」には当社の株主や役員なども含まれることになっています。

また、「行為のために支出する費用」というのは、行為そのものに限定するのではなく、行為のためにかかった関連経費も交際費に含まれるということになります。

つまり、法人税で定義する交際費は、事業関連者に対し、法人が何らかの見返りを期待して支出する費用で、相手の歓心を買うような行為に対する支出となります。

ただし、「支出する費用」ですから、「肩を揉んであげた」とか、「お世辞を言った」などは交際費には含まれないので安心してください。

関連支出も交際費

たとえば、得意先の社長を当社の社員が接待する際の一連の行動を想像してみましょう。会社から得意先へ、得意先から料亭へと移動する際の交通手段はすべてタクシーを利用したとします。

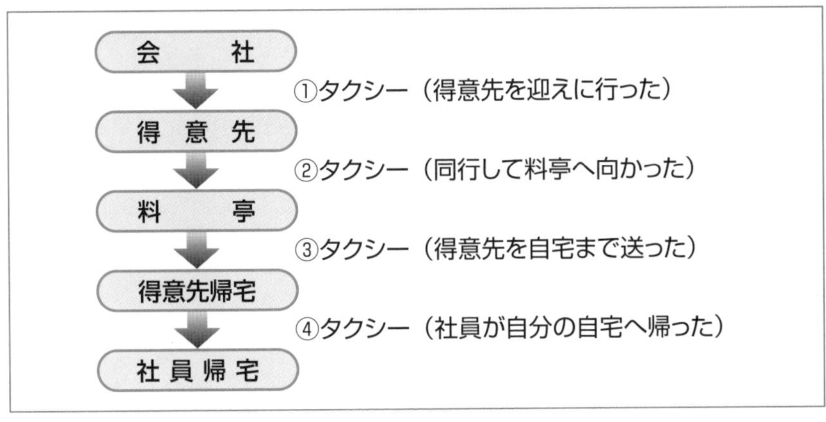

接待においてタクシー代が発生する機会として、①〜④までが想定で

きますが、法人税で交際費とされるタクシー代には、①～④のすべてが含まれます。得意先の社長を送ったあと、当社の社員が自宅まで帰るためのタクシー代までの関連支出が交際費になるのです。

交際費を見分けるための3つの輪

支出した費用が交際費となるかどうか判断に迷った場合には、次の3つの輪が重なる支出であるかどうかで判断します。2つだけ重なっているものは、交際費にはなりません。

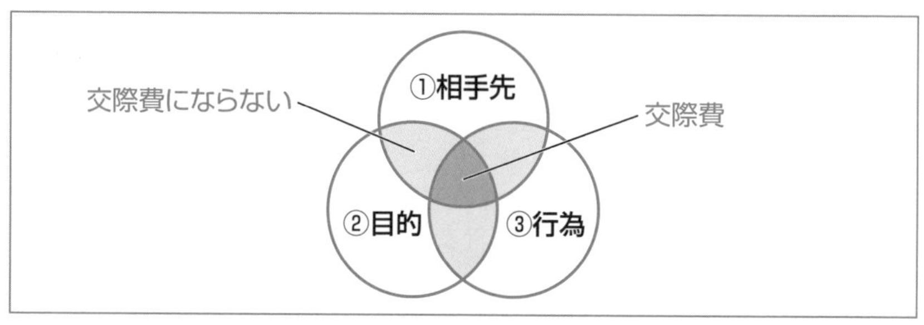

①相手先：事業関連者に対する支出かどうか（得意先、仕入先だけでなく、当社の株主や役員も含まれる）
②目的：歓心を買い見返りを期待する目的の支出かどうか
③行為：何かをしてあげる、物をあげる行為のための支出かどうか

交際費か単純損金か

交際費は、"袖の下"的な性格の支出です。明らかに営業に必要な費用は交際費にはなりませんが、実務では次のように微妙なものもたくさんあります。

● 福利厚生費や給与

同じ金品の贈与であっても、従業員の全員に一律に供与される金品は福利厚生費となります。たとえば、創立○周年記念で贈与される物であっても従業員全員に同じ物を贈呈するのであれば単純損金となりますが、役員だけというような場合は、交際費または役員の給与となります。

●広告宣伝費

得意先に対する贈呈品であっても、当社の社名入りのタオルであったり、カレンダーであったり、広告宣伝を目的とする物の贈与は広告宣伝費となります。ただし、相手の歓心を特に買うような物であれば、当社名が入っているものであっても交際費となるので注意が必要です。

●会議費

会議のために供与される茶菓、弁当などの費用は会議費となります。ただし、通常の会議であるにもかかわらず、○○料亭の料理人が特別に料理した1人前20万円の弁当であるなど、相手の歓心を特に買うようなものであれば、それは交際費となります。

逆に、ワインやビールなどが出された場合でも、通常は供応として交際費になりますが、相手先が外国人であるなど、その相手先の慣習にあわせ常識程度に供与される食前酒などは、会議費として認められます。

会議の際に供与される食事に関しては、アルコールはどの程度までとか、金額はいくらまでという論議はたくさんありますが、すべてその会議ごとの性質と常識の範疇で供与されるべきものは会議費となりますし、相手の歓心を買うようなものであれば、それは交際費となります。

●旅費交通費、宿泊費

接待のために支出する交通費や宿泊費は、すべて交際費に含まれます。しかし、会議のために支出する交通費や宿泊費は旅費交通費として単純損金になります。

となると、会議ということで集まったがそのまま夜は宴会をしたという場合の旅費宿泊費は、交際費か単純損金かという問題があります。この場合には、その会議について会議としての実体があったかなかったかで判断することになります。会議の実体があったのであれば、宴会費部分だけが交際費でその他の部分は単純損金となりますが、会議の実体がなかったのであれば、すべて交際費となります。

●運動費と販売奨励金

当社の特約店になってもらうための運動費として支出する費用は、通常の場合、特約店となってもらうために相手の歓心を買うような接待をしたり、金品を贈与して勧誘するので交際費となりますが、いったん特約店となってしまった相手先であれば、販売奨励金として金品を贈与したとしても通常は単純損金となります。

しかし販売奨励金という名目でも、たくさん買ってもらうために、特に歓心を買うような金品を贈与したり、接待行為を行なった場合にはもちろん交際費となります。

●記念パーティー

当社の記念パーティーなどは、基本的に従業員のためにするお祝い事なので、その費用は福利厚生費となります。しかし、得意先などを招待した場合には、そこでの飲食費や記念品代等（一律に従業員に贈与するものは除く）はすべて交際費となるので注意が必要です。これは通常、招待客に得意先が１人でもいれば、その会場は接待の場となってしまうためです。

しかしこの場合であっても、祭事の費用など式典のために通常要する費用は単純損金となります。

また招待客からのお祝い金などは、雑収入として計上します。このお祝い金は、交際費と相殺することはできません。ただし、あらかじめ参加費用を徴収することが決まっているような会費制のパーティーであれば、そこで徴収した参加費用は交際費と相殺することができます。

●セールスマンに対する慶弔禍福費用

当社の外交セールスマンは、厳密には会社内部の従業員ではなく、社外の取引関連者になりますが、その性質から当社の従業員に準じて扱うことになっています。

セールスマンに対する慶弔禍福費用は、福利厚生費として単純損金となります。ただし、同じ慶弔禍福費用であっても、社会通念上の常識を超える金品の贈与などがあれば、それは交際費になります。

1人5,000円以下の接待飲食費は単純損金になる

得意先を接待した費用でも、接待をした当社の従業員を含め、1人あたり**5,000円以下**である飲食費は、単純損金として認められます。

その理由として、我が国の交際費課税は、接待と認識される行為に酒が伴うかそうでないかが大きな判断基準となっていますが、諸外国では酒食をしながら仕事の打合せをすることは日常茶飯にされているという実体があります。また現状の日本の習慣でも、得意先と食事に行けば通常仕事の話になりますし、そこで数千円の負担をしたとしても特に相手に歓心を買うような支出にはならないという現状を踏まえて、単純損金を要件付きで認めたという経緯があるのです。

ただし、1人あたり5,000円以下の飲食費を単純損金とするためには、次の事項を記載した書類の保存が必要になります。

- 参加した得意先、仕入先などの氏名または名称およびその関係
- 飲食等のあった年月日
- 参加した者の人数
- 費用の金額、飲食店などの名称およびその所在地

上記のうち、年月日、金額、飲食店の名称および所在地は、通常領収書に記載があります。したがって、参加した得意先・仕入先などの氏名または名称およびその関係と、参加した者の人数を領収書の裏にでも記載しておけば要件は満たすことになります。たとえ接待行為をした際の領収書であっても、1人あたり5,000円以下になるものは、上記の記載事項を記載して会議費に計上するようにしてください。

別表十五への記載

法人税上で支出交際費とされるものは、会社が接待交際費として経理したものとは限らないので、決算が確定した総勘定元帳を開き、接待交際費、福利厚生費、雑費などの項目を1つひとつチェックする必要があります。

⑴　支出交際費等の額の明細：次頁Ａ枠の記載

総勘定元帳で確認した交際費勘定などの合計額を、それぞれ６欄に記載します。

次に、その支出額に含まれる金額のうち税務上交際費に該当しないものがあれば、その金額を７欄に記載します。８欄は通常６欄から７欄を差し引いて計算した金額を記載しますが、交際費以外の項目は６欄と８欄を先に記載してから７欄の金額を計算するとよいでしょう。

Ｂ枠２欄の「支出接待飲食費損金算入基準額」は、支出交際費等の額のうち、接待飲食費の額の50％相当額を損金算入限度額とすることができるものです。中小法人にあっては定額控除限度額との選択適用が認められています。８欄に記載した交際費等の額のうち、接待飲食費に該当する支出があれば９欄に記載します。

税務上の支出交際費に該当する支出が含まれていない勘定科目の記載は不要です。また、固定資産の取得価額に含まれた付随費用で交際費に該当するものや仮払金などに含まれるもので申告調整をしたものなどがあれば、上記と同じように記載します。未払費用など申告調整のみの認定で総勘定元帳への記載がないものは、科目欄にその旨を記載します。

Ａ枠の記載が終了すれば、８欄の計をＢ枠の１欄へ転記します。また、９欄の計を50％にした金額を２欄へ記載します。

⑵　定額控除限度額などの記載：Ｂ枠の記載

３欄（定額控除限度額）は、当社の当期末資本金が次のいずれかによりそれぞれの金額を記載します。

- 期末資本金額が１億円以下の法人……8,000,000円
- 非中小法人等および期末資本金額が１億円を超える法人……………0円

また、「$\frac{\quad}{12}$」の分子に記載する数字は、通常の場合は12と記載しますが、設立事業年度など、当期の事業年度が１年でない場合には、設立日から事業年度終了日までの月数（１月未満の端数は切り上げ）を記載し、按分後の金額を記載します。４欄は、２欄と３欄のうち、いずれか大き

◉別表十五◉

交際費等の損金算入に関する明細書

事業年度	×1・4・1 ×2・3・31	法人名	YOTAX(株)

別表十五

B

支出交際費等の額 (8の計)	1	10,000,000円	損金算入限度額 (2)又は(3)	4	8,000,000円
支出接待飲食費損金算入基準額 (9の計)×$\frac{50}{100}$	2	3,850,000			
中小法人等の定額控除限度額 ((1)と((800万円×$\frac{12}{12}$)又は(別表十五付表「5」))のうち少ない金額)	3	8,000,000	損金不算入額 (1)−(4)	5	2,000,000

A

支出交際費等の額の明細

科目	支出額 6	交際費等の額から控除される費用の額 7	差引交際費等の額 8	(8)のうち接待飲食費の額 9
交際費	9,436,000円	66,000円	9,370,000円	7,300,000円
会議費	650,000	600,000	50,000	0
雑費	120,000	30,000	90,000	0
土地	65,400,000	65,000,000	400,000	400,000
仮払金	100,000	40,000	60,000	0
他申告調整額	30,000	0	30,000	0
計	75,736,000	65,736,000	10,000,000	7,700,000

い金額を記載します。

最後に5欄の金額（損金不算入額）を別表四で加算社外流出として申告調整します。

総勘定元帳でのチェック項目

法人税の計算対象となる支出交際費を抽出するためには、総勘定元帳の各勘定科目に集計されている支出の内容を確認する必要があります。下記に特に間違いやすい項目を列挙しておきますので、チェック項目として役立てください。

●接待交際費

・収入金額などを相殺した仕訳はないか
・他の項目となる費用は含まれていないか

●会議費

・宴会費が含まれていないか
・1人あたり5,000円以下の飲食費でも保存書類への記載項目の不備はないか
・異常に高額な金額などはないか

●福利厚生費

・社会常識を超える支出はないか
・特定の者のみへの費用などは含まれていないか

●寄附金

・得意先、仕入先に対するものはないか
・親睦を図る目的のものはないか

●旅費交通費

・接待をした日と同日のタクシー代などは含まれていないか
・得意先を旅行に招いた費用は含まれていないか
・出張の際の精算金に交際費が紛れていないか

●広告宣伝費

・異常に高額な金額の贈与費用などはないか
・特定の者だけに対するものは含まれていないか

●諸会費

・ライオンズクラブなどの親睦を目的とする会への支出はないか

・相手先で交際費として使用した特別会費などが含まれていないか

貸借対照表に計上した勘定科目に含まれる交際費

税務上、費用計上した交際費は、科目が何であろうと損益計算書上は費用として計上されているので問題はありません。しかし仮払金や土地など、貸借対照表の資産項目として計上された勘定科目に含まれる交際費は、確定した決算において費用としては認識されていません。

法人税では、会社はこれを費用として処理したという前提で支出交際費等の損金不算入額が申告調整されるので、そういった項目に含まれる支出額は、別表四で減算留保として申告調整をする必要があります。

仮払交際費の処理

仮払金に含まれる交際費で債務の確定しているものについては、その支出額を別表四において減算留保として申告調整しなければなりません。それと同時に会社計上の仮払金と税務上の仮払金にズレが生じますので別表五（一）Ⅰにおいても調整が必要になります（記載例は205頁参照）。

ここで注意すべきは、仮払金に計上した交際費は本来、費用項目として処理すべきものを会社が費用計上しなかったわけですから、損金算入する申告調整が必要になっているという点です。

原価算入交際費の処理

しかし、取得土地の付随費用に含まれる交際費等は本来、資産計上すべきものなので、仮払金に含まれる交際費とはまた違う取扱いとなります。取得土地の付随費用に含まれる交際費等とは、たとえば前所有者と買取りの交渉をするために料亭で接待した費用などが該当します。

この場合の法人税での正しい処理は、いったん取得価額に含める処理をしてから原価算入交際費として計算した金額のみを減算調整します。

つまり、原価算入交際費は、支出交際費等の額のうち、損金不算入となった部分のみを減算調整することで、支出交際費等の損金不算入額に対応させる処理をすることができる特例となります。原価算入交際費の特例は、仮払金の減算調整とは違い任意で申告調整をすることができます。

固定資産に計上した交際費（原価算入交際費）

固定資産の付随費用などに含まれる交際費で取得価額に算入したものは、それぞれ次の算式により計算した金額を230頁以降で説明する固定資産の種類に応じ、それぞれの別表などで調整することにより損金算入することができます。

◉原価算入交際費の損金算入額◉

$$\text{交際費等の損金不算入額} \times \frac{\text{取得価額に算入した交際費等の額}}{\text{支出交際費等の額}} = \text{損金算入額}$$

※原価算入交際費は、土地、建物などの固定資産や創立費、創業費などの繰延資産に含まれていることが多いので、見すごさないように注意が必要です。

原価算入交際費の特例は、翌期の処理が必要

当期に原価算入交際費として損金算入した金額は、下記のように翌事業年度にそれぞれの固定資産について修正仕訳をし、次頁のように翌期の申告書別表四および別表五（一）Ⅰにおいて消去に関する調整をしなければなりません。

また、この修正仕訳において交際費勘定を使用した場合には、その金額は翌期の支出交際費等には該当しないので、別表十五では７欄にその金額を記載することになります（230頁参照）。

◉翌期における修正仕訳◉

（接待交際費）80,000円　／　（土　　地）80,000円

◉翌期の別表四◉

所得の金額の計算に関する明細書（簡易様式）

事業年度	×2.4.1 ×3·3·31	法人名	YOTAX(株)

別表四（簡易様式）

区分			総額	処分		
				留保	社外流出	
			①	②	③	
当期利益又は当期欠損の額		1	円	円	配当	円
					その他	
加算	損金経理をした法人税及び地方法人税（附帯税を除く。）	2				
	損金経理をした道府県民税及び市町村民税	3				
	損金経理をした納税充当金	4				
	損金経理をした附帯税（利子税を除く。）、加算金、延滞金（延納分を除く。）及び過怠税	5			その他	
	減価償却の償却超過額	6				
	役員給与の損金不算入額	7			その他	
	交際費等の損金不算入額	8			その他	
	通算法人に係る加算額（別表四付表「5」）	9			外※	
	前期原価算入交際費否認	10	80,000	80,000		
	小計	11			外※	
減算	減価償却超過額の当期認容額	12				
	納税充当金から支出した事業税等の金額	13				
	受取配当等の益金不算入額（別表八（一）「5」）	14			※	
	外国子会社から受ける剰余金の配当等の益金不算入額（別表八（二）「26」）	15			※	
	受贈益の益金不算入額	16			※	
	適格現物分配に係る益金不算入額	17			※	
	法人税等の中間納付額及び過誤納に係る還付金額	18				
	所得税額等及び欠損金の繰戻しによる還付金額等	19			※	
	通算法人に係る減算額（別表四付表「10」）	20			※	

◉翌期の別表五（一）◉

利益積立金額及び資本金等の額の計算に関する明細書

事業年度	×2.4.1 ×3·3·31	法人名	YOTAX(株)

別表五(一)

Ⅰ 利益積立金額の計算に関する明細書

区分		期首現在利益積立金額	当期の増減		差引翌期首現在利益積立金額 ①－②＋③
			減	増	
		①	②	③	④
利益準備金	1	円	円	円	円
積立金	2				
	3				
土地取得価額減額	4	△80,000	△80,000		0
	5				
	6				
	7				
	8				
	9				
	10				
	11				
	12				
	13				
	14				

◉翌期の別表十五◉

交際費等の損金算入に関する明細書

事業年度	×2・4・1 ×3・3・31	法人名	YOTAX(株)

別表十五

支出交際費等の額 (8の計)	1	円	損金算入限度額 (2)又は(3)	4	円
支出接待飲食費損金算入基準額 (9の計)× $\frac{50}{100}$	2				
中小法人等の定額控除限度額 ((1)と((800万円× $\frac{}{12}$)又は(別表十五付表「5」))のうち少ない金額)	3		損金不算入額 (1)−(4)	5	

支出交際費等の額の明細

科目	支出額	交際費等の額から控除される費用の額	差引交際費等の額	(8)のうち接待飲食費の額
	6	7	8	9
交際費	円 8,620,000	円 80,000	円 8,540,000	円 6,200,000

(1) 土地など非減価償却資産の場合

228頁の算式により計算した損金算入額を次頁のように別表四において減算留保として申告調整し、別表五(一)Ⅰにおいて会社の土地の取得価額と税務上の土地の取得価額のズレとして調整をします。

- 支出交際費等の額 ………………10,000,000円
- 交際費等の損金不算入額 ………2,000,000円
- 土地の取得価額 …………………65,400,000円
  (上記に含まれる交際費の額 400,000円)

$$2,000,000円 \times \frac{400,000円}{10,000,000円} = 80,000円$$

◉別表四◉

所得の金額の計算に関する明細書（簡易様式）

事業年度	×1・4・1 ×2・3・31	法人名	YOTAX（株）

別表四（簡易様式）

区分			総額	処分		
				留保	社外流出	
			①	②	③	
当期利益又は当期欠損の額		1	円	円	配当	円
					その他	
加算	損金経理をした法人税及び地方法人税（附帯税を除く。）	2				
	損金経理をした道府県民税及び市町村民税	3				
	損金経理をした納税充当金	4				
	損金経理をした附帯税（利子税を除く。）、加算金、延滞金（延納分を除く。）及び過怠税	5			その他	
	減価償却の償却超過額	6				
	役員給与の損金不算入額	7			その他	
	交際費等の損金不算入額	8	2,000,000		その他	2,000,000
	通算法人に係る加算額（別表四付表「5」）	9			外※	
		10				
	小計	11			外※	
減算	減価償却超過額の当期認容額	12				
	納税充当金から支出した事業税等の金額	13				
	受取配当等の益金不算入額（別表八（一）「5」）	14			※	
	外国子会社から受ける剰余金の配当等の益金不算入額（別表八（二）「26」）	15			※	
	受贈益の益金不算入額	16			※	
	適格現物分配に係る益金不算入額	17			※	
	法人税等の中間納付額及び過誤納に係る還付金額	18				
	所得税額等及び欠損金の繰戻しによる還付金額等	19			※	
	通算法人に係る減算額（別表四付表「10」）	20			※	
	土地取得価額減額	21	80,000	80,000		

◉別表五（一）◉

利益積立金額及び資本金等の額の計算に関する明細書

事業年度	×1・4・1 ×2・3・31	法人名	YOTAX（株）

別表五（一）

I　利益積立金額の計算に関する明細書

区分		期首現在利益積立金額	当期の増減		差引翌期首現在利益積立金額 ①－②＋③
			減	増	
		①	②	③	④
利益準備金	1	円	円	円	円
積立金	2				
	3				
土地取得価額減額	4			△ 80,000	△ 80,000
	5				
	6				
	7				
	8				
	9				

(2) 減価償却資産の場合

228頁の算式により計算した損金算入額を別表四において減算留保として申告調整し、別表五（一）Ｉにおいて会社の減価償却資産の取得価額と税務上の減価償却資産の取得価額のズレとして調整をします。

なお、原価算入交際費として損金算入する金額は、減価償却資産の取得価額からマイナスして償却限度額を計算するので、別表十六（一）ではマイナス後の金額を取得価額の欄に記載します。

- 支出交際費等の額 ……………………10,000,000円
- 交際費等の損金不算入額…………2,000,000円
- 建物の取得価額 …………………65,400,000円

（上記に含まれる交際費の額　400,000円）

$$2{,}000{,}000円 \times \frac{400{,}000円}{10{,}000{,}000円} = 80{,}000円$$

- 減価償却の基礎となる取得価額

65,400,000円－80,000円＝65,320,000円

◉別表十六（一）◉

旧定額法又は定額法による減価償却資産の償却額の計算に関する明細書

事業年度	×1・4・1 ×2・3・31	法人名	YOTAX(株)

別表十六(一)

資産区分	種類	1	建物				
	構造	2					
	細目	3					
	取得年月日	4	×1・9・1	・・	・・	・・	・・
	事業の用に供した年月	5	×1年9月				
	耐用年数	6	10年	年	年	年	年
取得価額	取得価額又は製作価額	7	外 65,320,000円	外 円	外 円	外 円	外 円
	(7)のうち積立金方式による圧縮記帳の場合の償却額計算の対象となる取得価額に算入しない金額	8					
	差引取得価額 (7)－(8)	9	65,320,000				
帳簿価額	償却額計算の対象となる期末現在の帳簿記載金額	10					
	期末現在の積立金の額	11					
	積立金の期中取崩額	12					
	差引帳簿記載金額 (10)－(11)－(12)	13	外△	外△	外△	外△	外△
	損金に計上した当期償却額	14					

◉別表四◉

所得の金額の計算に関する明細書（簡易様式）

事業年度	×1・4・1 ×2・3・31	法人名	YOTAX(株)

別表四（簡易様式）

区分			総額 ①	処分 留保 ②	社外流出 ③	
当期利益又は当期欠損の額		1	円	円	配当	円
					その他	
加算	損金経理をした法人税及び地方法人税（附帯税を除く。）	2				
	損金経理をした道府県民税及び市町村民税	3				
	損金経理をした納税充当金	4				
	損金経理をした附帯税（利子税を除く。）、加算金、延滞金（延納分を除く。）及び過怠税	5			その他	
	減価償却の償却超過額	6				
	役員給与の損金不算入額	7			その他	
	交際費等の損金不算入額	8	2,000,000		その他	2,000,000
	通算法人に係る加算額（別表四付表「5」）	9			外※	
		10				
	小計	11			外※	
減算	減価償却超過額の当期認容額	12				
	納税充当金から支出した事業税等の金額	13				
	受取配当等の益金不算入額（別表八（一）「5」）	14			※	
	外国子会社から受ける剰余金の配当等の益金不算入額（別表八（二）「26」）	15			※	
	受贈益の益金不算入額	16			※	
	適格現物分配に係る益金不算入額	17			※	
	法人税等の中間納付額及び過誤納に係る還付金額	18				
	所得税額等及び欠損金の繰戻しによる還付金額等	19			※	
	通算法人に係る減算額（別表四付表「10」）	20			※	
	建物取得価額減額	21	80,000	80,000		
	小計	22			外※	
仮計 (1)+(11)−(22)		23			外※	
対象純支払利子等の損金不算入額		24			その他	

◉別表五（一）◉

利益積立金額及び資本金等の額の計算に関する明細書

事業年度	×1・4・1 ×2・3・31	法人名	YOTAX(株)

別表五(一)

I 利益積立金額の計算に関する明細書

区分		期首現在利益積立金額 ①	当期の増減 減 ②	当期の増減 増 ③	差引翌期首現在利益積立金額 ①−②+③ ④
利益準備金	1	円	円	円	円
積立金	2				
	3				
建物取得価額減額	4			△ 80,000	△ 80,000
	5				
	6				
	7				
	8				
	9				

4.2 預金利息を受け取っている場合の別表（所得税額控除）

預金利息を受け取ったときの経理処理

会社名義の普通預金や定期預金などで預金利息を受け取った場合には、その受取利息は通常、所得税（源泉所得税）が徴収された後の残額が入金されています。

◉通帳の例◉

	日　付	お払戻金額	お預り金額	摘　要	差引残高	備考
1	X2.2.12	012-3456789		繰　越	*798,369	145D
2	X2.2.13	決　算	204	フツウリソク	*798,573	

たとえば、204円の利息であれば36円の所得税が支払い側の銀行においてあらかじめ徴収され、国へ納付してくれています。

この場合の受取利息に関する経理処理には次の２通りの方法がありますが、どちらも徴収された税金に関する会社計上の当期利益への影響は損金として計上されている状態となっています。

純額表示の仕訳

（現金預金）204円／（受取利息）204円

収益計上額	204円
費用計上額	0円
当 期 利 益	204円

総額表示の仕訳

（現金預金）204円／（受取利息）240円
（租税公課）　36円／

収益計上額	240円
費用計上額	36円
当 期 利 益	204円

※どちらの経理処理でも税金は費用になっている。

税額の算出方法

普通預金であれば、受取利息のすべてが預金口座に入金されるわけではなく、前頁のように所得税が徴収された後の残額が入金されています。そのため徴収された所得税の金額の明細はわかりません。

しかし、法人税の申告をするためには、これらの徴収された税金の明細が必要になるので、その徴収された税額は概算ででも算出しなければなりません。そこで次のようにしてその金額を把握します。

まず、受け取った利息に対して課税される所得税の税率は、15％と決まっています。つまり受取利息を100％とした場合の入金額と所得税の関係は次のとおりとなります。

◉受取利息と所得税との関係◉

（現金預金）85％
（所得税）　15％
｝（受取利息）100％

上記の関係から預金口座への直接入金額を85％（0.85）で割り戻せば、100％分の受取利息の金額が算出されるので、15％の税金分がいくら徴収されているかが把握できるようになります。

● 受取利息の計算

85％÷0.85＝100％

204円÷0.85＝240円

● 徴収された所得税の計算

100％×15％＝15％

240円×15％＝36円

令和19年12月31日まで、復興特別所得税が源泉所得税の15％に対して2.1％付加（0.15×1.021＝15.315％）されますので、0.84685（＝１－0.15315）で割り戻す計算が必要になります。ただし、源泉徴収に係る復興特別所得税の確定額が１円未満となるときは、復興特別所得税は課税されませんので、通常通り0.85で割り戻す計算となります。

調整をしないと二重課税になる

受取利息は会社で収益計上されますが、法人税においても同様に益金として把握されます。しかし、法人税の計算の流れから、徴収された所得税をそのまま損金として扱えば次のようなことになってしまいます。

たとえば、受取利息10,000円にかかる税金は、所得税が1,500円源泉徴収されています。つまり、その税金は前払いをした状態となっていますが、その受取利息のうち会社の当期利益を構成する部分は結果的に「10,000円－1,500円」で8,500円となっています。

この当期利益8,500円がそのまま所得金額となれば、8,500円に対し、さらに法人税が課税されることになり、その税額は次のとおりです。

8,500円×23.2％＝1,972円

ここで、10,000円という同一所得に対して、法人税が1,972円、所得税が1,500円（ともに国税）となれば、国に対して負担すべき税額は両方の税金を合わせると3,472円にもなってしまいます。

◎二重課税の状態◎

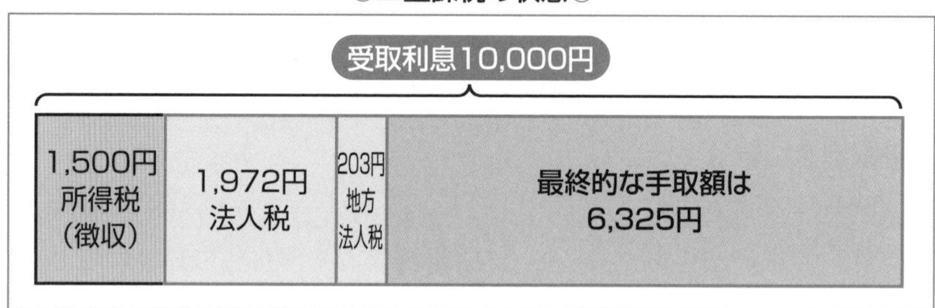

本来の税額

本来の税額は次のようになるはずです。

受取利息10,000円に対する法人税の負担額は「10,000円×23.2％」で2,320円、地方法人税の負担額は「2,320円×10.3％」で238円となります。

◎本来の状態◎

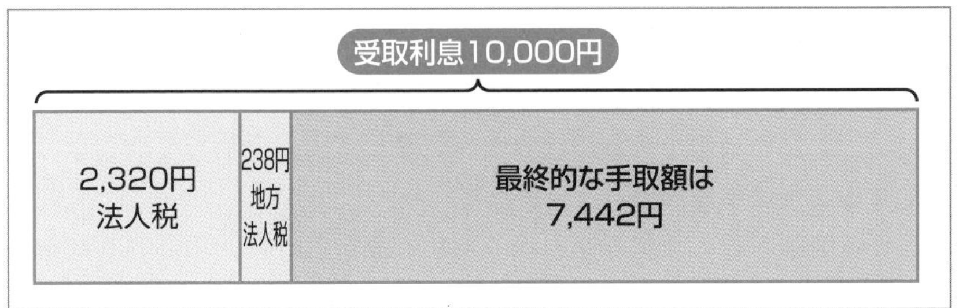

支払うべき税額の残額

本来、10,000円の受取利息に対する税金は国税である法人税が2,320円なのですから、受取利息を受け取った段階で徴収された税額を控除すると、法人税は「2,320円－1,500円」で820円になります。

本来の受取利息10,000円に対する納付額の残額は、法人税が820円であればそれでよい計算になるのです。

法人税の取扱い

法人税では、上記のように国税同士の二重課税を排除するため、源泉所得税を法人税の前払いと考えて、本来の法人税の納付額となるよう別表四や別表一において申告調整することが認められています。

別表四の調整

預金口座に入金された利息が8,500円であれば、会社の当期利益に含まれる受取利息の残額は8,500円となっています。

まずその金額を0.85で割り戻して、8,500円÷0.85＝10,000円と受取利息の総額を計算します。

そして、10,000円に対する所得税の計算をします。

- 所得税　10,000円 × 15% ＝ 1,500円

次に、上記の金額を次頁の別表四へ記載して所得金額を受取利息の総額になるように加算調整します。

次頁の例は、その仕組みがわかりやすくなるように、当期利益は預金口座入金額の受取利息8,500円のみだったものとして記載しています。

なお、復興特別所得税は加味していません。

所得税は社外流出

このとき、加算調整は所得税が社外流出となるので、結果的に別表四の所得金額は総額10,000円、留保8,500円、社外流出1,500円となります。

所得税に関しては、あくまで国税同士の二重課税を排除する特例ですから、原則としてはそれぞれ違う税目の税金です。そのため、原則通りの処理をしたい会社については、所得税を損金として処理する選択肢を与えています。

また、税金はそもそも会社から出て行くお金なので社外流出が前提となります。そのため、留保所得金額に影響がでないように、社外流出項目として処理をすることになっています。

◉別表四◉

所得の金額の計算に関する明細書（簡易様式）

事業年度	×1・4・1 ×2・3・31	法人名	HOTAX（株）

区分			総額 ①	処分 留保 ②	処分 社外流出 ③	
当期利益又は当期欠損の額		1	8,500 円	8,500 円	配当	円
					その他	
加算	損金経理をした法人税及び地方法人税（附帯税を除く。）	2				
	損金経理をした道府県民税及び市町村民税	3				
	損金経理をした納税充当金	4				
	損金経理をした附帯税（利子税を除く。）、加算金、延滞金（延納分を除く。）及び過怠税	5			その他	
	減価償却の償却超過額	6				
	役員給与の損金不算入額	7			その他	
	交際費等の損金不算入額	8			その他	
	通算法人に係る加算額（別表四付表「5」）	9			外※	
		10				
	小計	11	0	0	外※	0
減算	減価償却超過額の当期認容額	12				
	納税充当金から支出した事業税等の金額	13				
	受取配当等の益金不算入額（別表八（一）「5」）	14			※	
	外国子会社から受ける剰余金の配当等の益金不算入額（別表八（二）「26」）	15			※	
	受贈益の益金不算入額	16			※	
	適格現物分配に係る益金不算入額	17			※	
	法人税等の中間納付額及び過誤納に係る還付金額	18				
	所得税額等及び欠損金の繰戻しによる還付金額等	19			※	
	通算法人に係る減算額（別表四付表「10」）	20			※	
		21				
	小計	22	0	0	外※	0
仮計 (1)+(11)−(22)		23	8,500	8,500	外※	0
対象純支払利子等の損金不算入額（別表十七（二の二）「29」又は「34」）		24			その他	
超過利子額の損金算入額（別表十七（二の三）「10」）		25	△		※	△
仮計 ((23)から(25)までの計)		26	8,500	8,500	外※	0
寄附金の損金不算入額（別表十四（二）「24」又は「40」）		27			その他	
法人税額から控除される所得税額（別表六（一）「6の③」）		29	1,500		その他	1,500
税額控除の対象となる外国法人税の額（別表六（二の二）「7」）		30			その他	
分配時調整外国税相当額及び外国関係会社等に係る控除対象所得税額等相当額（別表六（五の二）「5の②」）+（別表十七（三の六）「1」）		31			その他	
合計 (26)+(27)+(29)+(30)+(31)		34	10,000	8,500	外※	1,500
中間申告における繰戻しによる還付に係る災害損失欠損金額の益金算入額		37			※	
非適格合併又は残余財産の全部分配等による移転資産等の譲渡利益額又は譲渡損失額		38			※	
差引計 (34)+(37)+(38)		39	10,000	8,500	外※	1,500
更生欠損金又は民事再生等評価換えが行われる場合の再生等欠損金の損金算入額（別表七（三）「9」又は「21」）		40	△		※	△
通算対象欠損金額の損金算入額又は通算対象所得金額の益金算入額（別表七の二「5」又は「11」）		41			※	
差引計 (39)+(40)±(41)		43	10,000	8,500	外※	1,500
欠損金等の当期控除額（別表七（一）「4の計」）+（別表七（四）「10」）		44	△		※	△
総計 (43)+(44)		45	10,000	8,500	外※	1,500
残余財産の確定の日の属する事業年度に係る事業税及び特別法人事業税の損金算入額		51	△	△		
所得金額又は欠損金額		52	10,000	8,500	外※	1,500

(簡)

別表一の調整

別表四における申告調整によって、受取利息の益金算入額は国税が徴収される前の総額の金額として所得金額が構成されるようになりました。この所得金額をもって法人税額の計算をしていきます。

次頁の例は、その仕組みがわかりやすくなるように、法人税の税率を大法人の23.2％として記載しています。

⑴ 法人税額の計算：次頁Ａ枠の記載

Ａ枠の47欄へ所得金額（10,000円）を記載（千円未満の端数は切り捨てます）し、その金額に23.2％を乗じた金額（2,320円）を50欄へ記載します。

そしてＢ枠２欄へ、50欄の金額（2,320円）を転記します。

⑵ 控除税額の計算：Ｃ枠の記載

法人税額から控除する所得税額（1,500円）をＣ枠の16欄へ記載します。次頁例の場合は、2,320円の法人税額に対して1,500円を控除するので、Ｅ枠の12欄およびＣ枠の19欄にそれぞれ控除した金額（1,500円）を記載します。

⑶ 控除しきれなかった金額がある場合：F枠の記載

この章では余談となりますが、Ｄ枠に記載されている法人税額がＣ枠の18欄よりも少ない場合には、そのすべてを控除することができないので、控除する金額のみを記載します。

そして、このように控除しきれなかった場合には、徴収された所得税額が還付されるので、その控除しきれなかった金額をＦ枠に記載します。

仮にＤ枠の法人税額が1,000円だった場合には、Ｃ枠の19欄とＥ枠の12欄はそれぞれ1,000円と記入し、Ｃ枠の20欄とＦ枠の21欄に残額の500円を記載します。

還付を受ける場合には、ｆ枠の「還付を受けようとする金融機関等」への記載を忘れないよう注意が必要です。

◉別表一次葉◉

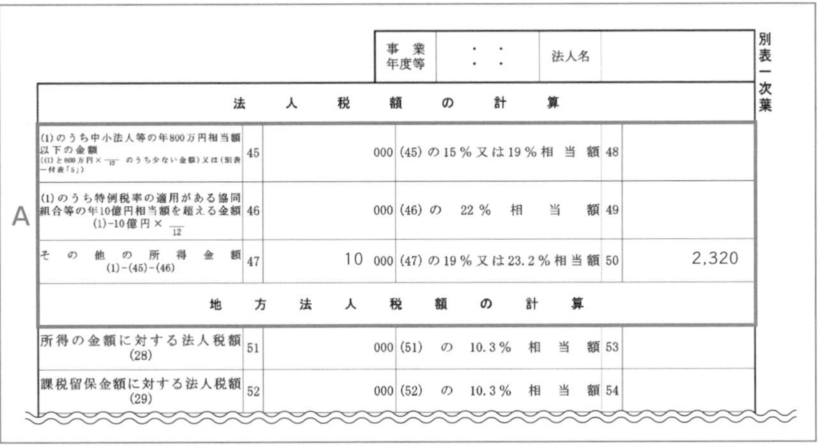

事業年度等	・・ / ・・	法人名	

別表一次葉

法人税額の計算					
(1)のうち中小法人等の年800万円相当額以下の金額 ((1)と800万円×$\frac{}{12}$のうち少ない金額)又は(別表一付表「5」)	45	000	(45)の15%又は19%相当額	48	
(1)のうち特例税率の適用がある協同組合等の年10億円相当額を超える金額 (1)−10億円×$\frac{}{12}$	46	000	(46)の22%相当額	49	
その他の所得金額 (1)−(45)−(46)	47	10 000	(47)の19%又は23.2%相当額	50	2,320
地方法人税額の計算					
所得の金額に対する法人税額 (28)	51	000	(51)の10.3%相当額	53	
課税留保金額に対する法人税額 (29)	52	000	(52)の10.3%相当額	54	

(A: 45〜50の欄)

◉別表一◉

令和　年　月　日 (の計算期間 令和　年　月　日) の書面提出有 / の2の書面提出有 / 人の分

		番号	金額（十億・百万・千・円）
B	所得金額又は欠損金額 (別表四「52の①」)	1	10000
B	法人税額 (48)+(49)+(50)	2	2320
この申告書による法人税額の計算	法人税額の特別控除額 (別表六(六)「5」)	3	
	税額控除超過額相当額等の加算額	4	
	土地譲渡利益金額 課税土地譲渡利益金額 (別表三(二)「24」)+(別表三(二の二)「25」)+(別表三(三)「20」)	5	000
	同上に対する税額 (62)+(63)+(64)	6	
	留保金 課税留保金額 (別表三(一)「4」)	7	000
	同上に対する税額 (別表三(一)「8」)	8	
D			00
D	法人税額計 (2)−(3)+(4)+(6)+(8)	9	2320
	分配時調整外国税相当額及び外国関係会社等に係る控除対象所得税額等相当額の控除額 (別表六(五の二)「7」)+(別表十七(三の六)「3」)	10	
	仮装経理に基づく過大申告の更正に伴う控除法人税額	11	
E	控除税額 ((9)−(10)−(11))と(18)のうち少ない金額)	12	1500
	差引所得に対する法人税額 (9)−(10)−(11)−(12)	13	800
	中間申告分の法人税額	14	00
	差引確定法人税額 (13)−(14) (中間申告の場合はその税額とし、マイナスの場合は(22)へ記入)	15	800
この申告書による地方法人税額の計算	課税標準法人税額の計算 基準法人税額 所得の金額に対する法人税額 (2)−(3)+(4)+(6)+(9の外書)−別表六(二)付表六「7の計」	28	
	課税留保金額に対する法人税額 (8)	29	
	課税標準法人税額 (28)+(29)	30	000
	地方法人税額 (53)	31	
	税額控除超過額相当額の加算額 (別表六(二)付表六「14の計」)	32	
	課税留保金額に係る地方法人税額 (54)	33	
	所得地方法人税額 (31)+(32)+(33)	34	
	分配時調整外国税相当額及び外国関係会社等に係る控除対象所得税額等相当額の控除額 ((別表六(五の二)「8」+別表十七(三の六)「4」)と(34)のうち少ない金額)	35	
	仮装経理に基づく過大申告の更正に伴う控除地方法人税額	36	
	外国税額の控除額 (((34)−(35)−(36))と(66)のうち少ない金額)	37	
	差引地方法人税額 (34)−(35)−(36)−(37)	38	00
	中間申告分の地方法人税額	39	00
	差引確定地方法人税額 (38)−(39) (中間申告の場合はその税額とし、マイナスの場合は(42)へ記入)	40	00

		番号	金額（十億・百万・千・円）
C 控除税額の計算	所得税の額 (別表六(一)「6の③」)	16	1500
C	外国税額 (別表六(二)「23」)	17	
C	計 (16)+(17)	18	1500
C	控除した金額 (12)	19	1500
C	控除しきれなかった金額 (18)−(19)	20	
F この申告による還付金額	所得税額等の還付金額 (20)	21	
	中間納付額 (14)−(13)	22	
	欠損金の繰戻しによる還付請求税額	23	外
	計 (21)+(22)+(23)	24	外
	この申告が修正申告である場合のこの申告により納付すべき法人税額又は減少する還付請求税額 (57)	25	外 00
	欠損金等の当期控除額 (別表七(一)「4の計」)+(別表七(三)「9」若しくは「21」又は別表七(四)「10」)	26	
	翌期へ繰り越す欠損金額 (別表七(一)「5の合計」)	27	
この申告による還付金額	外国税額の還付金額 (67)	41	
	中間納付額 (39)−(38)	42	
	計 (41)+(42)	43	外
	この申告が修正申告である場合のこの申告により納付すべき地方法人税額 (61)	44	00
	剰余金・利益の配当(剰余金の分配)の金額		
	残余財産の最後の分配又は引渡しの日		令和　年　月　日
	決算確定の日		令和　年　月　日

f 還付を受けようとする金融機関等	銀行 / 金庫・組合 / 農協・漁協	本店・支店 / 出張所 / 本所・支所	預金	郵便局名等
	口座番号		ゆうちょ銀行の貯金記号番号	−
	※税務署処理欄			

					税理士署名	

別表六（一）の記載

所得税額控除の適用を受けるためには、次頁の別表六（一）「所得税額の控除に関する明細書」を確定申告書に添付しなければいけません。預金口座への受取利息に対する所得税額に関する明細書への記載は、通常、次頁のみの記載となります。投資信託の収益分配金や株式配当金などで、その元本の取得を計算期間の中途にしているなど特殊な場合には、7～19欄を使用します。

⑴ 受取利息の記載：次頁①の記載

受取利息の総額の金額を①収入金額へ記載します。ここへ記載する金額は、預金口座への入金額を0.85で割り戻した税引き前の金額です。預金利息がたくさんある場合には、それぞれ受け取った利息ごとに計算してからその合計額を記載します。

なお、復興特別所得税を加味した場合には、0.84685（＝1－（0.15＋0.00315））で割り戻した金額となります。

⑵ 所得税額：②の記載

上記①欄へ記載した金額にそれぞれ15％（復興特別所得税の額を加味した場合は15.315％）を乗じて計算した金額の合計額を記載します。

⑶ 控除を受ける所得税額：③の記載

通常は上記②欄に記載した金額をそのまま転記します。しかし、投資信託の収益分配金や株式配当金などの元本の取得を計算期間の中途にしているなど特殊な場合で、所得税額控除の適用を受けない選択をする所得税がある場合には、その金額を除いた金額を記載します。

◉別表六（一）◉

所得税額の控除に関する明細書

事業年度	×1・4・1 ×2・3・31	法人名	HOTAX(株)

別表六(一)

区分		収入金額 ①	①について課される所得税額 ②	②のうち控除を受ける所得税額 ③
		円	円	円
公社債及び預貯金の利子、合同運用信託、公社債投資信託及び公社債等運用投資信託（特定公社債等運用投資信託を除く。）の収益の分配並びに特定公社債等運用投資信託の受益権及び特定目的信託の社債的受益権に係る剰余金の配当	1	10,000	1,500	1,500
剰余金の配当（特定公社債等運用投資信託の受益権及び特定目的信託の社債的受益権に係るものを除く。）、利益の配当、剰余金の分配及び金銭の分配（みなし配当等を除く。）	2			
集団投資信託（合同運用信託、公社債投資信託及び公社債等運用投資信託（特定公社債等運用投資信託を除く。）を除く。）の収益の分配	3			
割引債の償還差益	4			
その他	5			
計	6	10,000	1,500	1,500

剰余金の配当（特定公社債等運用投資信託の受益権及び特定目的信託の社債的受益権に係るものを除く。）、利益の配当、剰余金の分配及び金銭の分配（みなし配当等を除く。）、集団投資信託（合同運用信託、公社債投資信託及び公社債等運用投資信託（特定公社債等運用投資信託を除く。）を除く。）の収益の分配又は割引債の償還差益に係る控除を受ける所得税額の計算

個別法による場合	銘柄	収入金額 7	所得税額 8	配当等の計算期間 9	(9)のうち元本所有期間 10	所有期間割合 (10)/(9)（小数点以下3位未満切上げ） 11	控除を受ける所得税額 (8)×(11) 12
		円	円	月	月		円

銘柄別簡便法による場合	銘柄	収入金額 13	所得税額 14	配当等の計算期末の所有元本数等 15	配当等の計算期首の所有元本数等 16	((15)−(16))/(2又は12)（マイナスの場合は0） 17	所有元本割合 ((16)+(17))/(15)（小数点以下3位未満切上げ）（1を超える場合は1） 18	控除を受ける所得税額 (14)×(18) 19
		円	円					円

その他に係る控除を受ける所得金額の明細

支払者の氏名又は法人名	支払者の住所又は所在地	支払を受けた年月日	収入金額 20	控除を受ける所得税額 21	参考
		・　・	円	円	
		・　・			
		・　・			
		・　・			
		・　・			
計					

4.3 補助金・助成金等を受け取った場合の別表

ＩＴ導入補助金やテレワーク促進助成金などを受け取ったときには、雑収入として経理処理をし、法人税法上も益金の額として認識されます。

しかし、これらの補助金や助成金等で固定資産の購入をした場合には、国庫補助金等の圧縮記帳、特別償却、特別控除などの特例の適用を受けることができます。

新型コロナウイルス感染症対策

令和２年、新型コロナウイルスが世界中で猛威を振るい、各国の政府や自治体により、新型コロナウイルス感染症対策のための政策が次々と施されました。我が国においても、持続化給付金や休業要請協力金、テレワーク助成金など、窮地に陥った事業者などを救済する制度や施策などが早急に制定され、要件を具備する事業者に対してそれぞれに定める一定額が給付されました。

これら給付金のうち、持続化給付金や休業要請協力金などについては、新型コロナウイルスの影響により減少した売上を補填するために支給された補助金であるため、その受給額は、法人税上は益金として課税されることとなります。ただし、ＩＴ導入補助金やテレワークコースなど、それぞれの対象設備を購入するための費用に補填される補助金については、「国庫補助金等で取得した固定資産等の圧縮額等の損金算入」の規定の適用を受けることができますので注意が必要です。

●ＩＴ導入補助金

ＩＴ導入補助金は、一定の中小企業者等が生産性向上に繋がるＩＴツールを導入した場合などに、その導入費用の一部の補助を受けることができる制度です。

ソフトウエア購入費、導入関連費等が補助金の対象とされています。

（令和５年５月現在）

● **テレワーク促進助成金**

たとえば、東京都が実施する助成金として「新しい日常」の働き方であるテレワークの定着・促進に向け、都内中堅・中小企業等のテレワーク機器・ソフト等のテレワーク環境整備に係る経費を助成するものがあります。

（令和５年５月現在）

機器導入等に関する処理

たとえば、テレワーク用通信機器の導入に係る費用のうち、テレワーク用通信機器、財務会計ソフトやＣＡＤソフト等、税込単価が10万円以上の業務ソフトウエアの取得に要した費用については、一括償却資産や器具備品、機械装置、ソフトウエアなどとして資産計上をします。

しかし、機器のリースやレンタルで導入機器等を賃借する場合には、その賃借にかかる賃借料は単純経費として費用に計上しますが、ソフトウエア利用に係るライセンス使用料など、その賃借に伴い支払った権利金等については、「資産を賃借するための権利金等（電子計算機その他の機器の賃借に伴って支出する費用）」として税法上の繰延資産となります。この場合、その機器の耐用年数の7/10に相当する年数（その年数が契約による賃借期間を超えるときは、その賃借期間）でその繰延資産を償却することとなります。

また、保守サポートやクラウドサービスを導入する際に支払った権利金の額についても、「役務の提供を受けるための権利金等」として税法上の繰延資産となり、５年（設定契約の有効期間が５年未満である場合において、契約の更新に際して再び一時金または頭金の支払を要することが明らかであるときは、その有効期間の年数）で償却をすることとなります。

サテライトオフィス等を賃借するために支払った権利金は、「資産を賃借するための権利金等（建物を賃借するために支出する権利金等）」として、税法上の繰延資産となります。償却期間はそれぞれ次の賃借の形態によりそれぞれに定める期間で償却することとなりますが、サテライトオフィス等を賃借するための権利金として通常想定されるものは、一般的に次の(3)に該当するため、５年もしくは契約による賃借期間で償却することとなります。

◉建物を賃借するために支出する権利金等の償却年数◉

(1) 建物の新築に際しその所有者に対して支払った権利金等で当該権利金等の額が当該建物の賃借部分の建設費の大部分に相当し、かつ、実際上その建物の存続期間中賃借できる状況にあると認められるものである場合……その建物の耐用年数の７／10に相当する年数

(2) 建物の賃借に際して支払った(1)以外の権利金等で、契約、慣習等によってその明渡しに際して借家権として転売できることになっているものである場合……その建物の賃借後の見積残存耐用年数の７／10に相当する年数

(3) (1)及び(2)以外の権利金等の場合……５年（契約による賃借期間が５年未満である場合において、契約の更新に際して再び権利金等の支払を要することが明らかであるときは、その賃借期間）

収受した補助金等の処理

収受した補助金については、通常「雑収入」として経理処理をすることとなります。

ただし、交付を受けた補助金等が固定資産の取得に充てられるものである場合には、その固定資産の取得価額に対応する補助金については、「国庫補助金等で取得した固定資産等の圧縮額の損金算入」の規定の適用を受けることができます。

この規定は法人が交付を受けた国庫補助金等について、交付の目的に適合した固定資産の取得をし、その補助金等の返還不要が確定した場合

で、固定資産の取得価額から圧縮限度額の範囲内で圧縮記帳による一定の経理をしたときは、その経理した金額はその事業年度の損金の額に算入されるというものです。

◉圧縮記帳◉

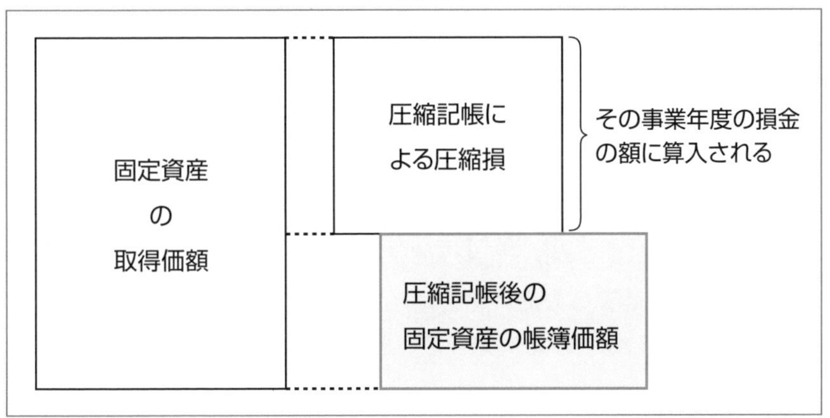

国庫補助金等の圧縮記帳の制度の趣旨は、法人が補助金等の交付を受けた場合に、その交付を受けた金額は通常益金として認識されますので、その認識された益金は原則として法人税の課税対象となります。ここで国庫補助金等として交付を受けた金額に、法人税が課税されてしまうこととなると、その交付目的が税金の負担によりその分阻害されてしまいますので、その不合理を保護する目的から圧縮記帳を認めているというものです。圧縮記帳は課税の延期制度となります。

交付目的となる支出額のうち、当期の費用として処理することができる費用については、当期において国庫補助金等の交付を受けたとしても、同じ事業年度において収益と費用が相殺されるため、圧縮記帳の制度は必要ないものとなります。

繰延資産には適用がない

ここで問題となるのが税法上の繰延資産として認識される支出額です。繰延資産とは、法人が支出する費用のうち支出の効果がその支出の日以後１年以上に及ぶものとして、資産として認識される支出額のことをいいます。制度の趣旨としては、支出した費用を効果の及ぶ期間に繰り延べることを目的としています。

繰延資産として認識される支出額は、費用計上が支出の効果が及ぶ期間に繰り延べられますので、当期においてその支出額の全額が費用には計上されません。しかし、国庫補助金等の圧縮記帳の制度は、その対象資産が「固定資産」に限定されていて、繰延資産は現行規定では適用ができない資産となっていますので、まちがえて適用してしまわないように注意が必要です。

固定資産の取得等の後に国庫補助金等を受けた場合の圧縮記帳

法人が国庫補助金等の交付を受けた日の属する事業年度前の事業年度にその交付目的に適合する固定資産の取得等をしている場合においても、その交付を受けた事業年度において、その固定資産について「国庫補助金等で取得した固定資産等の圧縮額の損金算入」の規定を適用することができます。

即時償却、特別控除の適用がある

新型コロナウイルス感染症緊急経済対策として、中小企業者等がテレワーク等のための設備の取得等をした場合には、「中小企業経営強化税制」の適用を受けることができます。

「中小企業経営強化税制」では、平成29年４月１日から令和７年３月31日までの期間内に、中小企業等経営強化法の経営力向上計画の認定を受けた一定の中小企業者などが、新品の特定経営力向上設備等を取得等をして事業供用した場合に、その設備の即時償却または設備投資額の７％（資本金が3,000万円以下の法人は10％）の税額控除をすることができます。

中小企業経営強化税制の対象資産

機械装置、工具、器具及び備品、建物附属設備、ソフトウエアのうち、一定額を超える資産で、生産性が旧モデル比で、年平均１％以上向上する設備や投資収益率が年平均５％以上の投資計画に係る設備であるなど、一定の要件をクリアする設備がその対象とされています。

ただし、適用を受けることができる資産が、上記による圧縮記帳の適用を受ける資産である場合には、即時償却できる償却額は、圧縮記帳後の帳簿価額となります。また、７％もしくは10％の税額控除の適用を受ける場合の計算基礎となる設備投資額は、圧縮記帳後の帳簿価額を基礎として計算します。これらの規定も上記と同様に、繰延資産については適用がありませんので、注意が必要です。

別表十三（一）への記載

「国庫補助金等で取得した固定資産等の圧縮額の損金算入」の規定の適用を受けるときは、別表十三（一）への記載が必要になります。

(1) 補助金等の名称等：251頁Ａ枠の記載

１欄から５欄へ補助金等の名称等や金額などの情報を記載します。

５欄は現金でなく、現物で何かの資産の交付を受けた場合にその資産の価額を記載します、記載する金額はその資産の交付時の時価ですが、公示された金額があればその金額を記載します。

(2) 帳簿価額の減額等をした場合：251頁Ｂ枠の記載

圧縮記帳の適用を受ける場合にはＢ枠の６欄から15欄へ該当する金額をそれぞれに記載します。

(3) 特別勘定に経理した場合：251頁Ｃ枠の記載

国庫補助金等の交付を受けたあと、固定資産の取得ができていない状態で事業年度が終了する場合には、その交付を受けた金額を上限にして圧縮特別勘定の設定をすることができます。

圧縮特別勘定の設定をした事業年度においては、圧縮特別勘定の繰入限度額の範囲内で損金経理した金額はその事業年度の損金の額に算入されます。その事業年度において損金算入された金額は、翌期において戻し入れの処理により益金算入をします。

圧縮特別勘定の設定をする場合には、C枠に該当する金額を記載します。

税額控除の適用を受ける場合には、252頁の別表六（二十五）＝「中小企業者等が特定経営力向上設備等を取得した場合の法人税額の特別控除に関する明細書」、即時償却の適用を受ける場合には、253頁の「特別償却等の償却限度額の計算に関する付表」へ必要事項を記載します。

◉別表十三（一）◉

国庫補助金等、工事負担金及び賦課金で取得した固定資産等の圧縮額等の損金算入に関する明細書

事業年度	×1・4・1 ×2・3・31	法人名	HOTAX（株）

別表十三(一)

A B C

Ⅰ 国庫補助金等で取得した固定資産等の圧縮額等の損金算入に関する明細書

					円
補助金等の名称			1		
補助金等を交付した者			2		
交付を受けた年月日			3	・ ・	
交付を受けた補助金等の額			4		円
交付を受けた資産の価額			5		
返還を要しないこととなった場合（無条件の場合又は帳簿価額の減額等をした場合）	固定資産の帳簿価額を減額し、又は積立金に経理した金額		6		
	圧縮限度額の計算	(4)のうち返還を要しない又は要しないこととなった金額	7		
		前期以前に償却資産を取得した場合にある減価償却資産を取得した場合 (4)の全部又は一部の返還を要しないこととなった日における固定資産の帳簿価額	8		
		固定資産の取得等に要した金額	9		
		補助割合 (7)/(9)	10		
		圧縮限度基礎額 (8)×(10)	11		円
		圧縮限度額 (5)、(7)若しくは(11)又は(((5)、(7)若しくは(11))－1円)	12		

				円
帳簿価額を減額し又は積立金に経理した場合（返還を要しないこととなった場合の条件付の場合を含む）	圧縮限度超過額 (6)－(12)	13		円
	前期以前に取得をした減価償却資産の既償却額に係る取得価額調整額 (既償却額)×(10)	14		
	取得価額に算入しない金額 ((6)と(12)のうち少ない金額)＋(14)	15		
特別勘定に経理した場合（条件付の場合）	特別勘定に経理した金額	16		
	繰入限度額 ((4)のうち条件付の金額)	17		
	繰入限度超過額 (16)－(17)	18		
	翌期繰越額の計算 当初特別勘定に経理した金額 (繰入事業年度の(16)－(18))	19		
	同上のうち前期末までに益金の額に算入された金額	20		
	当期中に益金の額に算入すべき金額 返還した金額	21		
	返還を要しないこととなった金額	22		
	(21)及び(22)以外の取崩額	23		
	期末特別勘定残額 (19)－(20)－(21)－(22)－(23)	24		

Ⅱ 工事負担金で取得した固定資産等の圧縮額の損金算入に関する明細書

				円
交付を受けた金銭の額及び資材の価額		25		円
交付を受けた固定資産の価額		26		
取得した固定資産の種類		27		
固定資産の帳簿価額を減額し、又は積立金に経理した金額		28		円
圧縮限度額の計算	固定資産の取得に要した金額	29		
	圧縮限度基礎額 ((25)と(29)のうち少ない金額)	30		

				円
圧縮限度額の計算	前期以前に取得をした減価償却資産である場合 (25)の交付を受けた日における固定資産の帳簿価額	31		円
	負担割合 (25)/(29) (1を超える場合は1)	32		
	圧縮限度基礎額 (31)×(32)	33		円
	圧縮限度額 (26)、(30)若しくは(33)又は(((26)、(30)若しくは(33))－1円)	34		
圧縮限度超過額 (28)－(34)		35		
前期以前に取得をした減価償却資産の既償却額に係る取得価額調整額 (既償却額)×(32)		36		
取得価額に算入しない金額 ((28)と(34)のうち少ない金額)＋(36)		37		

Ⅲ 非出資組合が賦課金で取得した固定資産等の圧縮額の損金算入に関する明細書

				円
賦課に基づいて納付された金額		38		円
取得した固定資産の種類		39		
固定資産の帳簿価額を減額し、又は積立金に経理した金額		40		円
圧縮限度額の計算	固定資産の取得等に要した金額	41		
	圧縮限度基礎額 ((38)と(41)のうち少ない金額)	42		

				円
圧縮限度額の計算	前期以前に取得をした減価償却資産である場合 (38)が納付された日における固定資産の帳簿価額	43		円
	賦課割合 (38)/(41) (1を超える場合は1)	44		
	圧縮限度基礎額 (43)×(44)	45		円
	圧縮限度額 (42)若しくは(45)又は(((42)若しくは(45))－1円)	46		
圧縮限度超過額 (40)－(46)		47		
前期以前に取得をした減価償却資産の既償却額に係る取得価額調整額 (既償却額)×(44)		48		
取得価額に算入しない金額 ((40)と(46)のうち少ない金額)＋(48)		49		

(参考)◉別表六(二十五)◉

中小企業者等が特定経営力向上設備等を取得した場合の法人税額の特別控除に関する明細書

事業年度	・・ ・・	法人名	

別表六(二十五)

事業種目		1					
資産区分	種類	2					
	設備の種類又は区分	3					
	細目	4					
	取得年月日	5	・・	・・	・・	・・	・・
	指定事業の用に供した年月日	6	・・	・・	・・	・・	・・
取得価額	取得価額又は製作価額	7	円	円	円	円	円
	法人税法上の圧縮記帳による積立金計上額	8					
	差引改定取得価額 (7)−(8)	9					

法人税額の特別控除額の計算

当期分	取得価額の合計額 ((9)の合計)	10	円	前期繰越分	差引当期税額基準額残額 (14)−(15)−(別表六(十七)「19」)	18	円
	同上のうち特定中小企業者等に係る額	11			繰越税額控除限度超過額 (24の計)	19	
	税額控除限度額 $((10)-(11))\times\frac{7}{100}+(11)\times\frac{10}{100}$	12			同上のうち当期繰越税額控除可能額 ((18)と(19)のうち少ない金額)	20	
	調整前法人税額 (別表一「2」又は別表一の二「2」若しくは「13」)	13			調整前法人税額超過構成額 (別表六(六)「8の⑮」)	21	
	当期税額基準額 $(13)\times\frac{20}{100}$−(別表六(十七)「14」)	14			当期繰越税額控除額 (20)−(21)	22	
	当期税額控除可能額 ((12)と(14)のうち少ない金額)	15					
	調整前法人税額超過構成額 (別表六(六)「8の⑯」)	16					
	当期税額控除額 (15)−(16)	17		法人税額の特別控除額 (17)+(22)		23	

翌期繰越税額控除限度超過額の計算

事業年度	前期繰越額又は当期税額控除限度額	当期控除可能額	翌期繰越額 (24)−(25)
	24	25	26
・・ ・・	円	円	
・・ ・・			外 円
計		(20)	
当期分	(12)	(15)	外
合計			

機械設備等の概要

（参考）◉特別償却の付表◉

特別償却等の償却限度額の計算に関する付表

事業年度又は連結事業年度	・・ ・・	法人名 （　　　）

特別償却の付表

(特別償却又は割増償却の名称) 該当条項	1	（　　　） （　　　）措置法・震災特例法 （　）条(の　)第(　)項(　)号(　)	（　　　） （　　　）措置法・震災特例法 （　）条(の　)第(　)項(　)号(　)
事業の種類	2		
(機械・装置の耐用年数表等の番号) 資産の種類	3	（　　　）	（　　　）
構造、用途、設備の種類又は区分	4		
細目	5		
取得等年月日	6	・　・	・　・
事業の用に供した年月日又は支出年月日	7	・　・	・　・
取得価額又は支出金額	8	円	円
対象となる取得価額又は支出金額	9	円	円
普通償却限度額	10	円	円
特別償却率又は割増償却率	11	100	100
特別償却限度額又は割増償却限度額 ((9)−(10))、((9)×(11)) 又は ((10)×(11))	12	円	円
償却・準備金方式の区分	13	償却・準備金	償却・準備金
適用要件等 資産の取得価額等の合計額	14	円	円
適用要件等 区域の名称等	15		
適用要件等 認定等年月日	16	・　・　(　　) ・　・　(　　)	・　・　(　　) ・　・　(　　)
適用要件等 その他参考となる事項	17		

中小企業者又は中小連結法人の判定

			大規模法人の保有する株式数等の明細 順位	大規模法人		株式数又は出資金の額
発行済株式又は出資の総数又は総額	18					
(18)のうちその有する自己の株式又は出資の総数又は総額	19		1		26	
差引(18)−(19)	20				27	
常時使用する従業員の数	21	人			28	
大規模法人の株式数等の保有割合 第1順位の株式数又は出資金の額 (26)	22				29	
大規模法人の株式数等の保有割合 保有割合 (22)/(20)	23	%			30	
大規模法人の株式数等の保有割合 大規模法人の保有する株式数等の計 (32)	24				31	
大規模法人の株式数等の保有割合 保有割合 (24)/(20)	25	%		計 (26)+(27)+(28)+(29)+(30)+(31)	32	

4.4 圧縮記帳をした場合の別表（別表四・五（一））

圧縮記帳とは

「圧縮記帳」とは、補助金収入、保険金収入または固定資産の売却収入などを財源として一定の資産を購入する場合に、その収入に係る課税利益に対応する固定資産の取得価額について、法人税などの税金が課税されないように圧縮することを目的として設定する経理処理です。

法人税に規定する主な圧縮記帳制度には次のものがあります。

【法人税法上の圧縮記帳】

- 国庫補助金等で取得した固定資産の圧縮
- 保険金等で取得した固定資産の圧縮
- 交換により取得した固定資産の圧縮

【租税特別措置法上の圧縮記帳】

- 収用等により取得した固定資産の圧縮
- 特定資産の買換え等により取得した固定資産の圧縮

圧縮記帳の方法

圧縮記帳の目的は、課税利益を取得資産から控除することによって、一時的な課税の繰延べをすることを目的としています。おおまかなしくみを仕訳であらわすと次のようになります。

【国庫補助金の交付を受けたときの仕訳】

（現　金　預　金）1,000,000円　／　（国庫補助金収入）1,000,000円

【目的資産を取得したときの仕訳】

（固　定　資　産）1,500,000円　／　（現　金　預　金）1,500,000円

【圧縮記帳の仕訳】

（固定資産圧縮損）1,000,000円　／　（固定資産）1,000,000円

なお、総勘定元帳での固定資産の推移は次のようになります。

科　目	適　用	借　方	貸　方	残　高
現金預金 ○○圧縮損	固定資産取得 圧縮損計上	1,500,000円	 1,000,000円	 500,000円

圧縮記帳の効果

仮に、国庫補助金1,000,000円の交付を受けることが決定し、その補助金と自己資金500,000円を合わせた1,500,000円で目的資産を購入しようとしたとします。

圧縮記帳の適用がない場合には、国庫補助金収入は損益計算書において収益として計上されます。その後、目的資産を取得したときには、その資産の取得価額1,500,000円はそのまま貸借対照表に資産として計上されますので、結果的に当期の課税利益は国庫補助金収入1,000,000円が反映されることとなります。この課税利益に法人税や住民税など300,000円（＝100,000円×約30％）が課税されてしまうと、せっかく1,000,000円の国庫補助金の交付を受けても、実質的に700,000円の交付を受けたことにしかならなくなってしまいます。

そこで、この1,000,000円の課税利益を次のような圧縮記帳の仕訳をすることにより、圧縮損をもって相殺することが可能となるのです。

（現　金　預　金）1,000,000円　／　（国庫補助金収入）1,000,000円

（固　定　資　産）1,500,000円　／　（現　金　預　金）1,500,000円　相殺

（固定資産圧縮損）1,000,000円　／　（固　定　資　産）1,000,000円

課税の延期制度

しかし、圧縮記帳の効果は、一時的に税金をおさえる効果があるのみで、ここでおさえた課税利益は将来取り戻されることになります。

次の表をみてください。この表は、取り戻される金額がわかりやすいように、圧縮記帳をしたその後の事業年度でその目的資産を購入時の価額と同額の1,500,000円で譲渡したと仮定した場合のシミュレーションです。

圧縮記帳適用あり		圧縮記帳適用なし	
【圧縮事業年度】		【圧縮事業年度】	
●国庫補助金収入	1,000,000円	●国庫補助金収入	1,000,000円
●固定資産取得	1,500,000円	●固定資産取得	1,500,000円
●圧縮記帳	△1,000,000円	●圧縮記帳	△0円
●期末帳簿価額	500,000円	●期末帳簿価額	1,500,000円
☆課税利益	0円	☆課税利益	1,000,000円
【その後の事業年度】		【その後の事業年度】	
●譲渡対価	1,500,000円	●譲渡対価	1,500,000円
●譲渡原価	△500,000円	●譲渡原価	△1,500,000円
☆課税利益	1,000,000円	☆課税利益	0円

圧縮記帳を適用した場合の固定資産の帳簿価額は500,000円ですから、その金額が譲渡原価となります。いっぽう圧縮記帳を適用しなかった固定資産の帳簿価額は1,500,000円のままですから、その金額が譲渡原価となります。

したがって、両者の課税利益は、圧縮記帳を適用した場合には1,000,000円（＝1,500,000円－500,000円）であり、圧縮記帳を適用しなかった場合には０円（＝1,500,000円－1,500,000円）という関係になります。

つまり、圧縮記帳した金額は、その資産を譲渡等したときに取り戻される関係にあるのです。

圧縮記帳の経理方法

圧縮記帳の経理方法には次の２種類があります。

①損金経理により帳簿価額を直接減額する方法

この方法は、期中処理または決算整理において、費用計上するやり方です。具体的な仕訳は次のとおりで、左側の「○○圧縮損」は損益計算書において費用として認識されますので、その分課税所得が減少します。

（○○圧縮損）×××　／　（○○資産）×××

②剰余金の処分または積立金として積み立てる方法

この方法は、期中処理または決算整理において、積立金として積み立てる方法と、決算整理後に剰余金の処分項目として積み立てる方法です。

具体的な仕訳は次のとおりです。

（繰越利益剰余金）×××　／　（○○圧縮積立金）×××

この方法で積み立てた場合には、損益計算書において圧縮損は計上されませんので、決算書上では課税利益が生じたままとなります。しかし法人税申告書別表四で「○○圧縮積立金認定損」として減算・留保の申告調整をしますので、この調整により課税利益は減少することになります。

圧縮記帳後の帳簿価額

圧縮記帳により帳簿価額が減少した資産が減価償却資産である場合には、減価償却計算はその減少した帳簿価額を基礎にして計算します。しかし、上記の積立金方式で計上した圧縮損は、○○圧縮積立金として取得価額から直接減額されずに貸借対照表に計上されますので、取得資産の帳簿価額は圧縮記帳前の帳簿価額で計上されています。この場合には、その資産の減価償却計算では、帳簿価額から圧縮記帳した損金算入額を差し引いた残額を基礎にして減価償却の計算をします。

備忘価額を残さなければならない

圧縮記帳ができる金額は、目的資産の取得価額を下回ることはできません。つまり、圧縮損の金額が目的資産の取得価額を超える場合には、

◉積立金として積み立てる場合の別表四◉

所得の金額の計算に関する明細書(簡易様式)

事業年度	×1・4・1 ×2・3・31	法人名	YOTAX(株)

別表四(簡易様式)

区分			総額 ①	処分 留保 ②	社外流出 ③	
当期利益又は当期欠損の額		1	円	円	配当	円
					その他	
加算	損金経理をした法人税及び地方法人税(附帯税を除く。)	2				
	損金経理をした道府県民税及び市町村民税	3				
	損金経理をした納税充当金	4				
	損金経理をした附帯税(利子税を除く。)、加算金、延滞金(延納分を除く。)及び過怠税	5			その他	
	減価償却の償却超過額	6				
	役員給与の損金不算入額	7			その他	
	交際費等の損金不算入額	8			その他	
	通算法人に係る加算額(別表四付表「5」)	9			外※	
		10				
	小計	11			外※	
減算	減価償却超過額の当期認容額	12				
	納税充当金から支出した事業税等の金額	13				
	受取配当等の益金不算入額(別表八(一)「5」)	14			※	
	外国子会社から受ける剰余金の配当等の益金不算入額(別表八(二)「26」)	15			※	
	受贈益の益金不算入額	16			※	
	適格現物分配に係る益金不算入額	17			※	
	法人税等の中間納付額及び過誤納に係る還付金額	18				
	所得税額等及び欠損金の繰戻しによる還付金額等	19			※	
	通算法人に係る減算額(別表四付表「10」)	20			※	
	○○圧縮積立金認定損	21	1,000,000	1,000,000		
	小計	22			外※	

◉積立金として積み立てる場合の別表五(一)◉

利益積立金額及び資本金等の額の計算に関する明細書

事業年度	×1.4.1 ×2・3・31	法人名	YOTAX(株)

別表五(一)

I 利益積立金額の計算に関する明細書

区分		期首現在利益積立金額 ①	当期の増減 減 ②	当期の増減 増 ③	差引翌期首現在利益積立金額 ①−②+③ ④
利益準備金	1	円	円	円	円
積立金	2				
○○圧縮積立金	3			1,000,000	1,000,000
○○圧縮積立金認定損	4			△1,000,000	△1,000,000
	5				
	6				
	7				
	8				
	9				

目的資産の取得価額は備忘価額として１円以上の金額を付さなければならないルールとなっています。

たとえば、国庫補助金で900,000円の交付を受けて購入した資産の取得価額が800,000円だった場合には、圧縮記帳できる金額はその取得価額800,000円ではなく、１円以上の備忘価額を残さなければなりませんので、799,999円となります。

①交付を受けた金額　　900,000円
②上記で購入した資産　800,000円
③圧縮記帳できる金額
　900,000円 ＞ 800,000円 － １円 ＝ 799,999円　∴799,999円

少額の減価償却資産との関係

上記の場合の資産の帳簿価額は、圧縮記帳後は１円となります。しかし、たとえ圧縮記帳後の帳簿価額が10万円未満になったとしても、少額の減価償却資産の規定の適用はできません。圧縮記帳の規定では帳簿価額として１円以上の備忘価額を残さなければならないルールが存在することと、少額の減価償却資産の適用可否については、条文上、圧縮記帳適用前の取得価額で判定する旨の条項を指定しているからです。この判定基準は一括償却資産や30万円未満の少額減価償却資産の規定についても同様の扱いとなりますので注意が必要です。

減価償却計算との関係

しかし、減価償却の規定では、減価償却計算の基礎とすべき取得価額は、圧縮記帳適用後の帳簿価額を使用する旨の条項がありますので、圧縮損を控除した残額を基礎にして償却計算をすることになります。

圧縮記帳の対象資産

圧縮記帳の対象となる資産は、固定資産に限られます。棚卸資産については、収用の換地処分の土地を除き、ほとんどの圧縮記帳においては適用が認められませんので注意が必要です。

欠損金がある事業年度

圧縮記帳制度は、課税の延期制度です。当期が欠損事業年度であれば、当期の課税所得は０円ですので、圧縮記帳をしても欠損金が増えるのみとなります。しかし、青色欠損金は翌事業年度から10年間のみ繰越しが可能ですので、それまでに課税所得が出る予定がある場合には、メリットが見込まれますので今後の事業計画を勘案して適用を受けるか受けないかを検討する必要があります。

特別償却制度との違い

特別償却制度の効果は、早期償却にありますので、初年度一時償却をしたあとでも、定額法を選択した減価償却資産の償却限度額は、特別償却を選択しなかった資産と同額です。

しかし圧縮記帳制度の効果は課税の延期ですので、圧縮記帳を適用したあとの事業年度の償却限度額は、圧縮記帳を適用しなかった場合と比べて必ず少なくなります。定率法を選択している資産のその後の事業年度での効果はどちらも同様ですが、定額法を選択している資産については、それぞれの制度によって、その効果に違いが出てきます。

特別償却とのダブル適用

特別償却制度は、租税特別措置法上の規定です。各圧縮記帳制度のうち、法人税法上の圧縮記帳であれば適用要件を満たせばどちらも適用ができますが、租税特別措置法上の圧縮記帳では、たとえ他の要件を満たしていてもダブルで適用することはできません。法人税法上の圧縮記帳と特別償却制度をダブルで適用する場合には、①圧縮記帳、②特別償却の順で計算をします。このとき、特別償却費の計算は圧縮記帳適用後の取得価額を基礎にして計算をします。

国庫補助金等で取得した固定資産の圧縮記帳（参考）

国庫補助金の交付を受ける場合の圧縮記帳の適用要件は「国庫補助金の返還不要が確定した場合」です。つまり返還不要が確定するまでは圧縮記帳ができませんので、まず交付金を受け取ったら、「仮受金」として期中処理をしておきます。

そしてその国庫補助金の返還不要額が確定したときに、その返還不要が確定した「仮受金」を「雑収入」へ振り替えます。具体的な期中の仕訳は次のとおりです。

①補助金交付時
（現金預金）×××　／　（仮　受　金）×××
②目的資産取得時
（○○資産）×××　／　（現金預金）×××
②返還不要確定時
（仮　受　金）×××　／　（雑　収　入）×××

上記の「雑収入」の金額と、目的資産の（「取得価額」－１円）を比較して少ない金額を圧縮記帳します。

（○○圧縮損）×××　／　（○○資産）×××

このとき、目的資産の取得価額は、取得価額に算入すべき付随費用を含めた金額で比較しますので注意してください。

4.5 赤字の場合の別表

赤字の場合は、欠損金の繰越控除か繰戻還付を受ける

別表四の記載をし、当期の所得金額がマイナス（赤字）になった場合には、その金額のことを法人税では**欠損金**といいます。

欠損金は、翌期以降10年間の所得金額と相殺することができるので、その手続きが必要になります。この欠損金の繰越金額の相殺を法人税では「**欠損金の繰越控除**」といいます。また、逆に前期の所得金額に対してすでに支払った法人税を還付してもらうこともできます。この還付のことを「**欠損金の繰戻還付**」といいます。

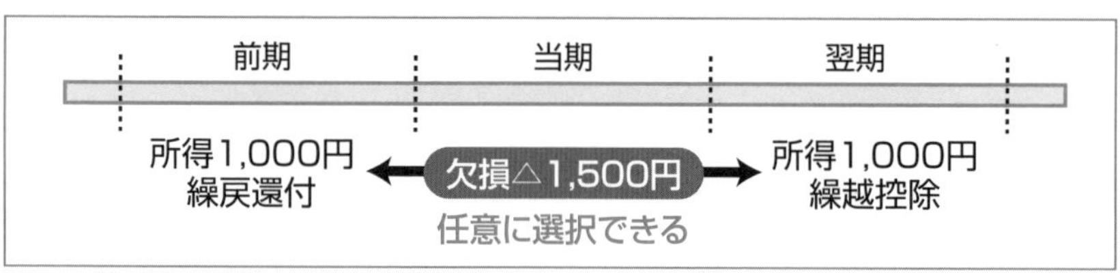

青色申告法人で期限内申告（45頁参照）を守っていれば、どちらも自由に選べます。しかし、現行規定では中小法人等以外の法人は「繰戻還付」が適用停止となっています。また繰戻還付の請求をした法人には税務署の調査が必ず入ることになっています。

繰越控除・繰戻還付のどちらを選択するにせよ、次頁の別表七（一）「欠損金又は災害損失金の損金算入等に関する明細書」への記載が必要になります。

欠損金額を繰り越す場合の別表七（一）

繰越控除・繰戻還付いずれの場合でも、別表四52欄①に記載した金額を別表七（一）へ記載します。次頁A枠の記載は、翌期以降へ欠損金の全額を繰り越す場合の記載例になります。

青色申告でない会社の場合

欠損金の繰越しは青色申告法人の特典とされる制度です。いわゆる白色申告法人にはそのような特典はありません。

しかし、災害により欠損金が生じた場合には、その災害にかかる部分は繰越しの適用がうけられます。そのような場合には、災害損失金などの記載が必要になります。

◉別表七（一）◉

欠損金の損金算入等に関する明細書

事業年度	×2・4・1 ×3・3・31	法人名	MOTAX(株)

別表七(一)

控除前所得金額 (別表四「43の①」)	1	円	損金算入限度額 (1) × 50又は100 / 100	2	円

事業年度	区分	控除未済欠損金額 3	当期控除額 (当該事業年度の(3)と((2)－当該事業年度前の(4)の合計額)のうち少ない金額) 4	翌期繰越額 ((3)－(4))又は(別表七(四)「15」) 5
・・	青色欠損・連結みなし欠損・災害損失	円	円	
・・	青色欠損・連結みなし欠損・災害損失			円
・・	青色欠損・連結みなし欠損・災害損失			
・・	青色欠損・連結みなし欠損・災害損失			
・・	青色欠損・連結みなし欠損・災害損失			
・・	青色欠損・連結みなし欠損・災害損失			
・・	青色欠損・連結みなし欠損・災害損失			
・・	青色欠損・連結みなし欠損・災害損失			
・・	青色欠損・連結みなし欠損・災害損失			
・・	青色欠損・連結みなし欠損・災害損失			
計				

A

当期分				
欠損金額 (別表四「52の①」)	196,600	欠損金の繰戻し額		
同上のうち	青色欠損金額			
同上のうち	災害損失欠損金額	(16の③) 196,600		196,600
合計				196,600

災害により生じた損失の額がある場合の繰越控除の対象となる欠損金額等の計算

災害の種類			災害のやんだ日又はやむを得ない事情のやんだ日	・・
災害を受けた資産の別		棚卸資産 ①	固定資産 (固定資産に準ずる繰延資産を含む。) ②	計 ①＋② ③
当期の欠損金額 (別表四「52の①」)	6			円
災害により生じた損失の額：資産の滅失等により生じた損失の額	7	円	円	
災害により生じた損失の額：被害資産の原状回復のための費用等に係る損失の額	8			
災害により生じた損失の額：被害の拡大又は発生の防止のための費用に係る損失の額	9			
災害により生じた損失の額：計 (7)＋(8)＋(9)	10			
保険金又は損害賠償金等の額	11			
差引災害により生じた損失の額 (10)－(11)	12			
同上のうち所得税額の還付又は欠損金の繰戻しの対象となる災害損失金額	13			
中間申告における災害損失欠損金の繰戻し額	14			
繰戻しの対象となる災害損失欠損金額 ((6の③)と((13の③)－(14の③))のうち少ない金額)	15			
繰越控除の対象となる欠損金額 ((6の③)と((12の③)－(14の③))のうち少ない金額)	16			

欠損事業年度の別表四はどうなる？

欠損事業年度であっても、別表四は通常通りの記載をします。黒字の場合の申告書と違いがある部分は、最終的な計算結果がマイナスになるということだけです。

次頁に、1,000,000円の欠損金が出た場合の記載例を掲載しました。その他の前提は次のとおりです。

【次頁記載例の前提】

●当期欠損金の額	1,000,000円
●前期確定申告分の法人税	400,000円
●当期中間申告分の法人税	200,000円
●源泉所得税	600円
●前期確定申告分の住民税	152,800円
●交際費等の損金不算入額	50,000円

◉欠損金が出た場合の別表四◉

所得の金額の計算に関する明細書（簡易様式）

事業年度	×2.4.1 ×3・3・31	法人名	MOTAX（株）

別表四（簡易様式）

区分			総額 ①	処分 留保 ②	処分 社外流出 ③	
当期利益又は当期欠損の額		1	円 △1,000,000	円 △1,000,000	配当 その他	円
加算	損金経理をした法人税及び地方法人税（附帯税を除く。）	2	600,000	600,000		
	損金経理をした道府県民税及び市町村民税	3	152,800	152,800		
	損金経理をした納税充当金	4				
	損金経理をした附帯税（利子税を除く。）、加算金、延滞金（延納分を除く。）及び過怠税	5			その他	
	減価償却の償却超過額	6				
	役員給与の損金不算入額	7			その他	
	交際費等の損金不算入額	8	50,000		その他	50,000
	通算法人に係る加算額（別表四付表「5」）	9			外※	
		10				
	小計	11	802,800	752,800	外※	50,000
減算	減価償却超過額の当期認容額	12				
	納税充当金から支出した事業税等の金額	13				
	受取配当等の益金不算入額（別表八（一）「5」）	14			※	
	外国子会社から受ける剰余金の配当等の益金不算入額（別表八（二）「26」）	15			※	
	受贈益の益金不算入額	16			※	
	適格現物分配に係る益金不算入額	17			※	
	法人税等の中間納付額及び過誤納に係る還付金額	18				
	所得税額等及び欠損金の繰戻しによる還付金額等	19			※	
	通算法人に係る減算額（別表四付表「10」）	20			※	
		21				
	小計	22	0	0	外※	0
仮計 (1)＋(11)－(22)		23	△197,200	△247,200	外※	50,000
対象純支払利子等の損金不算入額（別表十七（二の二）「29」又は「34」）		24			その他	
超過利子額の損金算入額（別表十七（二の三）「10」）		25	△		※	△
仮計 ((23)から(25)までの計)		26	△197,200	△247,200	外※	50,000
寄附金の損金不算入額（別表十四（二）「24」又は「40」）		27			その他	
法人税額から控除される所得税額（別表六（一）「6の③」）		29	600		その他	600
税額控除の対象となる外国法人税の額（別表六（二の二）「7」）		30			その他	
分配時調整外国税相当額及び外国関係会社等に係る控除対象所得税額等相当額（別表六（五の二）「5の②」）＋（別表十七（三の六）「1」）		31			その他	
合計 (26)＋(27)＋(29)＋(30)＋(31)		34	△196,600	△247,200	外※	50,600
中間申告における繰戻しによる還付に係る災害損失欠損金額の益金算入額		37			※	
非適格合併又は残余財産の全部分配等による移転資産等の譲渡利益額又は譲渡損失額		38			※	
差引計 (34)＋(37)＋(38)		39	△196,600	△247,200	外※	50,600
更生欠損金又は民事再生等評価換えが行われる場合の再生等欠損金の損金算入額（別表七（三）「9」又は「21」）		40	△		※	△
通算対象欠損金額の損金算入額又は通算対象所得金額の益金算入額（別表七の二「5」又は「11」）		41			※	
差引計 (39)＋(40)±(41)		43	△196,600	△247,200	外※	50,600
欠損金等の当期控除額（別表七（一）「4の計」）＋（別表七（四）「10」）		44	△		※	△
総計 (43)＋(44)		45	△196,600	△247,200	外※	50,600
残余財産の確定の日の属する事業年度に係る事業税及び特別法人事業税の損金算入額		51	△	△		
所得金額又は欠損金額		52	△196,600	△247,200	外※	50,600

㊎

欠損による各種税金の還付手続き：別表一の記載

欠損金が生じた事業年度については、法人税は課税されませんが、逆に、すでに支払った中間申告分の法人税であったり、源泉徴収された所得税などの還付の手続きをします。この手続きは、別表一に記載することによって行ないます。このときＦ枠の記載を忘れないように注意してください。

⑴　所得金額または欠損金額：次頁Ａ枠の記載

別表一では、次頁Ａ枠の１欄の枠の金額の左側に「△」を記載し、別表四の52欄①の196,600円を記載します。

⑵　控除税額の計算：Ｂ枠の記載

預貯金の利子などで課された所得税があれば、別表六（一）で記載した金額をもとに次頁Ｂ枠16欄に控除の対象とする所得税を記載します。

今回は課税される法人税がないので、全額「控除しきれなかった金額」20欄へ転記します。

⑶　中間申告分の法人税額：Ｃ枠の記載

当期に中間申告分の法人税を支払っている場合には、その金額をＣ枠14欄に記載します。当期に課税される法人税はないので、支払った中間申告分の法人税を全額還付してもらいます。

そのためＤ枠22欄にその金額を転記します。

⑷　この申告による還付金額：Ｄ枠の記載

Ｂ枠の20欄に記載した金額をＤ枠21欄へ転記します。

Ｃ枠の14欄に記載した金額をＤ枠22欄へ転記します。

⑸　翌期へ繰り越す欠損金：Ｅ枠の記載

別表七（一）５欄の合計に記載した翌期繰越額（事例の場合は196,600円、263頁参照）をＥ枠27欄へ転記します。

◉別表一◉

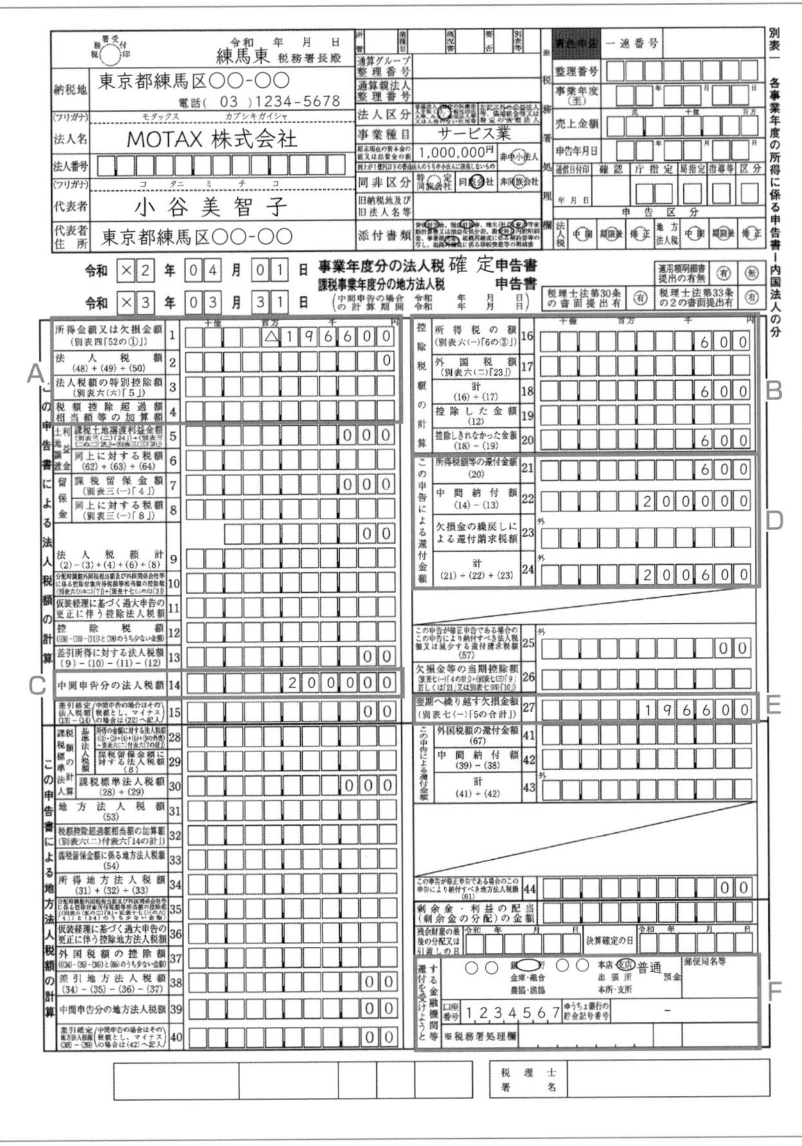

別表一 各事業年度の所得に係る申告書−内国法人の分

税務署受付印	令和　年　月　日　練馬東 税務署長殿
納税地	東京都練馬区〇〇-〇〇　電話（03）1234-5678
(フリガナ)	モタックス カブシキガイシャ
法人名	MOTAX 株式会社
法人番号	
(フリガナ)	コ タニ ミ チ コ
代表者	小谷美智子
代表者住所	東京都練馬区〇〇-〇〇
通算グループ整理番号	
通算親法人整理番号	
法人区分	
事業種目	サービス業
期末現在の資本金の額又は出資金の額	1,000,000円　非中小法人
同非区分	特定同族会社　同族会社　非同族会社
旧納税地及び旧法人名等	
添付書類	

税務署処理欄：青色申告　一連番号　整理番号　事業年度（至）　年　月　日　売上金額　申告年月日　通信日付印　確認　庁指定　局指定　指導等　区分　申告区分　法人税　中間　期限後　修正　地方法人税　中間　期限後　修正

令和 ×2 年 04 月 01 日 事業年度分の法人税 確定 申告書
令和 ×3 年 03 月 31 日 課税事業年度分の地方法人税 申告書
（中間申告の場合の計算期間　令和　年　月　日／令和　年　月　日）

適用額明細書提出の有無　有　無
税理士法第30条の書面提出有　有
税理士法第33条の2の書面提出有　有

この申告書による法人税額の計算

項目	番号	金額
所得金額又は欠損金額（別表四「52の①」）	1	△19,600
法人税額 (48)+(49)+(50)	2	0
法人税額の特別控除額（別表六(六)「5」）	3	
税額控除超過額相当額等の加算額	4	
土地譲渡利益金額 課税土地譲渡利益金額	5	000
同上に対する税額 (62)+(63)+(64)	6	
留保金 課税留保金額（別表三(一)「4」）	7	000
同上に対する税額（別表三(一)「8」）	8	
		00
法人税額計 (2)-(3)+(4)+(6)+(8)	9	
分配時調整外国税相当額及び外国関係会社等に係る控除対象所得税額等相当額の控除額	10	
仮装経理に基づく過大申告の更正に伴う控除法人税額	11	
控除税額	12	
差引所得に対する法人税額 (9)-(10)-(11)-(12)	13	00
中間申告分の法人税額	14	200,000
差引確定法人税額 (13)-(14)	15	00

項目	番号	金額
控除税額の計算 所得税の額（別表六(一)「6の③」）	16	600
外国税額（別表六(二)「23」）	17	
計 (16)+(17)	18	600
控除した金額 (12)	19	
控除しきれなかった金額 (18)-(19)	20	600
この申告による還付金額 所得税額等の還付金額 (20)	21	600
中間納付額 (14)-(13)	22	200,000
欠損金の繰戻しによる還付請求税額	23	
計 (21)+(22)+(23)	24	200,600
この申告が修正申告である場合のこの申告により納付すべき法人税額又は減少する還付請求税額 (57)	25	00
欠損金等の当期控除額	26	
翌期へ繰り越す欠損金額（別表七(一)「5の合計」）	27	19,600

この申告書による地方法人税額の計算

項目	番号	金額
所得の金額に対する法人税額	28	
課税留保金額に対する法人税額 (8)	29	
課税標準法人税額 (28)+(29)	30	000
地方法人税額 (53)	31	
税額控除超過額相当額の加算額	32	
課税留保金額に係る地方法人税額 (54)	33	
所得地方法人税額 (31)+(32)+(33)	34	
分配時調整外国税相当額及び外国関係会社等に係る控除対象所得税額等相当額の控除額	35	
仮装経理に基づく過大申告の更正に伴う控除地方法人税額	36	
外国税額の控除額	37	
差引地方法人税額 (34)-(35)-(36)-(37)	38	00
中間申告分の地方法人税額	39	00
差引確定地方法人税額 (38)-(39)	40	00

項目	番号	金額
この申告による還付金額 外国税額の還付金額 (67)	41	
中間納付額 (39)-(38)	42	
計 (41)+(42)	43	
この申告が修正申告である場合のこの申告により納付すべき地方法人税額 (61)	44	00
剰余金・利益の配当（剰余金の分配）の金額		
残余財産の最後の分配又は引渡しの日		令和　年　月　日
決算確定の日		令和　年　月　日

還付を受けようとする金融機関等：〇〇銀行　〇〇本店・支店　普通預金　口座番号 1234567　ゆうちょ銀行の貯金記号番号　−　※税務署処理欄

税理士署名

A　B　C　D　E　F

別表五（一）Ⅰの記載

当期に支払った法人税や翌期に還付される法人税などの詳細を別表五（一）Ⅰに記載します。当期に支払った法人税については通常通りの記載となりますが、還付の記載は次頁のように行ないます。

(1)　未納法人税等：次頁Ａ枠の記載

通常通り支払った法人税や住民税の金額を記載します。

①欄に記載する金額は、前期の申告書の④欄に記載した金額がそのまま転記されます。当期の中間申告分の法人税は③欄に記載します。住民税についても中間申告分があれば同様に③欄に記載します。

②欄には、結果的に前期確定分と当期中間分で支払った金額の合計をそれぞれ記載します。

(2)　還付税金の処理：Ｂ枠の記載

還付される法人税や住民税を「未収還付税金」として記載します。次頁ではＢ枠の23欄に法人税を記載していますが、別表五（一）Ⅰの３欄から24欄のどこに記載してもかまいません。

所得税の還付金については記載しない

ここで注意しなければならないことは、源泉所得税（600円）は社外流出として取り扱う税金となるので、別表五（一）Ⅰでの記載は必要ないということです。

別表五（二）の記載

還付される法人税や住民税は当期分確定の②欄と⑥欄に△を付して記載します。

◉別表五（一）◉

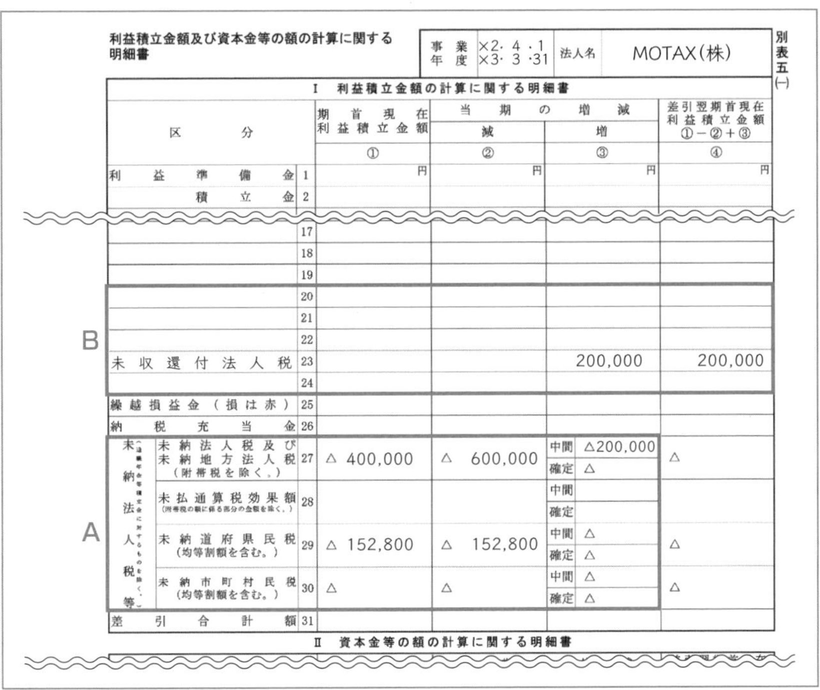

利益積立金額及び資本金等の額の計算に関する明細書

事業年度	×2・4・1 ×3・3・31	法人名	MOTAX(株)

別表五(一)

I　利益積立金額の計算に関する明細書

	区分		期首現在利益積立金額 ①	当期の増減 減 ②	当期の増減 増 ③	差引翌期首現在利益積立金額 ①－②＋③ ④
	利益準備金	1	円	円	円	円
	積立金	2				
		17				
		18				
		19				
B		20				
B		21				
B		22				
B	未収還付法人税	23			200,000	200,000
B		24				
	繰越損益金（損は赤）	25				
	納税充当金	26				
A	未納法人税等（退職年金等積立金に対するものを除く。） 未納法人税及び未納地方法人税（附帯税を除く。）	27	△ 400,000	△ 600,000	中間 △200,000 確定 △	△
A	未払通算税効果額（附帯税の額に係る部分の金額を除く。）	28			中間 確定	
A	未納道府県民税（均等割額を含む。）	29	△ 152,800	△ 152,800	中間 △ 確定 △	△
A	未納市町村民税（均等割額を含む。）	30	△	△	中間 △ 確定 △	△
	差引合計額	31				

II　資本金等の額の計算に関する明細書

◉別表五（二）◉

租税公課の納付状況等に関する明細書

事業年度	×2・4・1 ×3・3・31	法人名	MOTAX(株)

別表五(二)

税目及び事業年度				期首現在未納税額 ①	当期発生税額 ②	当期中の納付税額 充当金取崩しによる納付 ③	当期中の納付税額 仮払経理による納付 ④	当期中の納付税額 損金経理による納付 ⑤	期末現在未納税額 ①+②-③-④-⑤ ⑥
法人税及び地方法人税		・　・	1	円		円	円	円	円
		X1・4・1 X2・3・31	2	400,000				400,000	0
	当期分	中間	3		200,000			200,000	0
		確定	4		△200,000				△200,000
		計	5						
道府県民税		・　・	6						
		X1・4・1 X2・3・31	7	152,800					
	当期分	中間	8					152,800	0
		確定	9						
		計	10						
市町村民		・　・	11						
		・　・	12						
	当期分	中間	13						
		確定	14						

第4章　ケースごとに必要になる別表の書き方

繰戻還付の適用を受けるには

ここまで、欠損金の繰越控除を受ける場合について説明してきましたが、繰戻還付の適用を受ける場合には、別表七（一）では次頁Ａ枠のような記載になります。

繰り返しになりますが、この繰戻還付の適用は、当社が青色申告書を提出する中小法人（28頁参照）でなければならないことに注意してください。また、前期と当期について青色申告書である確定申告書を申告期限内に提出している必要があります。さらに、欠損金の繰戻還付の適用を受ける場合には、次頁の「欠損金の繰戻しによる還付請求書」を確定申告書と一緒に提出して還付請求を行ないます。

⑴　欠損事業年度の欠損金額：次頁Ｂ枠の記載

当期の欠損金額を記載します。別表四、別表七（一）３欄（次頁Ａ枠）へ記載した欠損金のうち、繰戻還付の適用を受けようとする金額（次頁Ａ枠４欄）を次頁Ｂ枠⑵欄へ記載します。

⑵　還付所得事業年度の所得金額：Ｃ枠の記載

還付所得事業年度とは、通常の１年決算法人であれば前期のことをいいます。前期分の確定申告書に記載した所得金額をＣ枠⑶欄と⑸欄へそれぞれ記載します。ここに記載する所得金額は、前期の別表一１欄に記載した金額です。

⑶　還付所得事業年度の法人税額：Ｄ枠の記載

前期分の確定申告書の別表一に記載した各項目の金額を次頁Ｄ枠⑹欄から⑾欄へ記載し、⑿欄の計算をします。そしてその金額を⒁欄へ記載してから⒂欄の計算を行ないます。この⒂欄に記載した金額が還付を受ける法人税の金額となります。なお、この金額は、別表一23欄と24欄の上にある枠外の欄（「外」表示のある箇所）にも記載します。

⑷　還付される税金の受取場所：Ｅ枠の記載

還付を希望する金融機関の情報を記載します。

◉繰越還付の適用を受ける場合の別表七（一）◉

欠損金の損金算入等に関する明細書

事業年度	×2・4・1 ×3・3・31	法人名	MOTAX(株)

別表七(一)

控除前所得金額（別表四「43の①」）	1	円	損金算入限度額 (1)× 50又は100/100	2	円

事業年度	区分	控除未済欠損金額	当期控除額（当該事業年度の(3)と((2)－当該事業年度前の(4)の合計額)のうち少ない金額）	翌期繰越額（((3)－(4))又は(別表七(四)「15」)）
		3	4	5
・・		円	円	

A

当期分		欠損金額（別表四「52の①」）	196,600	欠損金の繰戻し額	
	同上のうち	青色欠損金額	196,600	196,600	0
		災害損失欠損金額	(16の③)		
	合計				0

◉欠損金の繰戻しによる還付請求書◉

欠損金の繰戻しによる還付請求書

※整理番号	
※通算グループ整理番号	

税務署受付印 令和　年　月　日 練馬東 税務署長殿	納税地	〒 東京都練馬区〇〇-〇〇 電話(03)1234 － 5678
	（フリガナ）	モタックス　カブシキガイシャ
	法人名等	MOTAX 株式会社
	法人番号	
	（フリガナ）	コ　タニ　ミ　チ　コ
	代表者氏名	小 谷 美 智 子
	代表者住所	〒 東京都練馬区〇〇-〇〇
	事業種目	サービス　業

法人税法第80条の規定に基づき下記のとおり欠損金の繰戻しによる法人税額の還付を請求します。

記

欠損事業年度	自 令和×2年 4 月 1 日 至 令和×3年 3 月 31 日	還付所得事業年度	自 令和×1年 4 月 1 日 至 令和×2年 3 月 31 日

	区分		請求金額	※金額
B 欠損事業年度の欠損金額	欠損金額	(1)	196,600 円	円
	同上のうち還付所得事業年度に繰り戻す欠損金額	(2)	196,600	
C 還付所得事業年度の所得金額	所得金額	(3)	2,670,000	
	既に欠損金の繰戻しを行った金額	(4)		
	差引所得金額((3)－(4))	(5)	2,670,000	
D 還付所得事業年度の法人税額	納付の確定した法人税額	(6)	400,000	
	仮装経理に基づく過大申告の更正に伴う控除法人税額	(7)		
	控除税額	(8)	500	
	使途秘匿金額に対する税額	(9)	00	
	課税土地譲渡利益金額に対する税額	(10)		
	税額控除超過額相当額等の加算額	(11)		
	法人税額((6)+(7)+(8)−(9)−(10)−(11))	(12)	400,500	
	既に欠損金の繰戻しにより還付を受けた法人税額	(13)		
	差引法人税額((12)－(13))	(14)	400,500	
還付金額((14)×(2)／(5))		(15)	29,490	

請求期限	令和×3年 5 月 31 日	確定申告書提出年月日	令和×2年 5 月31日

E

還付を受けようとする金融機関等	1 銀行等の預金口座に振込みを希望する場合 〇〇 銀行・金庫・組合・漁協・農協　〇〇 本店・支店・出張所・本所・支所 普通 預金 口座番号 1234567	2 ゆうちょ銀行の貯金口座に振込みを希望する場合 貯金口座の記号番号 － 3 郵便局等の窓口での受け取りを希望する場合 郵便局名等

4.6 前期以前が赤字だった場合の別表

前期以前に赤字があった場合には、欠損金の繰越しがあるので、その繰越額を当期の所得金額から控除します。

欠損金の繰り越しは10年まで可能

青色申告書を提出した事業年度については、**青色欠損**として繰り越され、青色申告書を提出していない事業年度で災害による欠損金が繰り越されている場合には、**災害損失**として繰り越されています。次頁別表七（一）のＡ枠３欄に記載された金額が前期以前から繰り越された欠損金となります。欠損金の繰り越しは最長で**９年間**繰り越すことができます。

なお、平成28年度改正により、平成30年４月１日以後に開始する事業年度において生じた欠損金額については**10年間**繰り越すことができるようになりました。

繰越欠損金の控除は古いものから充てる

繰越欠損金は、青白関係なく当期の所得金額から控除することができますが、もっとも古いものから順次控除されます。次頁の事例の場合は、まず前々期の300,000円から充てられ、残額の100,000円は前期の150,000円から充てられます。結果的に前期分の150,000円のうち、50,000円は翌期以降に繰り越されることとなります。

別表七（一）、別表四の記載

Ａ枠は前期以前の欠損金の繰り越し状況を記載する欄です。事例では次のような欠損金が繰り越されている前提となっています。

- ×０年４月１日～×１年３月31日　　△300,000円（前々期）
- ×１年４月１日～×２年３月31日　　△150,000円（前　期）
- ×２年４月１日～×３年３月31日　　400,000円（当　期）

当期の控除前所得金額（別表四43欄差引計）が400,000円であれば、次頁別表四のＢ枠44欄へＡ枠４欄の合計額を転記します。

◉別表七（一）◉

欠損金の損金算入等に関する明細書

事業年度	×2・4・1 ×3・3・31	法人名	YOTAX(株)

別表七(一)

A

事業年度	区分	控除未済欠損金額 3	当期控除額 4 （当該事業年度の(3)と((2)－当該事業年度前の(4)の合計額)のうち少ない金額）	翌期繰越額 5 （((3)－(4))又は(別表七(四)「15」)）
控除前所得金額 (別表四「43の①」) 1	400,000円	損金算入限度額 (1)× 50又は100/100 2	400,000円	
・・ ・・	青色欠損・連結みなし欠損・災害損失	円	円	
・・ ・・	青色欠損・連結みなし欠損・災害損失			円
・・ ・・	青色欠損・連結みなし欠損・災害損失			
・・ ・・	青色欠損・連結みなし欠損・災害損失			
・・ ・・	青色欠損・連結みなし欠損・災害損失			
・・ ・・	青色欠損・連結みなし欠損・災害損失			
・・ ・・	青色欠損・連結みなし欠損・災害損失			
・・ ・・	青色欠損・連結みなし欠損・災害損失			
×0・4・1 ×1・3・31	(青色欠損)・連結みなし欠損・災害損失	300,000	300,000	0
×1・4・1 ×2・3・31	(青色欠損)・連結みなし欠損・災害損失	150,000	100,000	50,000
	計	450,000	(400,000)	50,000
当	欠損金額 (別表四「52の①」)		欠損金の繰戻し額	

◉別表四◉

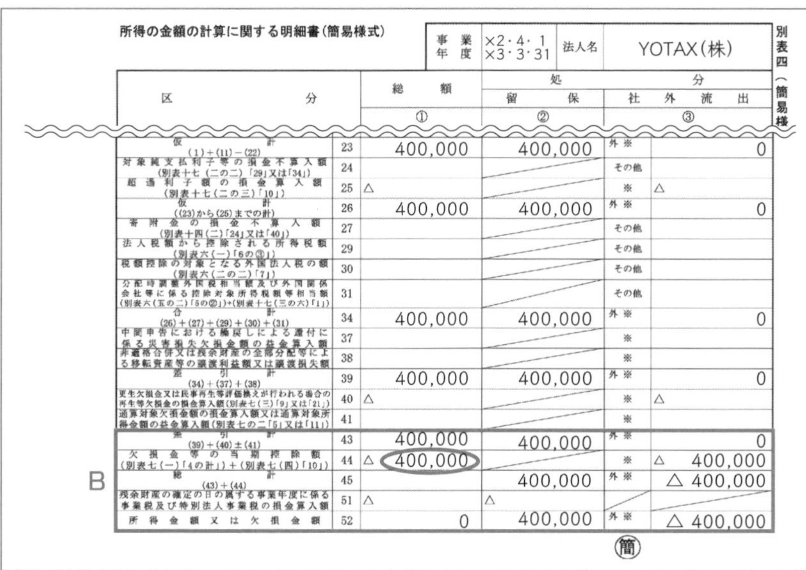

所得の金額の計算に関する明細書(簡易様式)

事業年度	×2・4・1 ×3・3・31	法人名	YOTAX(株)

別表四（簡易様式）

区分		総額 ①	処分 留保 ②	社外流出 ③	
仮計 (1)＋(11)－(22)	23	400,000	400,000	外※	0
対象純支払利子等の損金不算入額 (別表十七(二の二)「29」又は「34」)	24			その他	
超過利子額の損金算入額 (別表十七(二の三)「10」)	25	△		※	△
仮計 ((23)から(25)までの計)	26	400,000	400,000	外※	0
寄附金の損金不算入額 (別表十四(二)「24」又は「40」)	27			その他	
法人税額から控除される所得税額 (別表六(一)「6の③」)	29			その他	
税額控除の対象となる外国法人税の額 (別表六(二の二)「7」)	30			その他	
分配時調整外国税相当額及び外国関係会社等に係る控除対象所得税額等相当額 (別表六(五の二)「5の②」)+(別表十七(三の六)「1」)	31			その他	
合計 (26)＋(27)＋(29)＋(30)＋(31)	34	400,000	400,000	外※	0
中間申告における繰戻しによる還付に係る災害損失欠損金額の益金算入額	37			※	
非適格合併又は残余財産の全部分配等による移転資産等の譲渡利益額又は譲渡損失額	38			※	
差引計 (34)＋(37)＋(38)	39	400,000	400,000	外※	0
更生欠損金又は民事再生等評価換えが行われる場合の再生等欠損金の損金算入額(別表七(三)「9」又は「21」)	40	△		※	△
通算対象欠損金額の損金算入額又は通算対象所得金額の益金算入額(別表七の二「5」又は「11」)	41			※	
差引計 (39)＋(40)±(41)	43	400,000	400,000	外※	0
欠損金等の当期控除額 (別表七(一)「4の計」)＋(別表七(四)「10」)	44	△ (400,000)		※	△ 400,000
総計 (43)＋(44)	45		400,000	外※	△ 400,000
残余財産の確定の日の属する事業年度に係る事業税及び特別法人事業税の損金算入額	51	△	△		
所得金額又は欠損金額	52	0	400,000	外※	△ 400,000

B

(簡)

4.7

債権の回収が困難になった場合の別表

会社（中小法人等）が有する金銭債権については、将来の貸倒れによる損失に備えるため、貸倒引当金を設定することができます。

しかし、債権のなかには、相手方の会社が会社更生法などの適用を受けたことで、回収が困難になるものがあります。

このような場合には、通常の貸倒引当金（一括評価）として将来の貸倒れを概算で計算するのではなく、個別に貸倒引当金の設定を行ないます。個別に貸倒引当金の設定を行なうことを個別評価といいますが、個別評価ができるのは、ここで説明する「**形式基準**」「**長期棚上げ基準**」「**実質基準**」などのいずれかを満たす場合です。

貸倒引当金の個別評価ができる要件① 形式基準

当社の有する債権の債務者にあたる会社において、それぞれ次のような法律の適用があった場合には、その相手方に対する債権を個別に評価して貸倒引当金の設定ができるようになります（**法人税法施行令96条第1項第3号**）。

◉形式基準◉

相手方において…

- 更生手続き開始の申立てがあった
- 再生手続き開始の申立てがあった
- 破産手続き開始の申立てがあった
- 特別清算開始の申立てがあった
- 手形交換所の取引停止処分があった

手形交換所の取引停止処分については、初めて不渡りが出たのが当期末までで、その後、当社の確定申告書の提出期限までに停止処分を受ければ要件を満たします。

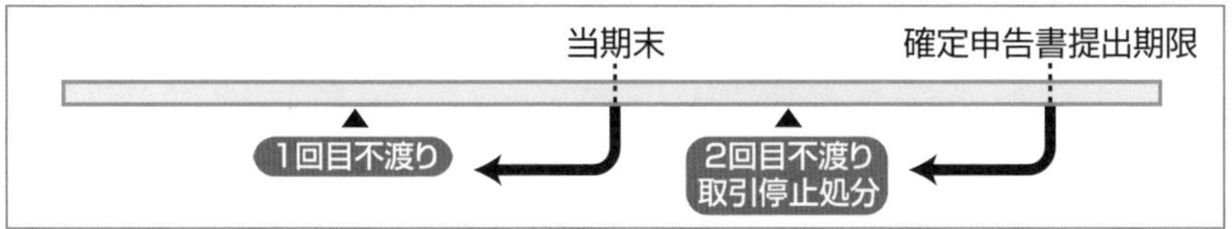

形式基準を満たした場合の繰入限度額

貸倒引当金への繰入額は、相手先ごとに次の計算をして算出します。

（金銭債権 － 安全な部分の金額）× 50% ＝ 繰入限度額

相手方に対する債権について担保があったり、逆に債務を有している場合には、それらの担保や債務等を相殺できる部分は比較的安全であり、その部分を差し引いた残額が実際に貸倒れの危機に直面している金額といえます。

その比較的安全な部分が、上記算式の「安全な部分の金額」にあたり、具体的には次のようなものがあります。

● 相手方に対する債務（実質的に債権とみられない部分の金額）

買掛金、借入金、差入保証金、預り金などが該当します。しかし当社が相手方に振り出した支払手形については、その相手方が他の第三者に裏書譲渡をしたり、割引に付した場合には当社の債務は消滅しないため、安全な部分の金額としては相殺できないので注意が必要です。

● 質権、抵当権などにより担保されている部分の金額

抵当権については、もちろん登記されているものが有効となるのですが、抵当権の優先順位が第２順位以降であれば、先の抵当権者が担保している部分の金額を除いた残額が「安全な部分の金額」となります。

● 金融機関や保証機関に保証されている部分の金額

銀行、保険会社、保証協会などが保証しているものは「安全な部分の金額」となりますが、相手会社の社長が個人的に保証しているような人的保証については「安全な部分の金額」にはなりません。

● **第三者振出手形**

第三者が振り出した手形の裏書譲渡を受けたり、割引を引き受けたなどにより取得した手形は、その期日になれば、それを振り出した第三者が支払いを行ないますので、「安全な部分の金額」として相殺します。

貸倒引当金の個別評価ができる要件②「長期棚上げ」

債務者である相手方が次のような状況になると、その債権が今後どのようになるかは、事実上それぞれの決定により定まってしまいます。

◉債権が「長期棚上げ」になりうる状況◉

- 更生計画認可の決定があった
- 再生計画認可の決定があった
- 特別清算に係る協定の認可の決定があった
- その他、債権者集会などの協議決定で合理的基準による整理があった

法人税では、これらの決定により翌事業年度以降５年後に、弁済されたり、切り捨てられたり、棚上げされたりする部分の金額は、個別評価の繰入限度額となります（**法人税法施行令96条第１項第１号**）。

税務上の繰入限度額は、次の計算で算出します。

（金銭債権 － 翌期以降５年以内に弁済される金額）－ 担保される部分 ＝ 繰入限度額

◉上記算式のイメージ◉

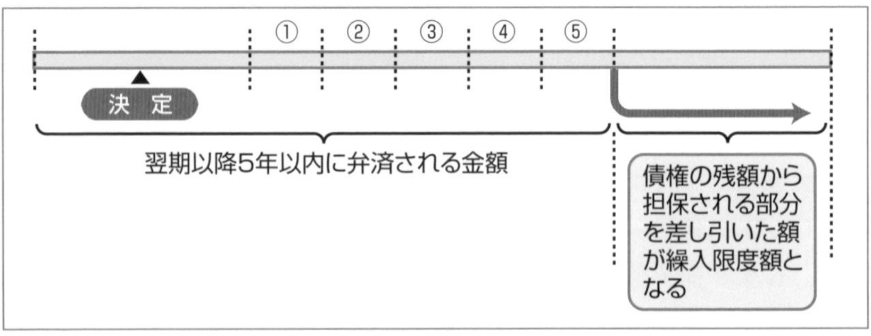

貸倒引当金の個別評価ができる要件③ 実質基準

債権について次の事実がある場合には、今後取り立てられるなどの見込みがない部分の金額が繰入限度額となります（**法人税法施行令96条第1項第2号**）。

◉実質基準◉

- その債務者につき債務超過の状態が相当期間継続し、かつ、その営む事業に好転の見通しがないこと
- その債務者につき災害、経済事情の急変等により多大な損害が生じたこと　など

実質基準の場合の繰入限度額

実質基準については「債務超過の状態が相当期間継続」とあり、その相当期間は通常1年以上とされています。

しかし、その始期については会社の恣意性が大きく影響します。そこで実際は所轄の税務署へ問い合わせて、事例ごとに繰入限度額として妥当な金額を打ち合わせてから計上することをお勧めします。

貸倒引当金の個別評価ができる要件④ 外国政府などへの債権

また、外国の政府などへの債権を有する場合に、相手方が戦争を始めてしまったことなどにより、その債権の回収が著しく困難になることがあります。

このような場合には、その債権額から取立等の見込額などを控除した残額に50%を乗じた金額が繰入限度額となります（**法人税法施行令96条第1項第4号**）。

個別評価の債権には制限がない

一括評価の貸倒引当金が設定できる債権には制限がありましたが、個別評価の貸倒引当金が設定できる債権には制限がありません。たとえ前払費用であっても役務提供がなく返金されない場合には、これまで説明した要件で設定できるようになります。

個別評価の貸倒引当金は別表十一（一）に記載する

個別評価の貸倒引当金は、別表十一（一）の「個別評価金銭債権に係る貸倒引当金の損金算入に関する明細書」への記載が必要になります。

⑴ 相手方の所在地、氏名等：次頁Ａ枠の記載

次頁Ａ枠に相手方の住所または所在地、氏名等を記載します。

⑵ 個別評価の事由、発生時期：Ｂ枠の記載

法人税法施行令96条第１項第１号から第４号のいずれにより個別評価の貸倒引当金の繰り入れをするのか、それぞれの該当条文の号数を記載します。その事由が発生した年月日（決定や申立てなどのあった日）を記載します。

⑶ 個別評価金銭債権の額：Ｃ枠の記載

それぞれの該当債権の金額を記載します。ここに記載する債権は一括評価金銭債権の対象になりません。

⑷ 債権額から相殺する安全な部分：Ｄ枠の記載

繰入限度額を計算する上で、債権額から相殺する安全な部分の金額（取立見込額や相手方に対する債務など）があればそれぞれ記載します。

⑸ 取立不能見込額の計算：Ｅ枠の記載

それぞれの債務者ごとに、Ｃ枠に記載した金額からＤ枠に記載した金額をマイナスし、債務者ごとの取立不能見込額を計算します。

⑹ 繰入限度額：Ｆ枠の記載

Ｅ枠に記載した金額をそれぞれ該当する号数の欄へ記載します。第３号と第４号については、Ｅ枠に記載した金額に50％を乗じて算出した金額が繰入限度額になりますので注意が必要です。

個別評価金銭債権に係る貸倒引当金の損金算入に関する明細書

事業年度	X2・4・1 X3・3・31	法人名	YOTAX(株)

別表十一(一)

			項目						計
A	債務者	住所又は所在地	1	大阪市北区	東京都杉並区	大阪市中央区			
		氏名又は名称（外国政府等の別）	2	A氏 ( )	B氏 ( )	C氏 ( )	( )		
B		個別評価の事由	3	令第96条第1項第1号該当	令第96条第1項第2号該当	令第96条第1項第3号該当	令第96条第1項第　号該当		
		同上の発生時期	4	X2・7・3	X2・10・1	X2・12・5	・　・		
		当期繰入額	5	1,000,000円	300,000円	1,300,000円	円	2,600,000円
C	繰入限度額の計算	個別評価金銭債権の額	6	5,000,000	300,000	4,000,000		9,300,000
D		(6)のうち5年以内に弁済される金額（令第96条第1項第1号に該当する場合）	7	2,000,000				
		(6)のうち取立て等の見込額 担保権の実行による取立て等の見込額	8	1,000,000		300,000		
		他の者の保証による取立て等の見込額	9	500,000		1,000,000		
		その他による取立て等の見込額	10					
		(8)＋(9)＋(10)	11	1,500,000		1,300,000		
		(6)のうち実質的に債権とみられない部分の金額	12	500,000		100,000		
E		(6)－(7)－(11)－(12)	13	1,000,000	300,000	2,600,000		
F	繰入限度額	令第96条第1項第1号該当 (13)	14	1,000,000				1,000,000円
		令第96条第1項第2号該当 (13)	15		300,000			300,000
		令第96条第1項第3号該当 (13)×50%	16			1,300,000		1,300,000
		令第96条第1項第4号該当 (13)×50%	17					
		繰入限度超過額 (5)－((14)、(15)、(16)又は(17))	18	0	0	0		0
	貸倒実績率の計算の基礎となる金額の明細	貸倒れによる損失の額等の合計額に加える金額（(6)の個別評価金銭債権が売掛債権等である場合の(5)と((14)、(15)、(16)又は(17))のうち少ない金額）	19					
	貸倒れによる損失の額等の合計額から控除する金額	前期の個別評価金銭債権の額（前期の(6)）	20					
		(20)の個別評価金銭債権が売掛債権等である場合の当該個別評価金銭債権に係る損金算入額（前期の(19)）	21					
		(21)に係る売掛債権等が当期において貸倒れとなった場合のその貸倒れとなった金額	22					
		(21)に係る売掛債権等が当期においても個別評価の対象となった場合のその対象となった金額	23					
		(22)又は(23)に金額の記載がある場合の(21)の金額	24					

4.8 留保金課税が適用される場合の別表

特定同族会社の特別税率（留保金課税）とは

会社で利益が出たにもかかわらず、株主に配当をしなかった……とすると、株式市場に上場している会社であれば、その会社に投資している株主は怒ってしまうのではないでしょうか。株主総会でもよっぽどの理由がないかぎり、そのような利益分配は承認されないと思います。

しかし、「株主＝社長」というような会社であれば、自分に配当をすれば源泉所得税が課税されるので、そのまま会社の積立金にしておこう……と考える会社もあると思います。このようなことでは、株主の利害やその立場によって、税金が課せられたり、免れたりして不公平になってしまいます。

そこで、本来課税されるべき所得税の補完を図るために用意されている規定が「**留保金課税**」となります。

特定同族会社に適用される

留保金課税の適用を受けるのは、その事業年度末日の現況で、特定同族会社として判定された会社です。別表二の判定結果が特定同族会社となればこの規定の適用を受けます（75頁参照）。

しかし特定同族会社であっても、期末資本金１億円以下の法人（非中小法人等を除く）は、この規定の適用を受けませんので、本書では最低限の説明に留めておきます。

文字通り留保金に課税する

留保金課税はその名のとおり、会社が留保した一定の所得に対して課税されます。ここで「留保」という表現から想像がつくと思いますが、別表五（一）において留保された所得に大きく関係する規定となります。

留保所得とは残しすぎたお金のこと

留保金課税の税額の計算は、最終的に課税留保金額を計算することにあります。課税留保金額の計算は、簡単にいうと会社に残しすぎたお金の計算となります。下図でそのイメージを確認してください。

◉留保金課税の計算の流れ◉

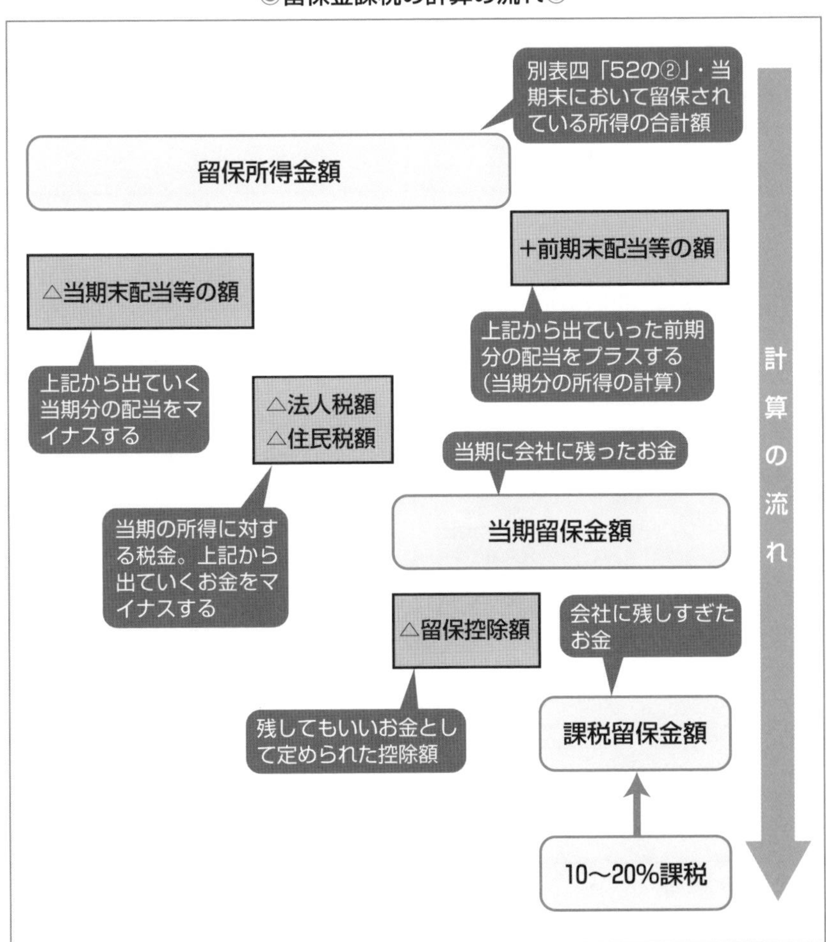

この図における当期留保金額までの計算は、当期に儲かった所得のうち、会社に残ったお金を算出しています。前期末配当等の額は、当期の留保所得金額ではすでに減算されていますが、これは前期分の計算に入

れ込むべきものなのでプラスします。また、当期末配当等の額は留保所得金額から減算されていないのでマイナスします。法人税額と住民税額はこれから出て行くお金としてシミュレーションした金額をマイナスします。

別表三（一）と計算の流れ

前頁のイメージを実際の別表三（一）と対応させると、次のようになります。別表三のどこで計算しているのかを確認しておきましょう。

◉留保金課税の計算の流れ（A～Hは次頁、①～③は284頁と対応）◉

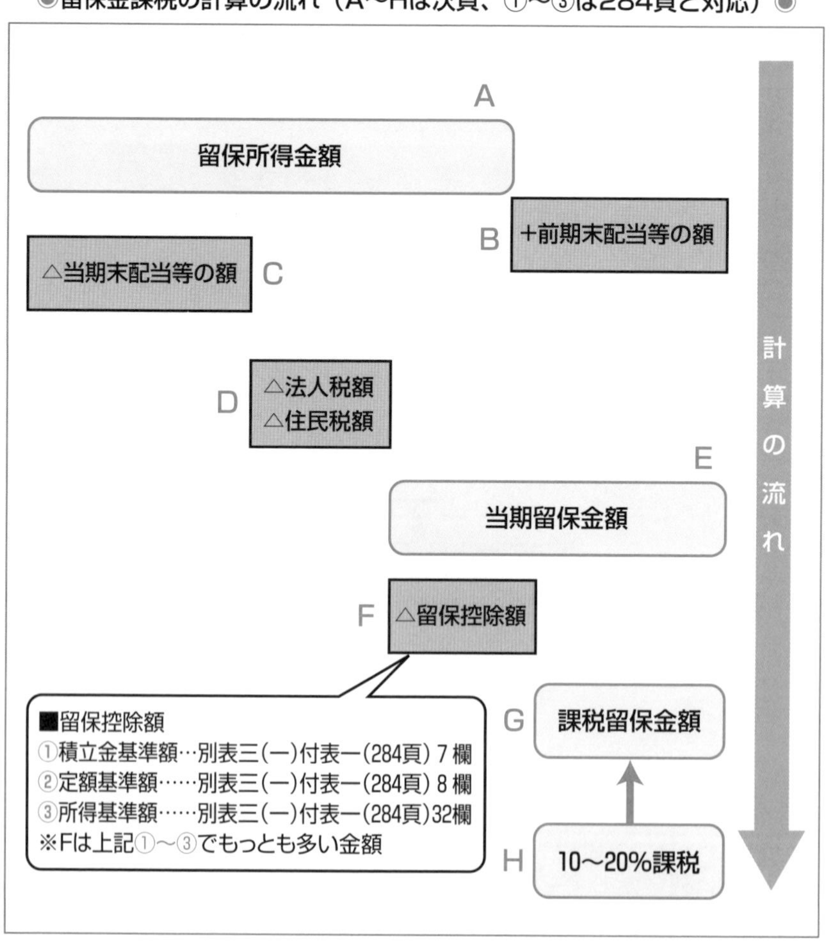

◉別表三（一）◉

特定同族会社の留保金額に対する税額の計算に関する明細書

事業年度	・　・ ・　・	法人名	

別表三(一)

留保金額に対する税額の計算					
課税留保金額			税額		
年3,000万円相当額以下の金額 ((21)又は(3,000万円× ―/12)のいずれか少ない金額)	1	円 000	(1)の10%相当額	5	円
年3,000万円相当額を超え年1億円相当額以下の金額 (((21)－(1))又は(1億円× ―/12 －(1))のいずれか少ない金額)	2	000	(2)の15%相当額	6	
年1億円相当額を超える金額 (21)－(1)－(2)	3	000	(3)の20%相当額	7	
計 (21) (1)＋(2)＋(3)	4	000	計 (5)＋(6)＋(7)	8	

H

課税留保金額の計算

	当期留保金額の計算		円
当期留保金額の計算	留保所得金額 (別表四「52の②」)	9	A
	前期末配当等の額(通算法人間配当等の額を除く。) (前期の(11))	10	B
	当期末配当等の額(通算法人間配当等の額を除く。)	11	C
	法人税額及び地方法人税額の合計額 (((別表一「2」－「3」＋「4」＋「6」＋「9の外書」－「11」－「18」)－別表六(五の二)「5の③」)と０のいずれか多い金額)＋((別表一「31」＋「32」－「36」－「65」)と０のいずれか多い金額)－((別表六(五の二)「5の③」－(別表一「2」－「3」＋「4」＋「6」＋「9の外書」))と０のいずれか多い金額) (マイナスの場合は０)	12	D
	住民税額 (28)	13	D
	外国関係会社等に係る控除対象所得税額等相当額 (別表十七(三の六)「1」)	14	D
	法人税額等の合計額 (12)＋(13)－(14) (マイナスの場合は０)	15	D
	通算法人の留保金加算額 (別表三(一)付表二「5」)	16	
	通算法人の留保金控除額 (別表三(一)付表二「10」)	17	
	他の法人の株式又は出資の基準時の直前における帳簿価額から減算される金額 (別表三(一)付表一「19」)	18	
	当期留保金額 (9)＋(10)－(11)－(15)＋(16)－(17)－(18)	19	E
留保控除額 (別表三(一)付表一「33」)		20	F
課税留保金額 (19)－(20)		21	G　000

住民税額の計算				円
住民税額の計算の基礎となる法人税額	中小企業者等以外の法人 (別表一「2」＋「4」＋「6」＋「9の外書」－「11」－「17」)－(別表六(六)「9の②」＋「9の④」から「9の⑦」までの合計＋「9の⑮」＋「9の⑯」＋「9の㉒」から「9の㉔」までの合計)		22	D
	中小企業者等 (別表一「2」＋「4」＋「6」＋「9の外書」－「11」－「17」)－(別表六(六)「3」＋「9の②」から「9の⑦」までの合計＋「9の⑩」から「9の⑬」までの合計＋「9の⑮」から「9の㉔」までの合計)		23	D
住民税額 ((22)又は(23))×10.4％			24	D
特定寄附金を支出した場合	特定寄附金の額の合計額に係る控除額 (特定寄附金の額の合計額)×40％		25	D
	調整地方税額に係る控除額 ((24)＋(別表一「11」＋「17」)×10.4％－(別表六(二)付表六「7の計」)×10.4％)×20％ (マイナスの場合は0)		26	D
	住民税額から控除される金額 ((25)又は(26)のいずれか少ない金額)		27	D
住民税額 (24)－(27)			28	D

◉別表三（一）付表一◉

特定同族会社の留保金額から控除する留保控除額の計算に関する明細書

事業年度	・ ・ ・ ・	法人名	

別表三(一)付表一

積立金基準額の計算	期末資本金の額又は出資金の額	1	円
	同上の25％相当額	2	
	期首利益積立金額 (別表五(一)「31の①」)－(別表三(一)「10」)	3	
	期中増減　適格合併等により増加した利益積立金額	4	
	期中増減　適格分割型分割等により減少した利益積立金額	5	
	期末利益積立金額 (3)＋(4)－(5)	6	
	積立金基準額 (2)－(6)	7	①
定額基準額	2,000万円×―― 12	8	②
所得基準額の計算	所得金額 (別表四「52の①」)	9	
	非適格合併による移転資産等の譲渡利益額又は譲渡損失額 (別表四「38」)	10	
	受取配当等の益金不算入額 (別表八(一)「5」から通算法人間配当等の額に係る金額を除いた金額)	11	
	外国子会社等から受ける剰余金の配当等の益金不算入額 (別表八(二)「26」)＋(別表十七(三の七)「27の計」)	12	
	受贈益の益金不算入額 (別表四「16」)	13	
	法人税額の還付金等(過誤納及び中間納付額に係る還付金を除く。) (別表四「19」)＋(別表四付表「7」)	14	
	欠損金等の当期控除額 (別表七(一)「4の計」)＋(別表七(三)「9」若しくは「21」又は別表七(四)「10」)	15	
	中間申告における繰戻しによる還付に係る災害損失欠損金額の益金算入額 (別表四「37」)	16	
	通算法人の所得基準額加算額 (別表三(一)付表二「13」)	17	円
	通算法人の所得基準額控除額 (別表三(一)付表二「17」)	18	
	他の法人の株式又は出資の基準時の直前における帳簿価額から減算される金額 (別表八(三)「13」の合計額)	19	
	新鉱床探鉱費又は海外新鉱床探鉱費の特別控除額 (別表十(三)「43」)	20	
	対外船舶運航事業者の日本船舶による収入金額に係る所得の金額の損金算入額 (別表十(四)「20」)	21	
	対外船舶運航事業者の日本船舶による収入金額に係る所得の金額の益金算入額 (別表十(四)「21」又は「23」)	22	
	沖縄の認定法人又は国家戦略特別区域における指定法人の所得の特別控除額 (別表十(一)「15」)又は(別表十(二)「10」)	23	
	沖縄の認定法人又は国家戦略特別区域における指定法人の要加算調整額の益金算入額 (別表十(一)「16」)又は(別表十(二)「11」)	24	
	収用等の場合等の所得の特別控除額 (別表十(五)「22」＋「37」＋「42」＋「47」＋「52」)	25	
	特定事業活動として特別新事業開拓事業者の株式の取得をした場合の特別勘定繰入額の損金算入額 (別表十(六)「12」)	26	
	特定事業活動として特別新事業開拓事業者の株式の取得をした場合の特別勘定取崩額の益金算入額 (別表十(六)「18」+「20」)	27	
	肉用牛の売却に係る所得の特別控除額 (別表十(七)「22」)	28	
	超過利子額の損金算入額 (別表十七(二の三)「10」)	29	
	課税対象金額等の益金算入額 (別表十七(三の二)「28」)＋(別表十七(三の三)「9」)＋(別表十七(三の四)「11」)	30	
	所得等の金額 (9)－(10)＋(11)＋(12)＋(13)＋(14)＋(15)－(16)＋(17)－(18)－(19)＋(20)＋(21)－(22)＋(23)－(24)＋(25)＋(26)－(27)＋(28)＋(29)－(30)	31	
	所得基準額 (31)×40％	32	③
留保控除額	((7)、(8)又は(32)のいずれか多い金額)	33	F

法人税と住民税が留保とされる本当の理由

前期確定申告分の法人税・住民税や当期中間申告分の法人税・住民税は、会社から出て行くお金であるにもかかわらず、別表四では「加算留保」として申告調整します。「これは例外として……」という理由をよく耳にしますが、なぜそのような例外となっているのかということまではほとんどの書籍では語られていません。

次頁の図をみていただければ、その理由がハッキリとわかると思います。

いったん留保として所得に含めてから、後で流出させている

つまり、前期確定申告分の法人税や住民税は、あくまでも前期分の所得に対する税金ですから、留保金課税の計算をするためには、ややこしい材料となります。そこで、そのすべてをいったん留保として受け入れてから、当期分の法人税と住民税だけを、別表三（一）の留保金課税の計算時に社外流出として扱うことにしています。

また、利益積立金額の明細である別表五（一）Ⅰにおいても、法人税と住民税は、後で社外流出する項目として考えるため、すべて「△」表示で示すようになっているのです。

◉別表五（一）◉

マイナス表示になっ
ているのは社外流出
と考えるため

繰越損益金（損は赤）	25				
納税充当金	26				
未納法人税等（退職年金等積立金に対するものを除く。） 未納法人税及び未納地方法人税（附帯税を除く。）	27	△	△	中間 △	△
				確定 △	
未払通算税効果額（附帯税の額に係る部分の金額を除く。）	28			中間	
				確定	
未納道府県民税（均等割額を含む。）	29	△	△	中間 △	△
				確定 △	
未納市町村民税（均等割額を含む。）	30	△	△	中間 △	△
				確定 △	
差引合計額	31				

Ⅱ　資本金等の額の計算に関する明細書

区分	期首現在資本金等の額	当期の増減		差引翌期首現在資本金等の額

◉法人税・住民税と「留保」の関係◉

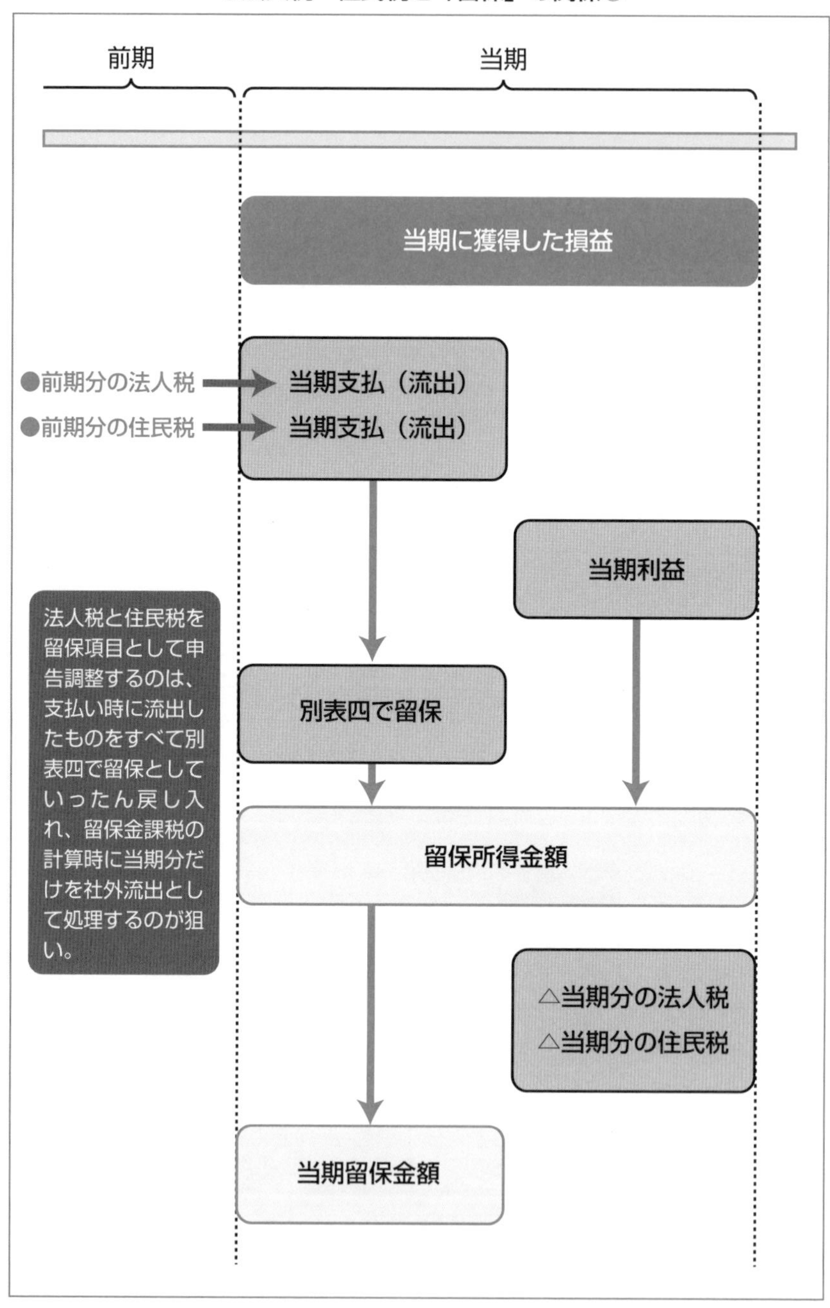

索　　引

あ行

か行

さ行

た行

な行

は行

ま行

や行

ら行

小谷羊太（こたに　ようた）
税理士。
昭和42年大阪市生まれ。平成17年開業税理士登録。平成30年税理士法人小谷会計設立。代表社員税理士。
奈良産業大学法学部卒業後、会計事務所勤務を経て大原簿記学校税理士課法人税法担当講師として税理士受験講座や申告実務講座の教鞭をとる。現在は東京と大阪を中心に個人事業者や中小会社の税務顧問を務める。

〈著書〉
『法人税申告のための決算の組み方がわかる本』（日本実業出版社）
『法人税申告書の「つながり」がよくわかる本』（清文社）
『実務で使う法人税の減価償却と耐用年数表』（清文社）
『実務で使う法人税の優遇制度と有利選択』（清文社）
『実務で使う法人税の耐用年数の調べ方・選び方』（清文社）
『法人税欠損事業年度の攻略法』（清文社）
『法人税と所得税をうまく使いこなす法人成り・個人成りの実務』（清文社）

〈共著書〉
『よくわかる株式会社のつくり方と運営』（成美堂出版）

〈監修〉
『はじめて課税事業者となる法人・個人のためのインボイス制度と消費税の実務』（清文社）

税理士法人小谷会計ホームページ
http://www.yotax.jp/

最新版（さいしんばん）　法人税申告書（ほうじんぜいしんこくしょ）の書（か）き方（かた）がわかる本（ほん）

2008年1月20日　初版発行
2020年9月1日　最新2版発行
2023年7月20日　第3刷発行

著　者　小谷羊太
発行者　杉本淳一

発行所　株式会社日本実業出版社　東京都新宿区市谷本村町3－29 〒162-0845
編集部　☎03-3268-5651
営業部　☎03-3268-5161　振　替　00170－1－25349
https://www.njg.co.jp/

印刷／厚 徳 社　　製本／若林製本

この本の内容についてのお問合せは、書面かFAX（03－3268－0832）にてお願い致します。
落丁・乱丁本は、送料小社負担にて、お取り替え致します。

ISBN 978-4-534-05800-3　Printed in JAPAN